AF151469

RUTH WYSS

WANDEL

**Unterwegs durch die Zeit
mit fünf Generationen**

novum pro

© 2025 novum publishing gmbh
Rathausgasse 73, A-7311 Neckenmarkt
office@novumverlag.com

ISBN 978-3-7116-0473-6
Lektorat: Christiane Lober
Umschlagfoto: Ruth Wyss
Umschlaggestaltung, Layout & Satz:
novum Verlag
Innenabbildungen:
aus dem Privatbesitz von Ruth Wyss
Autorenfoto: Familie Wyss

Die von der Autorin zur Verfügung
gestellten Abbildungen wurden in der
bestmöglichen Qualität gedruckt.

www.novumverlag.com

Druckprodukt mit finanziellem
Klimabeitrag
ClimatePartner.com/16547-2311-1001

Alles fliesst
das Wasser
die Zeit
das Leben
jetzt
und in Ewigkeit

Vorwort

Im Ruhewagen

Über viele Jahre pendelte ich mit dem Zug von Norden nach Süden, freute mich über das liebliche Seetal, wo vertraute Menschen wohnen, setzte mich in Luzern in den Ruhewagen, blickte über Vierwaldstätter-, Zuger-, Lauerzersee, umkreiste auf der Gotthardstrecke die Kirche von Wassen, bemühte mich, nach dem Tunnel die erste Palme nicht zu verpassen, die Gotteshäuser von Giornico nicht achtlos vorbeiziehen zu lassen und die Erhabenheit der Tre Castelli in Bellinzona zu erfassen. Es war stets eine ereignisreiche Fahrt, gewürzt mit Begegnungen mancher Art. Es durchmischten sich Passanten aus aller Welt, Personen mit Stil und Geld, Backpackers, Wandervögel, Businessleute, Medien- und Politikprominenz von heute, sportliche und musizierende Gruppen, fasnächtliche und militärische Truppen. Der Leutnant wurde in Arth-Goldau von Kindern und Ehefrau, in Locarno von der Geliebten umarmt. Am Lago Maggiore umarmte mich mein Galerist im Tessiner Licht, sichtlich beglückt, nach einer ehefreien Frist. Auch ich freute mich über das wiedergefundene Miteinander.

Unter blühendem Oleander erzählte ich von meinem Bahnvergnügen Richtung Süden und verblüffte die frohe Tafelrunde mit der Kunde, dass ich, trotz höherem Preise, wegen der kultivierten Männer in der ersten Klasse reise. Schlagfertig konterte mein Gemahl, mit Vorliebe würde er sich in der zweiten Klasse umschauen wegen der schönen, jungen Frauen.

In Wahrheit wählte ich den Ruhewagen, um meinem betriebsamen Alltag Stille zu geben und mich inspirieren zu lassen, die gelebte Zeit zu verdichten und in Worte zu fassen.

Die Fäden der Vergangenheit, der Gegenwart und der Zukunft ergeben unverwechselbare Gewebe, die verbunden sind mit einem Band. Es sind chronologisch persönliche Erlebnisse, globale Ereignisse, Reflexionen, Philosophien, Rückblenden, Ausblicke, die sich verflechten zum einmaligen Muster – einmalig wie bei jedem einzelnen Menschenleben auf dieser Welt, ob bewegt, still oder schrill.

Mein Buch widme ich in Dankbarkeit allen Lesenden, all meinen Lieben von damals, von heute und von morgen. Sie sind Teil des tragenden Netzes in meinem Sein. Zu ihrem Schutze sind nur wenige Namen der fünf Generationen oder von allgemein bekannten Personen im Zeitgeschehen erwähnt.

Abschied

Ein leises Ahnen, ein Wahrnehmen und Befürchten begleiteten mich während Monaten, bis ich erfasste, dass mein Ehemann sich ernsthaft mit dem Verkauf unseres lichtdurchfluteten nördlichen Wohnidylls befasste. Stets war er Stratege im Berufs- und Privatleben und zog seine Pläne durch, in unserem Fall aus Fürsorge für ein bequemeres Älterwerden. Ihm schwebte ein Dasein vor ohne Gartenarbeit, ohne Schneeschaufel, ohne Treppenunsicherheit – ein vereinfachtes Wohnen in Freiheit und Unabhängigkeit. In mir aber wehrte sich alles dagegen. An diesem traulichen Ort, im wohligen Familienhort, gingen unzählige Menschen ein und aus. Nachbarn, Verwandte, Befreundete, Bekannte, Mitarbeitende, Spielende, Musizierende beseelten das weiträumige, hoch über dem See gelegene Haus. Hier verankerte sich meine Pfahlwurzel im Laufe der langen Zeit. Die globalen Luftwurzeln meines angetrauten Internationalen waren aber flexibel und umzugsbereit.

Nach und nach wurde mir bewusst, dass ich loslassen musste aus Vernunft – für eine komfortable Zukunft. Das konnte nur gelingen, wenn ich festhielt, was mir lieb war. Loslassen – festhalten. Ein Wortspiel – ein Gegensatz. Mit der Fotokamera erfasste ich das Anwesen von allen Seiten im schönsten Licht: den Rasen im gepflegtesten Zustand, den blumengeschmückten Apéropavillon, die Terrasse mit dem erdfarbenen Granittisch samt acht Gedecken, den Jurakalkbrunnen mit Tonschnecken, die Keramikfroschskulptur und die einzigartige Sonnenuhr, ebenso die Rosen, Sträucher, Bäume in ihrer prächtigsten Blütezeit, die Pergola mit weißer oder blauer Traubenherrlichkeit, wetteifernd mit dem Feuerdorn in herbstlicher Buntheit, und die drei mächtigen Pappeln kurz vor ihrem Kahlschlag an einem frostigen Wintertag. Während meines bedachten fotografischen Abschiednehmens wuchs die Beige von Immobiliendokumenten auf dem Schreibtisch des Interessenten. Doch kein noch so verlockendes Angebot konnte mich berühren. Erst fürs Bauvorhaben zu Füßen unserer Panoramaliegenschaft, mitten in lieblicher Seelandschaft, konnte ich Sympathie verspüren. Bei der geplanten Terrassensiedlung in natürlicher Umgebung wurde auch meine sich sträubende Seele erfüllt von positiven Gefühlen. Noch vor dem Spatenstich fanden die acht Häuser ihre auswärtigen Käufer. Das Nachsehen hatten wir, die zu spät gekommenen, einheimischen Mitläufer.

Der Stern

Die Wochen flossen dahin. Wir wurden emotional überwältigt von der Geburt des zweiten Großbübleins in Südostasien, in Petaling Jaya, Malaysia.

Voller Vorfreude buchten wir eine weihnächtliche Tour nach Kuala Lumpur mit der schwülheißen Temperatur, um das Bébéwunder zu erleben.

Seine Urgroßmutter im Pflegeheim bemühte sich, ein Glückwunschbrieflein mitzugeben, bevor sie starb, am Geburtstag ihrer tieftraurigen Enkelin, ihrer treuen Besucherin. Geburt und Tod, Freud und Leid, eine bewegende Zeit!

Unter diesen Umständen mussten wir das Wohnprojekt ausblenden.

Auf einmal leuchtete ein großer, goldener Stern hinein in den dunklen November, ein Komet auf dem Kran, mitten im Bauareal in unserem Blickfeld hinunter zum See. Dieses Lichtereignis im ersten Schnee ergriff mich und begleitete mich ans feierliche barocke Konzert mit Flöten, Viola da Gamba, Cembalo und Gesang. Die Partituren auf meinem Dirigierpult verwandelten sich in einen wunderbar adventlichen Klang.

Asien

Schon am darauffolgenden Morgen brachte uns eine Limousine der „Emirates" nach Kloten. Zu zweit flogen wir Richtung Fernosten. Wir kreisten im Sandsturm über Dubai, bevor wir zwischenlandeten im gigantischen Wüstenterminal. Wir labten uns an frischen Datteln im muslimischen Scheichtum mit dem märchenhaften Reichtum. Wir tauschten die weihnächtlichen Lichter gegen den überdimensionierten Christmasglitzer inmitten aufgepfropfter Wolkenkratzer. Im Hotelgarten am Persischen Golf, mit Blick auf die künstliche Insel Palm Jumeirah und den Burj al Arab, genossen wir das Tête-à-Tête mit feinstem Menu Arab. Mein neckisches Gegenüber fabulierte vom Kauf eines Appartements in einer der schwindelerregenden Wohnarchitekturen. So wären wir zwischen Zürich und Kuala Lumpur, wo unsere Kinder sesshaft waren. Da konnte ich nur erklären, dass nach fast vierzig bewegten Ehejahren ich ihm dahin nicht folgen würde – für mich eine zu utopische Hürde!

Wir erlebten eine unvergesslich schöne Festtagszeit bei tropischem Klima bis 95 Grad Fahrenheit. Es war ein frohes familiäres Zusammensein mit dem neugeborenen Büblein, seinem dreijährigen Brüderlein und der zugereisten Tochter. Auch Expatfreunde bereicherten das Fest der funkelnden Lichter.

Wir erlebten eine Christmasparty in der Millionenstadt und schmausten uns an den immensen Buffetkreationen satt. Wir genossen Barbecues am Piscine, umrankt von Hibiskus und Vanille, entdeckten Kulinarik, Kultur, Natur und religiöse Aktionen in vielen asiatischen Variationen. Wir bereisten an zwei Tagen das Highland mit den Teeplantagen, fuhren vorbei an bedrängtem Regenwald und an Palmölmonokulturen, wunderten uns auch über versprizte Toiletten mit Wasserschlauch, womit ich mich versehentlich ganzheitlich duschte. Es blieb mir ein Rätsel, wie die einheimische Bevölkerung die Vorrichtung nutzte. Ich werde mich nie mehr beklagen, wenn ich allüberall per Zufall die WC-Rollen wechseln muss. Die papierlose Variante war für mich ein pudelnasser Verdruss.

Wir erreichten Pangkor Laut Island, wo die Makakenäffchen Kokosnüsse pflückten am Palmenstrand, das Frechste unsere Süßigkeiten fand im Pavarotti-Wellnessland.

Der Tenor ging oftmals ein und aus im gegen das Denguefieber desinfizierten, paradiesischen Haus. Er genoss Sonne, Wasser und asiatischen Gourmetschmaus.

Wir staunten, wie die Hornbillvögel mit höchstem Geräuschepegel nach Nahrung schrien auf der Futterstation – eine vergnügliche Aktion!

Stabil beschuht und gut behütet, machten wir uns auf zum Urwaldtrekking, wo eine schauerliche Fledermauskolonie in einem Gingkobaumgeäste hing. Auch nach dem mächtigen Termitenbau, umgeben von riesigen Farnen und schlängelnden Lianen, hielt der Guide Ausschau. Wir waren umschlungen vom bunt blühenden, saftig grünen Dschungel.

Nach der beglückenden, abenteuerlichen Urlaubszeit verließen wir die malaysische Familie und die exotische Inselwelt und kehrten zurück in die kalte Schweizer Düsterkeit.

Es war Dreikönigstag 2010, das Ende der festtäglichen Zeit. Die geschnitzte Krippe stand noch auf dem Cembalo – ein biblisches Szenario! Beim traditionellen Kuchenritual – mein Ehekönig trug die goldne Kron' – kam das Telefon, dass ein verkauftes Seeblickhaus wieder frei geworden sei. Wir studierten die aufbewahrten Pläne vom Mai. Der Weihnachtsstern auf dem Kran leuchtete hinauf, ein letztes Mal, und wies uns mit seinem Schweif den Weg hinab zum „Stall".

Tags darauf wurde der Kaufvertrag beglaubigt – notariell, würdevoll, formell.

So begann ich, auch das Interieur im Familiendomizil hoch oben im Zihl digital einzufangen, ebenso die Schneelandschaft mit Fernsicht im strahlend kühlen Licht.

Es war Ironie des Schicksals, dass eine ehemalige Musikschülerin als Sachbearbeiterin aus der Fülle des Fotowerks ein eindrückliches Verkaufsdossier der „Villa mit Seesicht" gestaltete und es ins Internet stellte. Bald danach, an einem sonnigen Frühlingstag, als die sprießende Natur das Haus umkränzte, übergaben wir es einem Elternpaar im Hinblick auf den kommenden Winter. Im Garten hüpften drei Kinder.

Loslassen

Auf dem geräumigen Estrich unter dem Dach stapelten sich unzählige Kisten, Schachteln, Koffern, Truhen. Sie konnten jahrelang verstauben und ruhen. Ein alter Schrank barg eine Kleiderwelt in großer Vielfalt: Hochzeitsgarderoben, Ballroben, hohe Stöckelschuhe, Smoking, Offiziersuniformen, Fasnachtskostüme, Skianzüge, Langlaufdresses, Knickerbocker, rote Wandersocken, selbst gestrickte Zopfmusterpullis aus der Vergangenheit. Manches war unnötig geworden im Laufe der Zeit. Es wurde entsorgt, sinnvoll verteilt oder der Brockenstube zugeteilt. Nur das Brautkleid aus Seidensatin mit Sankt Galler Spitzen und das edelste Abendkleid faltete ich zusammen und legte die beiden Stücke mit sentimentalem Wert in einen Karton für den neuen Ort.

Der braune Lederkoffer

Da lag noch etwas, zuunterst im sonst leer geräumten Schrank: Der braune Lederkoffer, der mich mit meiner Kindheit verband. Es war dieser Koffer und auch der in braunes Leder gehüllte Fotoapparat, welche unsere Familie in den Fünfziger- und Sechzigerjahren auf Reisen begleitet hatten. Es war noch nicht die Zeit, wo Menschenscharen sich bewegten auf den teils noch unasphaltierten Wegen.

Der Vater war motorisiert, unternehmungslustig, und er beschloss ganz spontan – je nach Wetter, Schulferien, Geschäftslage –, Urlaub zu machen für einige Tage. Die Mutter packte den Koffer, und man fuhr los, zu dritt mit Seitenwagen, bald mit Vierpersonenwagen, über Pässe mit Alpenrosen, vorbei an glitzernden Seelandschaften, an mit Sgraffiti verzierten Engadiner Häusern, an Tessiner Rustici oder an dunkelholzigen Walliserstadeln. Wir genossen Picknick bei den Narzissen, an sprudelnden Wasserquellen, auf blühenden Magerwiesen oder unter schattenspendenden Baumriesen. Nur einmal war die Enttäuschung groß, als Mutter die Cervelats im erstmals erworbenen Kühlschrank vergaß und die missmutige Familie den gemischten „Fourgon"-Salat aus der Gamelle fleischlos aß.

Am Comer See schauten wir den Waschfrauen zu, die ihre Kleider in den Wellen schwenkten und sich mit fröhlichem Schwatzen von der mühevollen Arbeit ablenkten. Die Fischer flickten die Netze in der Sommerhitze. Wir übernachteten in Pensionen, genossen die abendlichen Menus der Regionen und schwärmten vom Radio auf dem Nachttisch des Hotels in Lugano, mit Sicht aufs Funicolare und auf die Leuchtreklame. Schwermütiger Glockenklang lullte uns ein wie Nachtgesang.

Ein andermal staunten wir über die hochgewachsenen Palmen an der Riviera, die mit ihren Wedeln himmelwärts streben am Ufer des Meeres, das tiefblau glänzte bis zum Horizont. Nizza, der Sehnsuchtsort, von da aus mein Patenehepaar zur

Adventszeit die Postpakete sandte, Jahr für Jahr. So wurde ich einst überrascht mit einem wunderschönen „Schildkröt"-Puppenkind. Geschwind traktierte es mein Brüderchen mit dem Weihnachtshämmerchen. Ich weinte, Mutter tadelte, und der Kleine schluchzte: „Der Hammer hat gehauen!" Es war traurig, die Havarie anzuschauen. Der Puppendoktor in der Stadt montierte Bébé Rita einen neuen Kopf, und ich bettete es mit Wohlbehagen in den hellgrünen „Wisa Gloria"-Bäbiwagen. Meine Paten waren als Hausdame und Privatchauffeur zu Diensten im Hause Ringier. Den Winter verbrachten sie an der Côte d'Azur. Jetzt kam ich den alljährlichen Geschenken auf die französische Spur. Beigelegt waren jeweils „Ringgi und Zofi"-Bücher, später auch Pestalozzikalender für den lesefreudigen Bruder.

Mit unserem tatendurstigen älteren Cousin saßen wir, schon fast erwachsen geworden, hinten im Auto. Wir degustierten die ersten Melonen im Leben, lauschten den ungewohnt rockigen Songs von Johnny Hallyday im Strandrestaurant und amüsierten uns über den hungrigen Jüngsten, der Tintenfische fasste wie der Blitz, im Glauben, es wären Pommes frites. Mich würgte es beim Anblick der Platte mit den Fruits de Mer, kannte ich doch den widerlichen Geruch vom Comestiblesgeschäft beim Zytglogge in Bern.

In Saint-Tropez waren wir neugierig auf den Jetset der Sechzigerjahre, wo sich Brigitte Bardot im gehäkelten Bikini räkelte, fotografiert von Gunter Sachs fürs Modeblatt. Leider fand keine Begegnung mit der Leinwanddiva statt.

Stattdessen bestaunten wir in der lavendelblauen Provence die Amphitheater von Arles, Nîmes, Orange. Wir schritten über den Pont du Gard und waren beeindruckt vom Aquädukt, dem mächtigen römischen Konstrukt. Danach besichtigten wir den Palais des Papes, wo die Mutter einem bettelnden Kinderschwarm Sugusbonbons verteilte, Vater dazueilte und meinte, die Älteste sei Mireille Mathieu, der Spatz von Avignon, mit ihrer Geschwisterschar. Er mochte die Chansons der mädchenhaften Sängerin mit dem Pagenhaar.

Und nun, fünfzig Jahre danach, lag er da, der braune Koffer mit der Kodak-Kistchenkamera für die Reportagen unserer Familienära. Die Reiseberichte mit den eingeklebten Fotos, Billetten, Servietten, Rechnungen, Zeichnungen weckten Erinnerungen an viele vergangene Stimmungen. Unbenutzt seit langer Zeit, bot der Koffer Schutz dem Sammelsurium der Stammvergangenheit.

Eltern

Meiner Mutter Frühlingsliebe war längst entschwunden. Viel Schmerz und Kummer nagten an der jungen Seele, da sie, zu schüchtern noch, sich nicht getraute und sich selbst das Glück verbaute. Es war die Sommerliebe, die sie über Jahre pflegte, bis der Mann des Herzens reif für die Heirat war.

Nach fünf Monaten schon erlebten sie das Wunder der Geburt. Mit einem Lächeln kam ich auf die Welt, hat meine Mutter mir erzählt. Sie war verzaubert – zugleich irritiert. Früher schon, im Traum, sah sie ihre Kinderlein. Das Brüderlein war größer, kleiner das Schwesterlein. Nun lag es da, das Sonntagskind, nicht ein Büblein, wie erwartet, ein Mädchen war's, geboren im trauten Daheim.

Später gab die Fünf-Monate-Konstellation der jugendlichen, achtsamen Tochter zu rechnen und zu denken. Neun Monate sollten es sein, las sie in einem kargen Aufklärungsbüchlein.

Großeltern

Großvater machte mir Angst mit seinem Schnurrbart und der Korpulenz. Er aber freute sich über die winzige Enkelin, die schon mit neun Monaten selbständig auf den Beinchen ging.

Im Frühling 1948 starb der 1872 geborene Johann. Er war ein geachteter Mann mit bäuerlicher Würde, der von seinen sechs Kindern mit Respekt gesiezt wurde.

Zu seiner Zeit wurde man konfrontiert mit gesellschaftlichen, politischen, technischen Veränderungen. Prägend waren die beiden Weltkriege, die Inbetriebnahme der lokalen Dampfeisenbahn, die die tiefe Schlucht überwand und die Stadt mit dem Land verband. Um der Armut zu begegnen, organisierten sich die Landwirte im Schweizerischen Bauernverband. Das neu gegründete Nationalgestüt berührte des Pferdezüchters Gemüt. Die Freiberger Rasse mit der strotzenden Kraft war geeignet für Militär, Transport und Landwirtschaft. Auch die angesagte Alters- und Hinterlassenen-Versicherung wurde endlich wahr, 1948, in seinem letzten Lebensjahr. Kurz nach Großvaters Tod kam mein Brüderlein zur Welt. Das frohe Ereignis hatte die Familientrübnis aufgehellt. Zu Ehren des Verstorbenen wurde das Büblein Jürg Johann genannt.

Auch Großmutter hatte ich kaum gekannt, ist sie doch bald darauf verschieden. Sie ist als vornehme Frau in Erinnerung geblieben, obschon sie nicht Königin im Schloss, sondern Bäuerin im Schlössli war. „Vornehm kann man auch im Herzen sein", sagte meine Mutter, die Großmutters Liebreiz und Güte auch als Schwiegertochter spürte. Und man spricht von ihrem guten Geist, der immer noch nachwirke im weit verzweigten Verwandtenkreis. Eine selbst gewobene, flachsblaue Bettwäsche aus Gartenlein ist mein Andenken an ihr Wirken in Hof und Heim.

Doppelnamen

In der Hochhitze des Juni 1947 wurde ich in der Kirche biblisch, kurz und bündig auf den Namen Ruth getauft, zeitgleich mit Fredy, dem Zirkuskind, dem späteren Pferdewirbelwind.

Jahre danach empfand ich es als kleine Ungerechtigkeit, dass die Eltern mein Brüderlein mit zwei Namen bedachten in der damaligen Trauerzeit.

Im Lesealter vertiefte ich mich in Kreidolfs „Blumen-Märchen", aber auch in die witzigen „Eulenspiegel"-Bildgeschichten, über die wir alle herzhaft lachten. In diesem Kalender entdeckte ich Franziskas Namenstag – an meinem Geburtstag. Das inspirierte mich, den Vornamen Ruth mit Franziska zu erweitern und damit mein Umfeld zu erheitern. Mit dem Doppelnamen beschriftete ich Zeichnungen und Sammlungen für den Hausgebrauch. Ich spürte auch, dass ich meinem Vater Franz verbunden und ganz ähnlich war: flink, geduldig und mit dunklem Haar.

Brüderlein und Schwesterlein

Mein Brüderlein wuchs heran, entzückte die Leute mit seinem Charme, seinem goldlockigen Haar, seinem Schalk in den braunen Augen, seiner Fabulierlust, von der Mutter geerbt, und mit seinem Wortspiel, das allen gefiel.

Bald schon wurde offenbar: Der mütterliche Traum wurde wahr! Größer war das Büblein, kleiner das Schwesterlein.

Vaterland

Das Schlössli war Vaters Daheim und das seiner fünf Geschwister. Zugleich war es das Ferienheim für Stadtkinder, die staunten über ländliche Naturwunder. Kleine und große Tiere belebten das Gehöft. Auf den Weiden graste das Vieh für die Milchwirtschaft. Die Pferde mit den Freiberger Traditionen waren der Stolz der Bauerngenerationen. Für die Beackerung der hügeligen Felder waren die Arbeitstiere von großem Nutzen und konnten Wind und Wetter trutzen. In den Sechzigerjahren wurde aus der Berner Sennenhundezucht der erste Welpe zur Übersiedlung nach Amerika ausgesucht.

Der Hof war im Sommerhalbjahr prächtig blumengeschmückt. Der fruchtbare Garten wurde gehegt und gepflegt. Spielplatz und Regenveranda boten Bewegungsfreiheit, und die Feuerweiher luden zum Bade in der warmen Jahreszeit.

Bei den Bienen vorbei führte der Weg zur Weiermatt, einer einfachen, buschig umrankten Behausung mit plätscherndem Brunnen, Holzfeuerung und Petrolbeleuchtung.

Die Angehörigen aus Bern weilten gern im Refugium in der Waldlichtung mit der urtümlichen Einrichtung. Sie suchten Holz, trugen Wasser in die Küche, pflanzten Gemüse, wägten Jahr für Jahr die Bohnenernte, kannten geheime Baumstrünke – Paradiese für Pilze –, kochten, fischten, fingen Mäuse, stiegen an heißen Tagen hinunter zum mäandernden Fluss, der die trutzige Burgruine umspült, und plantschten in dessen Glunggen, die Mutigste schon im ersten Bikini wie am Strand von Rimini.

Mein Bruder und ich waren die Jüngsten der Sippe. An Festtagen vereinte sich die große Verwandtschaft am Familienhort, einem wohligen Ort!

Eine Schokolade gab es am ersten Januar fürs aufgesagte Verslein zum Neujahr. An Ostern suchten die Kinder versteckte, mit Gräsern verzierte, mit Zwiebelschalen gebräunte und mit Speck geglänzte Eier.

Bowle aus Waldmeister servierte man zur Pfingstfeier.

Am Bettag aß man Zwetschgenkuchen, sammelte Haselnüsse in unendlich langen Hecken und schnitzte Stecken zum Skifahren, das wir entdeckten, wenn im Winter die Schneeflocken die Hügel bedeckten.

Man jasste zu heimeligem Schwyzerörgeliklang, begleitet von Volkslied- und Jodelgesang. Auch bereicherte die jüngste Tante, die mit ihrem Hosen-Kurzhaar-Zigarettenspitzenstil erfrischend chic auffiel, die Feste mit Gedichten und Geschichten. Sie sorgte im Stammbaum mit dem Wappenapfelbaum für die Mutationen mit den Familienemotionen: Hochzeit, Geburt, Taufe, Tod, bevor der Hoffotograf die neuesten Bilder darbot. Auch der jung verstorbene Onkel kam in Aktion – eine herzerfrischende Illusion! Er stand auf dem Kopf, weil das Dia absichtlich verkehrt eingeordnet war. So konnte man schmunzeln über den turnenden Leinwandstar.

Der älteste Onkel war selten dabei, da er mit seiner Familie angebunden war auf dem eigenen stattlichen Bauernhof, wo man sich auch immer wieder traf. Manchmal überraschte uns ein Verwandter aus Basel mit seiner Aufwartung. Als „Ölsoldat" musste er seit 1940 zurechtkommen mit einer Behinderung. Die Vergiftung durch Maschinenöl in Käseschnitten war für ihn und für siebzig Aktivdienstler eine fatale Verwechslung, eine gesundheitliche und finanzielle Einschränkung. Er überwand sie dank gutem, familiärem Umfeld und dem neu aufgegleisten „Glückskette"-Spendengeld.

Es war eine Seltenheit, aber eine große Freud, wenn der Onkel aus Ohio anreiste zu einer Familienfestlichkeit. Er war fasziniert von der Technik, wie unser Vater, in einer Zeit der rasanten Entwicklung der Mechanik. Er wanderte aus über den Atlantik. He married a lovely American teacher. Technik und Pädagogik vereinten sich.

Vater kaufte ein Geschäft für Automobile, Motor- und Fahrräder nach einem beruflichen Aufenthalt am Genfersee. Bald darauf entstand das Hochzeitsbild unserer Eltern am Bielersee.

Mutterland

Wilhelmina Lina hieß das Kind und war darüber nie ganz glücklich. Wilhelm aber freute sich. Die Tochter wurde genannt wie die Königin von Holland, und sein Name blieb in weiblicher Form Familienbestand. Zudem versteckte sich die Lina in ihrer Mutter Karolina. Die Rufnamen variierten: Minggeli, Wilma, Mina! Sie wuchs zusammen mit sechs Geschwistern auf, nicht im Wohlstand, aber in Anstand. Karolina besserte den bäuerlichen Haushalt als Arbeitsschullehrerin auf, sorgte für Nahrung, Kleidung, Erziehung und übernahm Verantwortung, wenn der Vater unterwegs war mit den Tieren zur Sömmerung, hoch oben im Diemtigtal oder zum Straßenbau im Simmental.

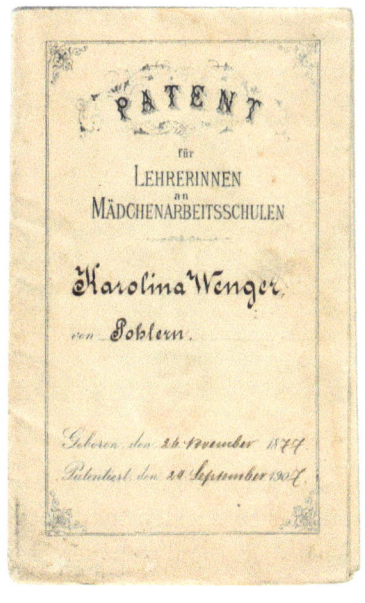

In der Schlussphase des Ersten Weltkriegs und während des Generalstreiks 1918 brach eine heftige Pandemie aus. Sie verbreitete sich von Haus zu Haus. Millionen Menschen starben weltweit. Auch Karolina litt an der heimtückischen Krankheit. Die medizinische Kunst war oftmals machtlos. Man berichtete von einer frommen Frau im Moos. Karolina erholte sich nach der Fürbitte von der Spanischen Grippe und blieb nicht mehr lange sterbenskrank. Sie erlebte Heilung – Gott sei Dank!

Viele Kindheitsgeschichten wurden festgehalten von Mina, damit das bescheidene und doch frohe Leben ihrer Kindheit im Berner Oberland nicht vergessen gehe.

Schulreise 1922

„Mit einem Korb voll Kuchen, auf Kreuzbeige gelegt, schickte uns die Mutter auf die Schulreise. Dass wir spät waren, wussten wir. Marta, die Älteste, trug den Korb.

Als wir beim Schützenhaus hinunterkamen, sahen wir unsere Schulreisler schon unterwegs. Gut ein Kilometer Entfernung lag zwischen uns.

Ich raste los – aber nicht, ohne im Vorbeigehen der Schwester den Korb aus den Händen zu reißen. Ohne Korb kein Kuchen! So kam es, wie es kommen musste. Mir wurden nie alle Steine aus dem Weg geräumt, und so stolperte ich über einen. Der Korb flog weit vor mir her. Auf einmal schienen es fast doppelt so viele Geschwister zu sein, die mir mit Schmähworten halfen, den Kuchen wieder in den Korb zu legen. Ich musste ihn den ganzen Tag nicht mehr tragen!

Unsere Reise ging zu Fuß nach Thun. Auf dem Schiff konnten wir uns ausruh'n, und wir sahen schöne, unbekannte Ufer vorbeizieh'n.

In Spiez hatte ich schon wieder den Anschluss verträumt und den Ausstieg versäumt. Ich sah die Lehrerin mit ihrer Schar auf dem Vorplatz stehen. In Panik drängte ich, direkt hinauszugehen. Aber andere Leute auf dem Landungssteg versperrten mir den Weg. Um vorwärtszukommen, kletterte ich auf den Zaun, der mich an unser Kalbergatter mahnte. Da eilte der Dampfschiffanbinder herbei, der Schlimmes ahnte. Er konnte mich noch fassen vor dem tiefen Sturz ins Wasser. Ich übersah in meinem Angstzustand, dass dieses Gatter über dem See und nicht, wie das zuhause, auf dem Trockenen stand.

Von der Schifflände bis hinauf ins Hotel Lötschberg ist's ein langer Marsch für schon etwas müde, kleine Kinderbeine – und der Bauch knurrte auch. Im Speisesaal bekamen wir Erbsensuppe mit Wurst und Tee gegen den Durst.

Nach diesem stärkenden Mahl besuchten wir das neue Soldatendenkmal. Endlich konnten wir den Kuchen essen. Danach hatte Alfred seine schöne, braune Kutte vergessen!

Abends wurden wir abgeholt von Bauern mit bekränzten Pferdewagen. Wir holperten heimzu auf steinigen Pfaden, schwatzten, lachten und sangen. Fast alles war gut gegangen. Dennoch musste ich bangen: Ich hatte das Geldsäcklein verloren. Mein Pech war wohl angeboren! Durch ehrliche Finder bekamen wir zum Glück Kutte und Portemonnaie zurück."

Mina[1]

Welschland

Die Geschwisterschar wuchs heran. An Geburtstagen gab es fürs jeweilige Glückskind ein Spiegelei, eine heimliche Leckerei.

Nach der Konfirmation machten die vier Buben eine Ausbildung. Für die drei Mädchen suchte man eine Anstellung.

So reiste Wilhelmina mit der Eisenbahn, beschützt von „Freundinnen junger Mädchen", ins Welschland, wo sie Unterschlupf in einem Pfarrhaus fand. Sie lernte gepflegtes Französisch am Neuenburgersee, wurde vertraut mit der Cuisine française, kochte Fisch mit Mayonnaise, Entrecôte mit Béarnaise, verzweifelte am Käsesoufflé, zerlegte ein Reh, mühte sich ab mit Safrankutteln und Kartoffelschnee, ebenso mit Kalbskopf an Vinaigrette und mit Hühner-Wachtel-Gänseeier-Omelette. Sie lernte, mit Seeländer Spargeln umzugehen, und musste manche gerechte und ungerechte Kritik überstehen. So war für Madame immer „trop de muscat dans la purée de pommes de terre", bis Wilma, wie sie damals hieß, schlauerweise das Muskatraspeln unterließ. Sie bekam trotzdem die Rüge, dass sie dem Kartoffelstock zu viel davon zufüge.

Zu ihrer Freude zeigte sich das Städtchen geschäftig und lebhaft, geprägt von der École de Commerce mit einer fidelen Schülerschaft. Dieses Umfeld gab ihr so viel Kraft, dass sie zwei Jahre durchhielt, dank ihrem heiteren Gemüt, trotz Heimweh und Karolinas Klage: „Mein Kanarienvogel fehlt mir an jedem Tage." Denn die fröhliche Sängerin hatte einen glockenreinen Sopran. Doch in der Mitte des Lebens wurde ihr Gesang brüchig und lahm. Diese helle Stimme hatte ich von der Mutter geerbt. Aber auch meine Lieder wurden welk und verblühten, worüber wir beide große Trauer verspürten.

Frühlingsliebe am Thunersee 1935

Wilhelmina kehrte wieder zu den Wurzeln zurück. Sie erlebte ihre Frühlingsliebe, ein scheues Glück, das endete in quälender Magersucht. Die verlassene junge Frau war zutiefst bedrückt, die Essstörung eine einsame, trostlose Flucht.

„Meine verirrte Seele
sucht ihr Heim bei Nacht
und wird vom langen Suchen
oft so sterbensmatt.

Sie kniet vor verschlossner Türe.
Sie bittet, weint und fleht.
Da sagt eine fremde Stimme:
‚Was willst? Es ist zu spät!'

Gejaget von wilden Schmerzen,
flieht sie dann von diesem Ort
und findet nirgends Ruhe.
Es ist spät, so viel zu spät.

Da wieget ein gütiger Himmel
sie sanft in tiefen Schlaf
und schenket Kraft ihr wieder
zu leben am kommenden Tag."

Mina[2]

Kriegszeit – Abschiedszeit

Trübe, belastende Jahre folgten 1939 der Mobilmachung zur Landesverteidigung. Die Wehrmänner wurden eingezogen in den Aktivdienst. Die Lage war ernst. Die Frauen sorgten für Familie, Hof, Verdienst und mussten zurechtkommen mit Rationierungen und vielerlei Erschwerungen.

So kam es, dass die Großeltern ihre erste Enkelin zu sich nahmen. Mina wurde Gotte und enge Bezugsperson zum geliebten Patenkind, das mit seinem sonnigen Wesen hineinstrahlte in die verdunkelte Zeit, in der man sich still zum neu erworbenen Radio setzte und sich über die Kriegsnachrichten entsetzte. Nur Caruso mit seinem unsterblichen Tenor hatte Großmutters Rundfunkwelt erhellt!

Mit Naschen von Beeren im nahen Wald, mit Lecken an Schwefelholzköpfchen und mit Aussaugen von schmutzig-nassen Bodenlappen glich Margritli den Vitaminmangel aus, wohl nicht ganz im Sinne der Erwachsenen im Generationenhaus. Grosätti nagelte ihm ein Wedeleböckli und ein Sägeli, auch ein Leiterli, um Stangenbohnen abzunehmen. Auf dem warmen Ofenbänkli gvätterleten sie mit dem Chnopftruckli. Großmutter nähte aus Hudeln ein Bäbitoggeli und schickte das unbeschwerte Mädchen mit einem Krättli über die Wiesen, um Maikäfer aufzulesen für die Hühner der Nachbarin. Zwei Eier bekam die fleißige Sammlerin!

Nach Kriegsende spürten drei Brüder Abenteuerlust und wanderten aus nach Amerika, ins Land der Träume, der erhofften Freiheiten und der unbegrenzten Möglichkeiten, aber auch in eine Zukunft mit vielen Ungewissheiten.

Der für sie endgültige Abschied belastete die hadernden Großeltern schwer. Die Söhne und ihre mitreisenden, abhängigen Ehefrauen mit Kleinkindern entschwanden übers Meer. Großmutter schrieb ins „Vergissmeinnicht" der entgleitenden Lieben:

„Über euch wacht
ein Engel für und für.
In des Lebens Stürmen
wird er euch beschirmen
und zu eurem Glück
das Steuer lenken,
für und für.“[3]

Es gab kein spontanes Zurück, auch kein sicheres Glück, kaum Telefonkontakt. Nur zur Festtagszeit wurden Briefe und Fotos verpackt in Kuverts mit blau-weiß-rotem Schrägdruckrand und geschickt „by Airmail“, dem teuren Weltpost-Überseeversand.

Nun pflegten die Großeltern die Beziehungen zu den nahgebliebenen Familien im Heimatland.

Mit viel Geduld brachte mir Großmutter das Stricken bei, belohnte mich mit Zitronenzuckerwasser und streichelte mir immer wieder übers Haar. Das war 1953, in ihrem Todesjahr. Der Darmverschluss war die schmerzvoll-tödliche Gefahr.

Sie starb im sechsundsiebzigsten Lebensjahr.

Man bettete sie in einen Sarg, worin sie still und schneeweiß lag. Mutter trug einen schwarzen Hut mit Schleier an der Trauerfeier. Pferde mit geflochtenen Schwänzen zogen den Leichenwagen mit den Blumenkränzen. Wir schritten hintendrein in einem langen Umzug. Die Leute redeten, was ich kaum ertrug. Ich weinte bis in die Kirche hinein und sorgte mich: „Jetzt ist Großvater ganz allein.“

Viele Jahre später bekam ich das Peddigrohr-Nähkörblein mit Karolinas Namen – nach dem bestandenen Handarbeitsexamen.

Großvater lebte nicht lange allein, zog ins Chalet des Sohnes ein, bis er kurz darauf im „Asyl Gottesgnad“ verstarb. Auch er glitt ganz leise im rosenbekränzten Sarg in das mit Tannenzweigen begrünte Grab. „Jetzt ist er bei Großmutter und beim lieben Gott“, hat man mir gesagt.

Zum Gedenken an ihren Vater Wilhelm hatte Wilhelmina seinen Albumspruch im Herzen aufbewahrt, zur Ermutigung auf ihrem weiteren Lebenspfad:

„Froh erwache jeden Morgen
und erfülle deine Pflicht.
Wo du bist, fliehn Gram und Sorgen,
und es blühn Vergissmeinnicht."

Dies von Deinem Vater,
geboren 1877[4]

Im Chalet

Im Chalet von Onkel und Tante verbrachte ich naturnahe Ferienzeiten mit allerlei Besonderheiten. Am Anfang und am Ende musste ich auf die Waage stehen und während des Aufenthaltes möglichst viel zunehmen. Sie sagten, ich sei ein Finöggeli. Ich war mager, aß unfreudig und verweigerte das Fleisch. Als Kleinkind saß ich oft ewig lang am Tisch, bis ich die drei mir zugemuteten Stücklein Braten, Wurst, Poulet, Speck, Leber, Kotelette hinuntergewürgt hatte. Ich war aber sportlich, sprang hoch über die Latte, weit über die Matte, turnte und rannte mit meinem Cousin um die Wette. Wir pressten Saft von den blauen Trauben im Hühnergeschirr und löschten den Durst im geheimnisvollen Sträuchergewirr. Wir saugten Nektar aus Rotklee und badeten im Thunersee. Wir vergnügten uns auf dem Jahrmarkt beim Billigen Jakob, der mit Klamauk und viel Lob seine Ware ausschrie – eine lautstarke Strategie! Wir schnappten beim Karussell nach dem goldenen Ring, dem kostbaren Freikartending.

Meine Cousine, auch Mutters Patenkind, war fünf Jahre älter. Sie lernte Coiffeuse, wusch mir die Haare, putzte den Nacken mit der Domdöse, rollte Bigoudis ein, steckte das Gewickel in die Trockenhaube hinein und strählte mir eine schöne, lockige Frisur, eine haargenaue Prozedur.

Amerika

Im braunen Lederkoffer lag, inmitten einheimischer Erinnerung, eine amerikanische Dokumentensammlung. Dank mütterlich-sorgfältiger Aufbewahrung fand ich Tagebücher von der beschwerlichen Überfahrt der Abenteurer mit dem Dampfschiff nach New York ins „Gelobte Land", wo sie 1948 behördlich registriert wurden auf Ellis Island. Der Anblick der Freiheitsstatue nach dreiwöchiger Reiseübelkeit war eine erlösende Seligkeit.

Canadian Pacific   EMPRESS OF CANADA   20,000 tons

Es folgten Briefe aus Ohio und California. Wir staunten über Familienfotos vor Bungalows und Cabriolets. Mit Fleiß und Tatendrang ging's aufwärts, nach dem Vorbild Louis Chevrolets, des Schweizer Ingenieurs und Autokonstrukteurs. Die Pioniere schätzten die republikanische Gesinnung der Eigenverantwortung. Wir lasen die Zeitungsreportagen vom Schweizerklub – Jodel, Alphorn, Sennenkutte, Tracht –, ließen uns berühren von jeder Geburts-, Hochzeits-, Todesnachricht und von den Segenswünschen zu Weihnacht. Ein Dossier voller Eindrücke über viele Jahre der Assimilation in der Fremde, bis die Fremde zur zweiten Heimat wurde.

Das damals sechsjährige Margritli war beim Abschied ebenso untröstlich wie die Großeltern. Es war ihm aber später vergönnt, Kontakte zu pflegen, hinzufliegen oder die geliebten Onkelfamilien bei sich zu beherbergen. Es war auch für mich erstaunlich, wenn der jüngste Cousin, der in Amerika geboren und Vaters Patenkind war, versicherte, er sei Doppelbürger – auch seine Berner Seele sei stets fühlbar. Als Familienrichter kam er immer wieder in die alte Heimat und hielt an europäischen Kongressen sein juristisches Referat. Privat machte die Verwandtenchronik die Runde. Ebenso die Urkunde, die sein Götti nach Kriegsende, am 8. Mai 1945, von General Guisan bekam, betrachtete er aufmerksam. Er mochte die Kleinheit und die Vielseitigkeit der hiesigen Umgebung. Auch freute er sich über jede Begegnung mit einheimischer Bevölkerung. Zu unserer Erheiterung sprach er im ursprünglichen, unverfälschten Dialekt der Großelterngeneration – ein echter Enkelsohn!

Onkel, Tanten, Cousins starben – auch an Drogen –, ebenso die Verwandten väterlicherseits, die Freundschaft pflegten in Übersee mit den Familien mütterlicherseits. Sie ruhen in Frieden auf amerikanischem Boden.

> *„In Loving Memory:*
> *Don't grieve for me*
> *for now I'm free.*
> *I'm following the path*
> *God laid for me.*
> *I took his hand*
> *when I heard Him call.*
> *I turned my back*
> *and left it all."*[5]

Es war beeindruckend, als zu Ehren der entschlafenen jüngsten Tante die Nachkommenschaft aus Ohio anreiste, um auch in der von Bergen beschützten Taufkirche ihrer zu gedenken mit

Worten des eingeflogenen Pastors, mit Bildprojektionen, mit englisch-deutschen Reflexionen, umrahmt vom Orgelspiel des Sohnes und von Liedern aus dem Musical „The Sound of Music". Beim letzten Sound des Akkordeons, beim „Edelweiß", flossen die Tränen der Heimatverbundenheit. Es war eine eindrückliche Reise zurück in die Vergangenheit!

Nicht nur in Amerika war die verwandte Altersgruppe der Eltern verschieden. Wir mussten uns über die Jahre von dieser Generation, früh schon von unserem erst vierundsechzigjährigen Vater, verabschieden. Doch in all der verflossenen Zeit spürte ich unvergängliche Vertraulichkeit.

Vater

Er war der etwas in sich gekehrte ruhende Pol. Er war der Geduldige als Lehrmeister, auch mit Tochter und Sohn. In elterlicher Übereinstimmung überließ er seiner frohmütig-offenherzigen Frau die liebevoll-konsequente Erziehung.

Er war der seriöse Geschäftsmann, ebenso der elegante Tänzer mit den glänzend-lochverzierten Gigoloschuhen, womit er auch an beruflichen und politischen Versammlungen teilnahm und jährlich den Autosalon besuchte am Lac Léman. Wir alle fuhren sonntagsbekleidet nach Genf, bestaunten den Jet d'eau und die Trends im Salon de l'Auto. Zuhause ergötzten wir uns an Eusebius' Vierradkarikaturen in der „Automobil Revue", an den Witzen über Motoren. Vater handelte mit Autos im Umfeld, interessierte sich für die Welt, studierte Globus, Landkarte, Lexikon, war der Reiselustige, der keine Sehenswürdigkeit unbeachtet passierte. Auch den US-Bomber, der 1944 im Zugersee verschwand, besichtigten wir, als die Bergung stattfand. Beim Fliegenpilzkiosk unterwegs gab's eine kurze Rast fürs überhitzte Getriebe und für die hungrigen Familienmitglieder im Reisefieber.

Vater war der Belesene, wenn es um Technik ging. Es gab Bücher in seiner Sammlung über Oskar Biders Alpenüberflug, über die „Hindenburg" von Graf Zeppelin, die bei New Jersey in Flammen aufging, und über den „Titanic"-Untergang nach dem dramatischen Eisbergalarm.

Gleichermaßen fasziniert war er von der Entwicklung des Fahrrads, vom hölzernen Laufrad bis zum metallenen Velo. Für die amerikanischen Ferienkinder aus Ohio war es ein Gaudi, den Onkel radeln zu sehen. Das würde in ihrem Autoland nie geschehen!

Vater selber schmunzelte über „Don Camillo und Peppone beim Straßenradsport" mit Fernandel als Filmikone. Besonderes Interesse jedoch hatte er am Automobil- und Motorradsport. Als Jugendliche war es für mich eine Wonne, bei ihm oder bei meinen Cousins auf dem „Gilera"-Sozius zu sitzen und durch die Gegend zu flitzen.

So war es fünfzig Jahre später auch ein Gaudi, nach der offiziellen Motorrad-Weltmeisterschaft in Katalonien über die Piste zu blitzen in Formation mit Ehemann und Firmendelegation. Das spanische Renngefühl wurde entschleunigt bei der Besichtigung von Antoni Gaudís „Sagrada Família", der rätselhaft unvollendeten Basilika in der Kulturstadt Barcelona – ebenso im Kloster Montserrat, wo mehrstimmiger Renaissancegesang im Chor erklang.

Rückblickend in die Vergangenheit der Fünfzigerjahre, war der Vater begeisterter Bergrennfahrer. Er ratterte mit dem „Motosacoche" über Pässe, wobei ihn die karierte Schirmmütze bei allen Wetterlagen schützte. Er besuchte mit dem „Topolino" die Autorennen am Klausen und die „Formel 1" in der Lombardei. Dabei tröstete er sein besorgtes kleines Mädchen, der Götti sei ja auch dabei. Sie fanden stets den Weg zurück über den Ceneri, die Leventina und die gepflästerte Tremola hoch – ein pures Männerglück! Auf der Gotthardpasshöhe gönnten sie sich Ruhe, dem Motor mit dem siedenden Wasser eine Abkühlung und sich selbst eine Nussgipfelverwöhnung. Danach kosteten sie die Schöllenenschlucht aus und kamen über den Susten durchs Oberland wieder nach Haus. Für uns alle gab's Souvenirs: Chiantiwein in Korbflaschen, Salami aus Eselsfleisch, einen kleinen, grauen Stoffesel für meinen tierliebenden Bruder und eine Kuckucksflöte für mich, die den Grundstein legte für mein Flötenspiel, das mir zu Herzen ging.

Vaters Rennspiele wurden mir nach und nach vertraut. Als der adelige, gut aussehende Wolfgang Graf Berghe von Trips im königlichen Park von Monza im Kampf um den Gran Premio d'Italia ums Leben kam, hatte es auch mir zutiefst leidgetan.

Ein halbes Jahrhundert danach, Vater und Götti waren längstens tot, erblickte ich in der Sonntagszeitung eine großformatige Archivabbildung vom Bremgarten-Rundstreckenrennen. Ich war wie vom Blitz getroffen. Unter den Zaungästen, nah bei einem verunglückten Boliden, standen die beiden in der Mitte, fotografiert mit Gabardinemantel, Bogarthut und Zigarette.

Nach dem katastrophalen Horrorunfall 1955 in Le Mans wurde das gefährliche Spektakel bei Bern nach politischen Debatten verboten.

Mutter

Es war Liebe, prägende Liebe, die uns umgab. Die Mutter sorgte fürs Wohlsein der Familie, schaute zum prächtig blühenden Blumengarten vor dem Panorama der Stockhornkette und der Schneeberge mit Eiger, Mönch und Jungfrau. Vor allem für ausländische Durchreisende war es eine fantastische Schau. Sie bestaunten und fotografierten das imposante Gebirge, besonders, wenn im Abendglühen das Schattenkreuz sich über die Jungfrau legte, bis die Sonne sanft entschwand. „Die Bärge luege chalt!", sagte die amerikanische Cousine mit Blick aufs erloschene Alpenland.

Hinter dem Haus bepflanzte die Mutter mit Herzblut den großen Blätz mit Gemüse und Salat. Mit den Naturprodukten Kompost, Mist und Gülle reicherte sie die Erde an. Niemals begoss sie mit dem Flüssigdünger die wachsenden Pflanzen wie die etwas verhutzelte Nachbarin nebenan. Das Dorforiginal hatte den größten Spinat und überlebte munter bis ins hohe Alter.

Die Fülle der Gartenprodukte aus Mutters Plantagen in frisch geernteter, sterilisierter oder gedörrter Form ernährte uns an dreihundertfünfundsechzig Tagen, Jahr für Jahr. Das Erdbeerfestival war legendär, eine Wonne für Gaumen und Magen!

Ein traditionelles Ereignis gab's im Herbst, wenn wir mit Verwandten aus dem Oberland bei uns im Torfland den Kabis hobelten, Schicht um Schicht in Steingutstanden füllten, salzten, mit den Fäusten pressten, bis das Kraut im eigenen Saft unterging. Das vergorene Sauerkraut liebten wir, wenn Winterkälte uns umfing. In Kombination mit Geräuchertem und Salzkartoffeln ergab es die viel gelobte Berner Platte.

Im Keller stand noch ein zweiter, kleinerer Bottich mit in Wasserglaslösung eingelegten Eiern. Die gelierte Masse machte diese haltbar über die legefreie Zeit bis zu den Festtagsfeiern.

Die Mutter ging haushälterisch um mit Lebensmitteln, Kleidern, Geld. Sie freute sich über Qualität und wachte buchhalterisch über finanzielle Stabilität. Auch hatte sie einen großzügigen Ehemann. Doch bei ihrer Hochzeit erinnerte er sie daran – frei nach der Bibel –, die Frau sei des Mannes Untertan. „Ich bin keine Knechtsgestalt!", antwortete sie klipp und klar. Die beiden wurden ein emanzipiertes Ehepaar.

Mutter lernte Auto fahren. Sie träumte von einem Ofen mit Rädern schon in Kinderjahren zum Schutz vor Kälte, Gewittern und anderen Gefahren. Sie machte Taxidienst mit Kranken für wenige Franken. Auch ins Inselspital begleiteten wir sie gern, besonders als noch Großmutter mitkam nach Bern. Sie litt an offenem Bein – eine qualvolle Pein! Während der Behandlung brachte die Schwester elastische Binden in den Warteraum. Flink rollten wir sie auf, die Zeit verrann, und wir merkten es kaum. Danach parkierten wir vor dem Warenhaus. Dort liebäugelte Mutter mit einem asiatischen Teeservice – einem Augenschmaus! Auch gingen wir in die Confiserie zum Crèmeschnittenschmaus und standen beim Zytgloggeturm minutenlang, bis das Glockenspiel erklang und nach und nach verklang.

Die Mutter wirkte mit in der Arbeitsschulkommission und war in unserer Stube bei der Gründung des Frauenturnvereins in Aktion. Sie ließ uns Weggli halbieren und vergaß, die Salamisandwichs zu servieren. Auch kämpfte sie gegen die Kindergartenoption, zugunsten ihrer mütterlichen Intuition. Sie wollte uns möglichst lang unter den Fittichen behalten und die Kleinkinderzeit selbst gestalten.

Als vielseitig interessierte Leserin kaufte sie aktuelle Literatur, bevorzugte den Journalisten und Schriftsteller Hans Habe, den Korrespondenten Gerhard Konzelmann, der Berichte über das Pulverfass Nahost verfasste, und schätzte den kirchenkritisch gläubigen Theologen Hans Küng als Wegbegleitung. Sie las mit Bleistift in der Hand. Bei den Gedanken, die ich in ihren Büchern fand, fühlte ich, dass sie mir nahestand.

Sie sammelte und schrieb Gedichte und Geschichten, formulierte Leserbriefe, disputierte und politisierte. Als der Ehemann ihr eines Tages eröffnete, der Blumengarten müsste einem Parkplatz weichen, war dies für sie ein zwiespältiges Zeichen.

Einerseits befiel sie Trauer über den Verlust der blühenden Visitenkarte, andererseits freute sie sich über die aufblühende geschäftliche Sparte. Sie war unternehmerische Realistin und opferte den floristischen Schmuck aus Vernunft zugunsten der wirtschaftlichen Zukunft. Nur die Mauerbedecker durften weiterleuchten als Abgrenzung in der neuen Umgebung, wenigstens diejenigen, die Ruthli nicht mit der Schere köpfte, bevor die Mutter Verdacht schöpfte.

Das Steindruckplakat, worauf der lachende „Leupin-Clown" auf dem hochgehobenen Knie die Buchstaben KNIE jongliert, wurde fixiert im neuen Schaufenster der Verkaufsausstellung. So wurden wir begeisterte Besucher der Zirkusvorstellung mit jährlichen Gratiseintritten. Wir staunten, wie die Artisten auf Elefanten ritten, am Trapez turnten und am Seil herunterglitten, wie die Dompteure die Raubtiere bändigten und die Zauberer Gegenstände behändigten: Brillen, Krawatten, Uhren. Wir bewunderten Fredys Pferdedressuren, und später verblüfften uns Rolf, Gaston, Pipo als Clowns mit ihren übermütig-witzigen Shows!

Geschwister

Wir Kinder wuchsen in Frieden und in Gesellschaft mit den vom Auto-Lastwagen-Motorrad-Militärfahrzeug-Centurion-Verkehr bedrohten Katzen auf. Wir fütterten die Raubtiere mit Essensresten im Bakelitgeschirr, nachdem die Herrschaft gespeist hatte. Die Jäger ergänzten die vegetarische Nahrung mit Mäusen, Vögeln, Echsen aus Garten und Äckern.

Auch wir erlebten mit den Nachbarkindern die Freiheit in Wald, Wiese, Tuffgrube und im Brunnenstübchen beim Schloss.

Jahrzehnte später spielte mein erwachsener Bruder einen Gaukler im Landschaftstheater mit Planwagen und Ross. Von der Zuschauertribüne schwebten meine Gedanken zum Paradiesli mit den Fuchshöhlen hinab, wo es auch Brombeeren gab. Da fanden wir unser Kinderglück. Die Erinnerung daran versetzte mich ins damalige, unbeschwerte Mädchen zurück. In all unseren verspielten Passionen offenbarten sich früh schon unsere Zukunftsvisionen.

So übte mein Bruder mit seinem Freund die Technik von „Meccano" und „Stokys", bis er bereit war, mit seinem Können dem Vater eine echte Hilfe zu sein, zusammen mit Lernenden und Mitarbeitenden. Auch bevorzugte er, mit der selbst gebauten Seifenkiste abwärtszuflitzen und nicht in meiner improvisierten Schulstube zu sitzen, zu singen, zu lesen, zu rechnen, zu basteln, zu zeichnen und Farbstifte zu spitzen. Die Schulstube war in der Mansarde eingerichtet, neben der Bühne, hoch oben im Haus. Im Herbst hievte man von hier aus per Seilwinde korbweise Brennholz empor, damit man im Winter nicht fror.

Jeden Abend spürten wir Geborgenheit, das Behütetsein, wenn sich unser Mueti kuschelnd auf den Bettrand setzte, mit uns Lieder sang, Gebete sprach und auch erfand, für uns und für die ganze Welt, vor allem für den Bub, der in der Sonntagsschule sagte, dass er nie bete.

Danach ersannen wir Geschwister unsere Gutenachtgeschichten, bis das Brüderchen einschlief und sich im Traumland verlief.

Das offene Haus

Wir führten im geschäftlichen, aber auch im privaten Sinn ein offenes Haus. Da kam oft jemand daher zum Gaumenschmaus. Mutter offerierte Schwarztee im feinen Japan-Porzellan, ein Glas kalten Gartenminzentee, eine Tasse Filterkaffee mit Aroma oder Malaga in den kleinen Gläsern mit Goldrand. An festlichen Tagen schleckten wir Kaffeebuttercrèmetorte mit Schokoladekrokant.

Als die ausgewanderten Familien angeflogen kamen in unseren Kinderjahren, servierte Mutter Fleischplatten mit Salaten nach dem Arrivée in Kloten und zum Dessert Vanille- und Cassataeis, erstmalig für unsereins, alltäglich für die Verwandten aus dem kulinarisch fortgeschrittenen, amerikanischen Kulturkreis.

Da wir eine Biskuitfabrik im Dorfe hatten, sorgte die Mutter dafür, dass die Büchse stets gefüllt war mit einer Mischung der besten Qualität. Für diese hatte ich eine große Affinität. Eigentlich war ich ein braves Kind. Auf die Frage, was ich später einmal werden möchte, antwortete ich in frühkindlicher Naivität: „Es Guets u es Liebs." Aber bei diesen Güetzi konnte ich der sündigen Verlockung nicht widerstehen und ließ mich gehen. Heimlich schlich ich, älter und vorwitziger geworden, immer wieder auf die Laube, hob den Deckel der Blechdose und genoss die Süßigkeiten – vor allem die Japonais- und Sabléköstlichkeiten –, bis Mutter mich lauthals erwischte und Vater sich auf seine trockene Weise einmischte: „Du bisch es Güetzi!" Mein Bruder verbreitete diesen Namen, so dass er an mir kleben blieb im vertrauten Rahmen. Diese süße Lust verharrte in meinen Genen. Zeitlebens musste ich mich dagegen wehren.

Primarschule

Nun stand der Schrank auf dem Estrich im verkauften Familienhaus entrümpelt und gereinigt für die neuen Besitzer bereit. Der braune Lederkoffer aus der Kinderzeit war sortiert für die neue Terrassenwelt.

Zu durchstöbern gab es noch eine Schachtelvielfalt in meinem Blickfeld. In einem Karton fand ich Hefte und Zeichnungen aus der Primarschulzeit. Ein Jungbrunnen aus behüteter Vergangenheit!

Ich war eine vorwiegend glückliche Schülerin. Die allererste Begegnung mit der Lehrerin hatte ich aber als weinende Zuschauerin. Es war Winter. In der Turnhalle wurde ein Konsumfilm gezeigt für Kinder. Mit Nachbarsgeschwistern setzten wir uns in den verdunkelten Raum. Es war alles wie im Traum. Als Pinocchio seine lange Lügennase bekam, war das so grausam, dass ich zu schluchzen begann, bis die Lehrerin zu mir kam und mich tröstend auf ihren Schoß nahm. Sie machte mir Mut. Alles werde wieder gut!

Zwei Monate später ging ich mit meiner Mutter ins Schulhaus zum Einschreiben mit den neuen Geburtstagskleidern. Die jüngere Gotte, eine Schneiderin, hatte mir ein buntes Schürzlein und passende Überärmel genäht. Die Lehrerin erkannte meine Identität und erinnerte mich ans Filmgeschehen. Da kamen wieder die Tränen. Die Mutter musste für mich reden, weil meine Wörter davonflossen – Pinocchio entgegen.

Die Schule wurde aber so schön, dass ich die Mutter einmal fragte, warum die Lehrerin selber keine Kinder habe. „Wenn du keinen Vati hättest, wäre das doch schade."

Das wäre für mich unvorstellbar gewesen. Mit dieser Lehrerin lernte ich rechnen, schreiben, lesen. Auch hörten wir von haushohen Wellen bei Robinson. Ich träumte noch im Schlaf davon! Doch Doktor Dolittles Tierrevier gefiel mir. Ich zeichnete die Ente mit vier Beinen. Die Kinder lachten – ich musste weinen. Die Lehrerin nahm mich in Obhut, und alles wurde wieder gut.

Die Wegwarten

Die Wegwarten warteten auf mich an jedem Tag im Sommer. Ihre blauen Augen begleiteten mich bei Freud und Kummer auf dem Weg zur Schule und auf dem Weg zurück. Sie waren meine Wonne, mein kleines blaues Glück.

Eines Abends spazierte ich mit meiner Mutter denselben Weg im Mondeslicht. Die Wegwarten warteten nicht.

„Wo sind sie?", fragte ich traurig.

„Sie haben ihre Augen zugemacht. Sie schlafen durch die Nacht. Am Morgen leuchten sie wieder im Sonnenlicht, warten auf dich und vergessen dich nicht."

> *„Und so viele warten,*
> *bis helles Licht*
> *auf rauhe Wege*
> *durchs Dunkel bricht."*

Anonym[6]

Gruppenunterricht

Der Frontalunterricht war üblich. Unsere Dritt- und Viertklasslehrerin aber hatte eine Vorliebe für Gruppenarbeit zur Förderung der Gemeinsamkeit. Es gab Heimatkunde bei den schäumenden Bächlein. Allerlei Verkalkungen boten spannende Entdeckungen. Winzige Holzäpfelchen waren zuckersüße Überraschungen.

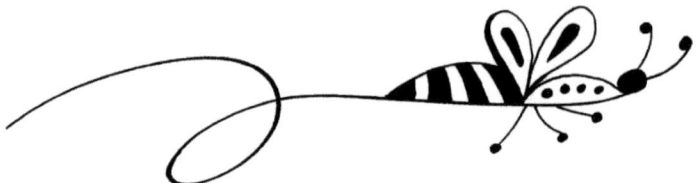

Wir lernten Zoologie bei Bauern, Imkern, Hundezüchtern, vertauschten Turnen mit Schnitzeljagd, und die Handarbeit fand, bei guter Witterung, unter der beschirmenden Linde statt. 1956 mussten auch die unmutigen Buben Wolldeckenplätzchen stricken zugunsten der Ungarn, die der sowjetischen Hölle in ihrem Heimatland entronnen waren.

Unsere Schule war so abwechslungsreich und bunt wie die schwingenden, von frischem Parfum besprühten Sommerröcke der Lehrerin, draußen oder am Pult.

Jahrelang hatte ich diesen zarten Duft gesucht – und endlich auch gefunden: „L'air du temps" ließ ich mir später zollfrei schenken von meinem weltreisenden Ehemann als Duty-free-Andenken.

10

Zehn Jahre alt! Das Fest mit sprießenden, ersten Frühlingsblumen in Garten, Wiese, Wald feierte ich nach der kalten Winterzeit schon bald. Die Geburtstagstorte – traditionell und unverwechselbar – genoss ich mit einer frohen Kinderschar. Es waren unbeschwerte Stunden mit Lottospiel – ohne fatales Zwischenspiel wie bei einer gleichaltrigen Kameradin. Ein geköpftes Huhn der Nachbarin überflatterte das Girlandengärtchen und die belegten Brötchen. Ein Schock für Buben und Mädchen! Keinen Bissen mochte ich essen von der Herrlichkeit. Ich erstarrte in Appetitlosigkeit.

Mein Freund – meine Freundin

Es war wohl für jedes Mädchen klar, dass der Titel seines Aufsatzes weiblich war. Ich aber beschrieb meinen Freund.

Eigentlich war er Vaters Freund, der jeweils in der sommerlichen Mittagspause aufs Bänklein kam bei uns zuhause. Er war Gemeindeschreiber, hübsch, jung, ledig, lustig und hatte schöne Kleider.

Ich beeilte mich beim Geschirrabtrocknen, setzte mich zwischen die Männer und lehrte meinen Freund stricken. Das erzählte ich im Aufsatz. Schnurstracks ging die Lehrerin damit auf die Kanzlei, holte den Lohn und zeigte nebenbei das in Schönschrift geschriebene Werk dem schmunzelnden Freund.

Und wir strickten weiter mit viel Freud am sonnengelben Puppenschal – mit Weitsicht übers fruchtbar-grüne Tal.

Theater

Eines Tages kam mein Bruder fröhlich heim, jubelte und verkündete: „Ich bin der Esef!" Diese Mischung aus Esel und Josef wurde heiteres Sprichwort zu jeder Weihnachtszeit. Der „Esef" glänzte in seiner Rolle, und die regiefreudige Lehrerin fand stets Gelegenheit, mit ihren Klassen Märchen zu inszenieren und Krippenspiele aufzuführen. Aus ihrer Leidenschaft entwickelte sich die örtliche Theatergesellschaft auf einem stabilen Fundament.

Mein Bruder mit seinem schauspielerischen Talent war an unzähligen Saal- und Freilichtspielen präsent. Sechzig Jahre nach „Esef" las ich in einem Buch des russischen Literaturnobelpreisträgers Joseph Brodsky: „Ich heiße Joseph, bin aber oft auch ein Esel." Mein Bruder konnte es mit „Esef" noch träfer auf den Punkt bringen. Auch damit wäre eine Auszeichnung zu gewinnen!

Weihnachtsspiel

Da saßen die Mädchen, viele mit blondbraunen Zöpfen. Sie würden auf der Theaterbühne wirken wie Engel mit langen, wellenden Locken. Meine Mutter flocht mir ungern einen Zopf, bevorzugte Schwänzchen oder den Bubikopf, kämmte aber oft eine Rolle, fixierte eine Masche aus Seide zu meiner eitlen Freude. Trotz meinem kurzen, dunklen Haar stellte ich den Gabriel dar, was für die Schülerinnen Grund zum Tuscheln war. Neben Esef sang ich die Engelsmelodien im Weihnachtsspiel, da der Lehrerin meine helle, klare Stimme gefiel.

Am Klavier übten wir zu zweit himmlisch-frohe Lieder, singend und flötespielend, geduldig und immer wieder. Da wettete die Lehrerin mit dem zweifelnden Männerchorleiter, ihre Schülerin sänge auf- und abwärts die Molltonleiter. Sie gewann für uns die „Toblerone" und bemerkte, dass Übungsfleiß sich lohne. Kurz vor der Aufführung schmückte sie mich mit einer Engelhaarperücke. Zusammen mit glänzendem Stirnband und weißem Kleid war Gabriel würdig in seiner Reinheit. „Ehre sei Gott in der Höhe ..." Es war so schön, dass wir sogar im Schloss willkommen waren zum Musizieren und Rezitieren.

Die Lehrerin war auch Konzert- und Oratoriensängerin. Sie wirkte mit im Soloquartett bei Joseph Haydns berühmter, heiliger Musik „Die Schöpfung". Es war für mich die Erleuchtung, das Paradies, als sie in der Rolle des Engels Gabriel ihre wundervolle Sopranstimme erklingen ließ. Nun wollte ich Kirchensängerin werden, wurde aber ausgelacht. Conny Froboess und Peter Kraus hatten den aktuellen Schlagergeschmack entfacht. Rock'n'Roll war das soziale Medium beim jugendlichen Publikum, das die Hula-Hoop-Reifen um die Taille schwang und „Sugar Baby" sang.

Der Gabriel im Krippenspiel und der Gabriel im Oratorium beglückten 1957 mit ihrem Gesang das Auditorium. 57 Jahre später verriet mir meine Tochter, in guter Hoffnung auf ein zweites Büblein und mit Schalk in den Augen: „Wir wünschen uns zu unserem Bengelchen Lionel noch ein Engelchen Gabriel." Das vierte Enkelkind erblickte bald das Licht der Welt.

Sekundarschule

Die Lehrerin nahm jedes Examenskind zu sich für Ermutigung und Anregung. „Pass gut auf bei der Vorlesung, dann gelingt dir die Nacherzählung!" Sie wusste, dass meine auditive Merkfähigkeit oft zum Fenster hinaushuschte auf den Flügeln der Fantasie. Auch sei ich sehr sensibel, erwähnte sie mit Empathie, was meinen Tränen Auftrieb verlieh.

Der Test gelang. Ich jubilierte. Ein weiterführender Lebensweg begann. Frohgemut radelte ich mit dem neuen roten „Allegro" zum größeren Nachbarort, wo die erfolgreich Geprüften empfangen wurden mit Musik und Wort. In der hellen Aula, beim glänzend schwarzen Flügel – umkringelt vom Frühlingssonnenschein –, gab es ein erstes Zusammensein. Wir waren überwältigt vom Labyrinth der Klassen-, Chemie-, Physik- und Werkräume, von der großen Schulanlage, von Turnhalle und Sportplatz und vom Schulgarten mit den aufkeimenden Gemüsen, Kräutern, Salaten.

Der junge, animierende Hauptlehrer mit Rollkragenpulli statt Krawatte fragte: „Was tun wir für den Klassengeist? Jeden Tag eine gute Tat!" Und wir begriffen, was das heißt. Wir pflegten

Kameradschaft, Hilfsbereitschaft, sangen oft und sprachen das Motto nach Friedrich Halm:

„Ich will! Das Wort ist mächtig,
spricht's einer ernst und still,
die Sterne reißt's vom Himmel,
das eine Wort: Ich will!"[7]

Ein packendes Wort! Wir befassten uns mit Sprachen, Geschichte, Geografie und Sport. Wir übten Kartenlesen beim Orientierungslauf, beobachteten die Sonnenfinsternis durch selbst geschwärzte Gläser, erlebten den sommerlichen Schwimmunterricht und kämpften um Abzeichen bis zum „Goldenen Fisch". Wir wateten im nahen Moor durch den garstig stinkenden Schlamm, bis jeder glänzend schwarze Molch aus der Brühe kam. Das Fließgewässer verwandelte uns in Homo sapiens zurück – zu sauberem Körperglück. Zum Ferienanfang gab's Erdbeertorten im Lehrergarten mit Mahalia Jacksons Gospelgesang vom Grammophon im Hauseingang.

Nach der Urlaubszeit war die Olympiade 1960 startbereit. Wir informierten uns via Radio über das sportliche Szenario. Wir notierten Resultat um Resultat, sammelten Zeitungsreportagen aus Rom, verfolgten Leichtathletik im Stadion und ebenso den Marathon. Mit unseren Vorträgen traten wir ans improvisierte Megaphon.

Im olympischen Rom war die Welt vereint. Bald schon wurde Berlin mit der Mauer zweigeteilt. Der charismatische Präsident John F. Kennedy verdeutlichte später in seiner Westberliner Rede die amerikanische Loyalität und Solidarität:

„Vor zweitausend Jahren war der stolzeste Satz:
Ich bin ein Bürger Roms.
Heute, in der Welt der Freiheit,
ist der stolzeste Satz: Ich bin ein Berliner."[8]

Über Freiheit und kommunistische Abschottung informierte uns der Klassenlehrer im Laufe der Unterrichtszeit. Wir lernten diskutieren über politische Themen und beschäftigen uns mit Welt- und Bundeshausproblemen.

Sein Stellvertreter während der Offiziersschulabwesenheit spielte Fußball. Die Berner Profis zogen 1959 im Meistercup als erstes Schweizer Team in einen europäischen Halbfinal ein, ein Erfolg gegen Stade de Reims! Wie schwärmten wir für die „Young Boys"! Im Schultraining tschutteten auch die Girls! Als Mittelstürmerin rang ich um den Gruppensieg und um den erhofften Aufstieg. Wir wurden vertraut mit Penalty, Corner, Foul, entflammten fürs Idol, für den YB-Jungen mit den bunten Kleidungen, und schrieben verstohlen seinen Namen auf die Schuhsohlen. Die ganze Klasse spürte Fußballemotionen. Viele besuchten die Matches im Berner Wankdorfstadion: „Hopp, Léon, hopp, Léon!" Léon Walker wurde Nationalspieler, Nationaltrainer und – verstarb zu „young"!

Schweizer Geografie

Auf den Schulreisen machten wir Entdeckungen in allen Himmels-
richtungen: Rhein, Rhone, Reuss, Tessin, Inn. Wir badeten in vielen Gewässern, massierten Sonnencreme ein – ein bisschen schon
verliebt –, tanzten auf dem Munot zu des Kameraden Akkordeon,
erforschten das Schloss Chillon, wanderten durch die Engadiner
Lärchenwälder, bestaunten die Berge im ewigen Schnee und als
Gegensatz die exotischen Pflanzen am Langensee. In Locarno
fragte der Lehrer zum Carfenster hinaus nach dem Weg zur Ju-
gendunterkunft. Die Passantin gab Auskunft, und er sagte: „Grazie!" Das war merkwürdig für mich. Graziös war sie nicht. „Grazie
heißt danke", erklärte der Sprachlehrer mit belustigtem Gesicht.

Wir fuhren durch das Gewinkel von Arcegno und fanden das
romantische, in die Heidelandschaft gebettete Campo am von
internierten Polen im Zweiten Weltkrieg gebauten Kastanien-
waldweg. Dort köchelten in einem großen Kupferkessel über dem
Holzfeuer Tomatenravioli, die ersten in meinem Leben. In Mutters Frischeküche hatte es nie solche aus der Büchse gegeben, und
das hausgemachte, italienische Pastagericht kannte man nicht.

Als es dunkel wurde, zirpten die Zikaden.

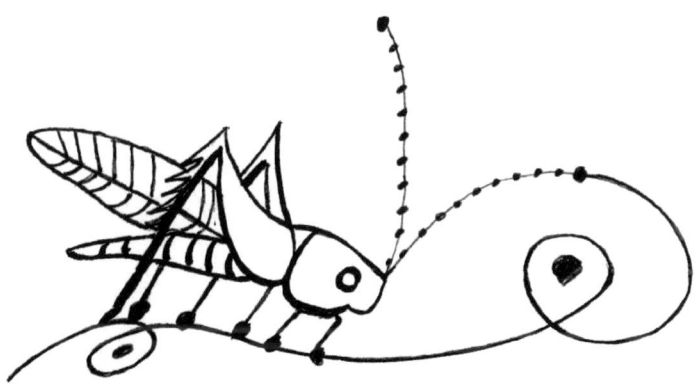

Leuchtkäferchen schwirrten wie aufglühende Fünkchen durch die südlich-milde Abendluft. Die Buben zündeten mit Taschenlampen in die Mundhöhlen, schlichen wie Gespenster vor die Fenster der Casa Abraham Lincoln, wo die Mädchen hausten und Tuttifrutti schmausten. Die Ungeheuer heulten unheimlich, ließen die Überraschten erstarren vor Schreck und verschwanden im Sträucherversteck.

Nach Jahrzehnten noch, an jeder Klassenzusammenkunft, lachte man über die damalige Unvernunft. Und wir erinnerten unseren jugendlich gebliebenen Lehrer daran, wie am Zugerberg der schleichende Nebel kam, uns gefangen nahm, wir uns im Kreise wanden und den Abstieg nirgends fanden. Da halfen nur der Klassengeist und der Heilige Geist.

Skilager

Da herrschte eine andere Stimmung. Der Mathematiklehrer, Lagerleiter und Oberst im Militärdienst diktierte die Regelung anfangs Jahr, im frostigen Januar:

- Begutachtung der eigenen oder der ausgeliehenen Skier in der Schulhausunterkellerung
- Anpassung der Kandaharbindung
- Fellverteilung
- Verordnung zur Rucksackpackung

Es war eisig kalt. Nach einer Bahnfahrt mit mehrmaligem Umsteigen erreichten wir Grindelwald. Die Wanderung zur Unterkunft mit voller Last – inklusive Lauchstängel, Rüebli, Zwiebeln, Sellerie aus Mutters Garten – war hart. Das Massenlager war mit kratzenden Militärdecken bestückt und hatte kaum jemanden beglückt. Ruchbrot gab's zum Frühstück, dazu Vierfruchtkonfitüre im Konservenkübel und warmen Kakao – mir wurde übel! Milch konnte ich nicht vertragen. Die täglich laue Schulmilch bezahlte meine gesundheitsbewusste Mutter zu meinem Frust – getrunken hat sie ein Mitschüler mit großer Lust!

Die alljährlich obligatorische Schneesportwoche, nah bei den Gletschern, wäre zur Qual geworden, wären die jungen Gruppenleiter nicht so lustig gewesen. Mit den Fellen an den Latten stiegen wir den Berg hoch neben den Firstliften, die wir aus Kosten- und Erziehungsgründen nie benutzten. Wir erlernten die Technik des Skifahrens von Grund auf, verpflegten uns bei tief verschneiten Alphütten mit Blick hinauf zu den mächtigen Bergketten, die leuchteten in vielen weißen Facetten. Trotz obligatorischen Sonnenbrillen waren wir geblendet vom Gleißen und Glimmen. „Es funkelt, weil sich das Licht in den sechszackigen Schneesternen bricht", erklärte der Lehrerstudent wie im Unterricht. In diesem Glitzer verlor sich mein kleiner Brillantring.

Sachte suchten wir ihn, indes er in den flimmernden Eiskristallen unterging. Er war hoffnungslos verschwunden. Auch nach der Schneeschmelze hatte ich ihn nicht wiedergefunden. Nie wieder würde ich beim Sonnencremen den Schmuck abnehmen!

Auf der Kleinen Scheidegg, die wir mit der Zahnradbahn erklommen, absolvierten wir Abfahrts- und Slalomrennen.

Abends entspannten wir uns bei Spiel und Dessertschlemmen. Die süße Elternpost war willkommene Kost! Und alle schliefen in der Hoffnung ein, am Morgen nicht in der Truppe des Obersten zu sein!

Alltag

Nun war wieder Schulalltag. Nur bei großem Schneefall oder eiskaltem Wetter benutzten wir Auswärtigen den Zug, sonst waren wir mit den Velos im Anflug. Ich ertrug es schlecht, dass die Buben schneller waren. Diesmal nahm ich alle Kraft zusammen, überholte die Gruppe, nicht ohne den Ersten zu rammen, so dass er samt Fahrrad in der Flussböschung landete und damit unseren Wettkampf beendete.

Ich hatte Gewissensbisse und betete, erzählte aber nichts daheim und hoffte, es bleibe geheim.

Doch der verschürfte Kamerad kam mit seinem Vater und dem verbogenen Rad. Mein Vater staunte über meine Tat, richtete den Schaden und gab mir einen ernsthaften Lebensrat.

Frühling

Der Schnee schmolz hinweg. Es blühte und grünte hinein in die Passion, und wir genossen Pastetchen mit einer Sauce vom einheimischen Zuchtchampignon.

Danach fuhren wir ins katholische Freiburgerland, wo der Karfreitag werktätig stattfand und wo man als Reformierte doppelte Feiertagsfreude empfand. Wir suchten Moos, Gräser, Blüten fürs Osternest. Dann kam das Auferstehungsfest. Die Sonne schien. Die Vögel zwitscherten. Die Welt duftete. Ich spürte das Frühlingsgefühl und holte die kurzen Söcklein aus dem Schubladengewühl. „Es ist noch zu kühl", mahnte die Mutter. Sie warnte noch einmal: „Dann wirst du blasenkrank!" Sie reichte mir die Strumpfhose aus dem Schrank. „Sonst musst du brennende Schmerzen durchstehen und allein zum Doktor gehen!" Ich zog die weißen Söcklein an. Nach dem Gottesdienst machte die Blasmusik einen Umzug und schritt voran. Wir marschierten hinterher – wonnevoll und stramm. Danach gab es Mutters Osterlamm.

Die Blasenentzündung kam. Die Plage wurde immer schlimmer. Ich radelte allein zur Arztvilla, betrat beschämt das Sprechzimmer, empfing abgezählte Tabletten in einem weißen Säcklein, dazu die wohlwollende Empfehlung, Tee zu trinken und noch zu warten mit den kurzen Söcklein.

Sommer

Für Notfälle hatte ich stets ein Portemonnaie dabei. Diesmal gab's zusätzliches Geld für eine Bauernwurst von der Metzgerei. „Im Heuet kann ich keine Bauern metzgen!", scherzte der Metzger. Ich wurde rot und ging nie mehr allein in diesen Laden hinein.

Wir wurden älter, erlebten körperliche Veränderung und damit verbundene seelische Verunsicherung. Aber wir träumten vom richtigen Leben, vom Ausgehen, vom Tanzen, vom Verliebt- und Erwachsensein.

In der Handarbeit nähten wir ein weißes Kleid für die Sommerfestlichkeit, mit steifem Petticoat-Nylonunterrock, der beim Tragen eine Glocke warf. Den Tüll bestickten wir mit Mustern, die jedes Mädchen selbst entwarf. Dann ging ich zum Coiffeur im Dorf. Er schnitt mein Haar und fragte unverfroren: „Mit oder ohne Ohren?" Er formte meine Frisur und befand, ich sähe aus wie Audrey Hepburn auf der Kinoleinwand. Bald erlebte ich sie in „My Fair Lady" als Eliza in England. Ich fühlte mich oft im späteren Leben wie ein entwurzeltes Blumenmädchen beim Wechsel aus vertrauter Struktur hin zu neuer Kultur – ein immer wiederkehrendes, aufwändiges Bestreben!

Der festliche Junitag, bei schwülheißer Temperatur, wurde wunderschön – bis um zwanzig Uhr. Dann mussten die Schulkinder zuhause sein. Erst beim Mondenschein begann das richtige Sommernachtsgeschehn.

Die Tanzmusik klang hinein in die Schlafzimmer der lauschenden, sehnsüchtigen Jugendlichen mit dem erhöhten Dopaminspiegel. Ihre Träume bekamen Flügel!

Brieffreundschaft

Immer wieder spornte uns der Deutschlehrer zum Schreiben an. Tagebuch führen hatte Priorität, schon von Anfang an. Mein Bruder notierte einmal ganz verzweifelt im Kürzeststil: „Heute geschah zu viel!" Vor den Herbstferien hingen Adressen aus Deutschland an der Schulzimmerwand.

Meine Brieffreundin aus Lübeck schickte ein adventliches Marzipangebäck – ein weltberühmtes Kunsthandwerk. Es schmeckte unserer Familie nicht. Meine Klasse aber freute sich! Im nächsten Brief bedankte ich mich, unterließ es jedoch, meine Abstinenz zu erwähnen. So sandte die Treue, ohne etwas zu ahnen, zu jeder Weihnachtszeit die in der Schule hochwillkommene Süßigkeit.

Viele Jahre später begegneten wir uns von Angesicht zu Angesicht und vertieften unser vertrautes Verhältnis trotz Bittermandelgeständnis. Denn wir waren uns auch leibhaftig wohlgesinnt. Ihr zweites Büblein wurde mein Patenkind. Bei der Taufe bat sie mich, nicht über den Krieg zu reden, ihres Vaters wegen.

Eine befreundete Nachbarin, ebenfalls aus Schleswig-Holstein, erzählte mir aber ihre eigene, wahre Leidensgeschichte: Ihr Vater wurde an die russische Grenze verlegt, litt Hunger- und Kältequalen mitten im grauenvollen Kampfgeschehen. Ihre Mutter war überfordert mit fünf Kindern im armseligen Haus und tauschte zwei von ihnen gegen einen Sack Kartoffeln aus. Nach langer Soldatenzeit desertierte der Mann mit Kamerad, Ross und Karren und kam heim, entstellt und halb erfroren im bitterkalt wütenden Wind. Die Frau hatte einen anderen Mann und ein weiteres Kind. Der Wehrmann war entsetzt, tief verletzt, wehrte sich und schickte sie fort von seinem Familienhort. Der Vater suchte den Pflegeort der abgeschobenen Geschwister. Die russischstämmige, analphabetische Bauernfrau hatte zwei Gesichter. Dem Bub und dem Mädchen zeigte sie das Böse, Tag und Nacht. Seelische Misshandlung und körperliche Züchtigung zeugten von ihrer willkürlichen, entwürdigenden Macht. Auf wundersame Weise kam der Wechsel ins Kinderheim, später an gute Arbeitsstellen, auch in unserem Land, wo die intelligente junge Frau das Glück fand und für ihre eigene, wohlumsorgte, dynamische Familie viel Liebe und Dankbarkeit empfand.

Während der Zeit meiner Mädchenbrieffreundschaft schrieb ich einen imaginären Angstbrief an Nikita Chruschtschow. Bald darauf, im Oktober 1962, erfuhr die Kubakrise mit der nuklearen Bedrohung, auch dank dem Briefwechsel zwischen dem russischen Staats- und Parteichef und dem amerikanischen Präsidenten John F. Kennedy, eine wahrnehmbare Entspannung. Die alarmierte Welt spürte, mitten im Kalten Krieg zwischen den Westmächten und dem Ostblock, eine gnädige Verschonung.

Berufswahl

Lehre, Seminar, Gymnasium: Das waren die Möglichkeiten für den beruflichen Werdegang, fürs persönliche Curriculum.

Da mir von Anfang an Sonntagsschule, Primar- und Sekundarstufe einige vorbildliche Lehrkräfte beschert hatten, wollte ich in den Schuldienst eintreten. Fürs Lehramt musste man nebst allgemein obligatorischen Fächern Instrumentalunterricht belegen. Schon früh begeisterte mich hoher und tiefer Blockflötenklang, und wir Geschwister gingen zum Akkordeonlehrer nebenan. Wir spielten eingängige Lieder von Artur Beul nach diatonischen Noten, dazu Walzer, Ländler, Marsch und Polka, auch Kompositionen des Onkels aus Amerika. Wir musizierten im Duett bei Familien- und Turnanlässen und lockten einige aufs Tanzparkett.

Das Klavierspiel meiner Seminarcousine bewunderte ich, und die Eltern erfüllten den Pianotraum für mich. Wöchentlich wurde ich unterrichtet, vorher mit einer Pilzschnitte zum Zmittag bewirtet, denn Magenknurren störte die seriöse Lektion. Ein silberner Fünfliber war der Lehrerinnenlohn!

Das Lampenfieber durchrieselte mich spürbar, schon vor den jährlichen Konzerten im Frühjahr. Wie hatte ich einst geübt an Beethovens Sonate! Bis jeweils der Vater kam und meinte, es sei wohl genug für heute. In der festlich geschmückten Kirche lauschten unzählige Leute. Ich spielte im Taumel zwischen Bange und Freude.

Seegfrörni

Im Jahrhundertwinter 1963 froren viele Seen zu. Die Leute strömten hin zum Eislaufen, Spazieren und Frieren. Das tückische Naturereignis wurde jungen Männern zum Verhängnis.

Abends, am 28. Januar, als die Oberfläche schon tagelang gefestigt war, fuhren zwei Bauarbeiter, trotz tödlicher Gefahr, übermütig aufs Eis des Hallwilersees – da brach es. Lastwagen, Chauffeur und Beifahrer versanken. Die beiden Kameraden ertranken. Der erschreckende Bericht war auch für mich eine erschütternde Nachricht.

In dieser klirrenden Kälte fuhr ich in die Stadt. Im Lehrerinnenseminar fand die Prüfung statt. Deutsch, Mathematik, Handarbeit, Singspiel: Ich hatte ein gutes Gefühl. Jedoch fürchtete ich mich vor dem mündlichen Französischtest beim Experten, der beim schriftlichen so eindringlich blickte, um uns zu bewerten, zudem blitzschnell diktierte und uns frustrierte. Vater gab den Rat, mir diesen Lehrkörper in Unterhosen vorzustellen, als gewöhnlichen Mann. Das half – und ich gewann! In der Höheren Töchterschule wurde ich aufgenommen.

Ich schraubte die Kufen an meine Schuhe und flitzte seelenleicht über den gefrorenen Giessenteich. Ohne Lastwagen konnte das Eis mich tragen.

Konfirmation

„Lobe den Herrn, meine Seele,
und vergiss nicht, was er dir Gutes getan hat."

Psalm 103

Mit diesem vom Pfarrer zugeteilten Spruch fühlte ich mich übereinstimmend und stieg glückselig mit Albrecht Dürers „Betenden Händen" vom Podest hinab. Ein Jahr lang hatten wir Unterweisung gehabt, abwechselnd mit den Zöglingen vom Internat. Viele Zettel, mit Kaugummi angeklebt, fanden wir Teenies unter dem Pult. Wir erwarteten sie Woche für Woche kribbelig und mit Ungeduld.

Mein enges, anthrazitfarbenes Kleid gab mir das Gefühl von erwachsener Freiheit. Es war, dank Bolero, unverwechselbare Mode inmitten der übrigen eleganten Konfirmationsgarderobe. Das reichhaltige Festmahl, erstmals mit Alkohol, konnte ich mir nicht zumuten. Ich litt am Zuviel des Guten! Doch nach Vaters Fernet-Branca-Kur spürte ich Heilung von der Bauchtortur.

Nach dem letzten Bühnenauftritt mit dem Radetzkymarsch von Johann Strauss, belohnt mit viel Applaus, wechselten wir von der Mädchenriege zum Damenturnverein – ein weiterer Meilenstein! Bald schon wurden wir eingeladen von den hier stationierten Offizieren, am Galaabend im „Bären" zu dinieren. Alle Fräuleins nahmen Platz neben einem Uniformierten, auch die frisch Konfirmierten. Nur ich war scheu. Die letzten zwei Plätze blieben frei. Da kam der Hauptmann herbei, verbeugte sich und wurde ein charmanter Tischpartner für mich – bis spät in die Nacht. Heimkehrzeit war nicht mehr um acht!

Lange noch spürte ich den gehauchten Schnurrbartkuss zum festlichen Abschluss.

Neuland – Notstand

Die aussortierte Kiste auf dem Estrich mit Erinnerungsstücken aus der Primar- und Sekundarschulzeit war umzugsbereit.

Daneben stand eine kerbgeschnitzte Truhe. Nach vielen Jahren in Vergessenheit weckte ich das Seminararchiv aus seiner Ruhe.

Meine Lehrerinnenlaufbahn begann ich als Nichtraucherin im Raucherabteil der Bahn – wegen der unterhaltsameren Pendlerschaft. Zigaretten waren Leidenschaft. Oftmals beobachteten wir durch die vernebelten Fenster das Arrivée Madame de Meurons vom Nachbarschloss – mit ihrem kleinen Tross –, wie sie mit adeliger Noblesse, mit langer schwarzer Robe, ausladendem Hut und russischem Windhund im Erstklasswagen verschwand.

Ich war Nichtraucherin, weil mein Vater Kettenraucher war. Der jugendlich wirkende Mann mit dunklem Haar schwebte in Lebensgefahr.

1963, in der herbstlichen Zeit, geschah unfassbares Leid: Swissair-Crash in Dürrenäsch, John F. Kennedys Ermordung und Vaters schlagartige Hirnblutung. Die ganze Welt – unsere Welt – geriet aus den Fugen, was wir kaum ertrugen: Unglück, Attentat, Krankheit, Ungewissheit.

Mit unerschöpflicher Kraft bewältigten Mutter, Bruder und Angestellte die geschäftliche Arbeit. Beigetragen hatte auch ein Ragazzo aus Torino, der als Spezialist eine große Stütze war. Aber die Tochter sei in Gefahr! Man munkelte über den fremden, smarten Tschingg mit dem glänzend schwarzen Haar. Doch er war klug und ehrbar.

Mit spontan ergrautem Haar wurde der genesende Vater nach kummervollen Wochen aus dem Spital entlassen. Der Sohn feierte Konfirmation. Die Mutter besorgte alles fürs Familienwohl. Sie war den Männern behilflich mit Hemden und Krawatten und empfing die Patenfamilien mit Kaffee, Tee und Züpfenplatten. Sie chauffierte uns frühzeitig zur Kirche und entsetzte sich, mitten in der Festlichkeit, über ihre Pantoffelpeinlichkeit. Sie fuhr schleunigst heimzu, schlüpfte in den linken und den rechten strassgeschmückten Festtagsschuh mit der Übergröße Dampfschiff! So gab sie jeweils ihrem Makel einen launigen Anstrich.

Rechtzeitig zum Orgeleingangsspiel schritt sie gut beschuht und maßgeschneidert durch das voll besetzte Kirchenschiff. So konnten wir gemeinsam den Segen miterleben für die Konfirmandenschar vorne beim Altar.

Seminar

Ein Jahr war vergangen. Damals stand ich beim Morgengrauen im Prince-de-Galles-Faltenjupe vor dem weitläufigen Gebäudekomplex. Ich war zu früh, allein, verwirrt, perplex. Eine gewandte Prüfungskameradin erlöste mich, lotste mich durch die veränderte Schulsituation und begleitete mich freundschaftlich von Lebensstation zu Lebensstation.

In der Seminar-
truhe auf dem Estrich
fand ich eine Fülle von
Arbeiten aus diesen
Zeiten. Da lag ein Her-
barium mit hundert
gepressten Blumen,
akribisch beschrie-
ben mit botanischen
Namen. Das Werk er-
innerte an Streifzüge durch Feld und Wald, an Sonntagsausflüge ins Stockhorngebirge, ins Kander- und Gasterntal mit vielfältigster Blütenauswahl. Dabei entstand eine pflanzenkundliche Kostbarkeit, ein Zeichen von Beflissenheit.

Auch staunte ich über den damals noch ausführlichen Schreibkurs. Nach dem literarischen ABC von Matthias Claudius schrieben wir fast mit Perfektion die vorgegebene Schriftenvariation. Die Antiqua-kursiv-Vorlage wurde Grundlage für meine Handschrift zur persönlichen Beziehungspflege: Briefe und Gedichte für alle Lebenslagen, zu Freuden- und Trauertagen.

„Kopf, Herz und Hand!" Nach dieser Losung von Heinrich Pestalozzi genossen wir eine umfassende Bildung. Wir übten Disziplin, soziale Kompetenz und förderten mit Mathematik, Sprachen, Naturwissenschaft die Intelligenz.

Auch über das Christentum gab es eine wöchentliche Debatte mit dem Pfarrer, der Mühe hatte, die beiden dunkelhaarig Kongruenten im Pult zu unterscheiden. So kam meine religionsabstinente Freundin ohne Anstrengung zu einer guten Benotung, und mein Theologieinteresse verhalf mir zu einem schwachen Ergebnis im Zeugnis. Die bevorzugte Schülerin sang aber in ihrem weiteren Leben bei vielen heiligen Messen mit und wurde dadurch bibelfit.

Eine abwechslungsreiche hauswirtschaftliche Fortbildung erlebten wir mit einer professionellen Anleitung. Bald schon hatten wir die Tipps und Tricks kapiert und wurden zu fähigen Hausfrauen emanzipiert.

Der Kunst- und Werklehrer jedoch zweifelte an mir. Angesichts meiner verknorzten, unendlich verästelten Baumzeichnung schüttelte er den Kopf und hinterfragte meine spätpubertierende Psyche. Umso mehr, als er mir beim Sägen zusah und bemerkte, ich sei gar nicht nett zum tannenen Brett. Er ergänzte: „Ich hoffe, dass der zukünftige Ehemann vor dieser Säge flüchten kann!" Trotz der strengen Lehrerkritik beeindruckte mich das einstmals entstandene gestalterische Werk. Wir hatten viel gehört über Kunst- und Architekturgeschichte, über abstrakte und konkrete Ausdrucksformen, über Bildhauerei, Porträt- und Aktmalerei, über Trompe-l'Œil-Illusionen und über Farbtechnik in vielerlei Versionen. Wir zeichneten die edlen Füße einer Kollegin, schulten in Museen unseren ästhetischen Sinn, machten Bewegungsstudien von Tieren in den Dählhölzlirevieren, skizzierten den Zytgloggeturm und die weinenden, lachenden, singenden Häuser ringsherum.

Ein solch singendes Haus kaufte mein Angetrauter Jahrzehnte später am Lago Maggiore und wandelte es um in eine Galerie mithilfe meiner körperlichen, seelischen, geistigen und geistlichen Energie.

Mein Lebensgefährte glich keinem gequälten Holzbrett. Er nahm sich stets die Freiheit, vor meiner Säge zu fliehen ... hinaus in alle Welt!

Festtagszeit

Die Heilige Nacht ging mir zu Herzen: Tannenbaumkerzen, festliches Essen mit hausgemachten Delikatessen, Traubengetränke, Geschenke, Geschichten, Gedichte, dazwischen Lieder, begleitet am Klavier und von einem Lieblingstier. Der Hund des Patenpaares heulte, überheulte alles – den einen zur Erheiterung, den anderen zur Ernüchterung. Wir wiederholten Weihnachten ohne Hund und Paten.

Es schneite und schneite hinein in den ruhenden Garten. Er hüllte sich ein in eine dicke weiße Decke. Es war frostig kalt in der starren Winterwelt. Aus Adelboden kam die Nachricht, die Hüttenferien gebe es nicht. Bei den Minustemperaturen seien auch die Spiegeleier eingefroren! Meinen Missmut zeigte ich unverhohlen.

Zur Aufmunterung kam die Einladung vom Patenpaar mit Hund zur schwarzweißen Fernsehpremiere mit Silvesteratmosphäre. „Die Fledermaus" von Johann Strauss war ein faszinierendes Erlebnis. Auch die schöne Ansagerin mit dem hochtoupierten Haar war ein Ereignis. „Das wäre ein Beruf für dich!", begeisterte der Götti sich. Vater dämpfte die Euphorie mit der Theorie: „Zuerst kommt die Ausbildung!" Er sagte es mit Überzeugung. Danach kaufte er einen Bildschirm, benutzte ihn tüchtig – und wurde fernsehsüchtig.

Am Neujahr bekränzte Raureif die winterkalte Heimat. Die Teiche waren spiegelglatt, die Kunsteisbahn gerammelt voll, und die Jugend fand es toll! Mit den geschenkten Schlittschuhen, elegant und weiß, fühlte ich mich wie eine Prinzessin auf blankem Eis. Ich zauberte Kunststück um Kunststück in schwebendem Glück. Abends kehrte ich nach Hause zurück und wurde erneut erfreut von einem unverhofften Lichtblick: Meine Cousine lud mich ein ins Refugium beim zugeschneiten Waldstück.

Bei eisiger Kälte wagten wir uns hinaus, wateten durch die Schneewälle zum weit entfernten Dorfgasthaus, auf den Spuren von Vaters damaligem Weg zum Sekundarschulhaus. Wir spürten Erfrierungsgefahr, 1965, am 2. Januar. In der Garderobe frisierten wir das zerzauste Haar, betraten die herausgeputzte Räumlichkeit und waren für den Bärzeliball bereit. Meinem Tänzer des Abends gefiel das Konfirmationskleid.

Ich war siebzehn Jahre alt. Die Nacht war bitterkalt. Ich war schüchtern und dennoch dankbar, dass mein Tanzpartner bereit war, uns, zusammen mit dem anderen Verehrer, durchs Schneegestöber zur abgelegenen, schwach petroleumbeleuchteten Zuflucht zu führen, als versierter Glatteisfahrer.

Im Kofferraum sah ich die winzigen Schuhe seiner kleinen Schwester liegen, und im Dorf wartete schlotternd, tiefgekühlt, sein älterer Bruder, nervös und unzufrieden.

Erste Patentierung

Im Sammelsurium der Ausbildungszeit begegnete ich dem dicken Ordner mit Anleitungen zum Stricken von Mützen und Socken, von Pullovern mit Brusterhöhungen, ebenso zum exakten Flicken von Wäschestücken, zum Häkeln von praktischen Gegenständen, zum Besticken von Kissen, Tischtüchern und Bucheinbänden. Auch das sorgfältige Nähen von Kleidern nach persönlich ausgemessenen Schnittmustern gehörte zum Lehrplan. Sie erreichten aber nie die Perfektion der Modelle meiner Cousine im Haute-Couture-Salon! Doch nach zwei Jahren schon bekam ich das Handarbeitsdiplom. Damit erzielte ich den Status meiner Großmutter – sechs Jahrzehnte später. Ihr Nähkörblein wurde mir zu diesem Anlass überreicht, von meiner freudestrahlenden Mutter.

Nathan der Weise

Wegen einer Unfallverletzung verpasste eine Kollegin die gesamte Prüfung. Am Thunersee verbrachten wir eine Woche Repetition und erholten uns dazwischen auf der täglichen Ruderbootexkursion – philosophierend, über das Leben sinnierend.

So erzählte ich ihr das Geschehnis vom Buchladen beim Zytgloggeturm. Dort suchte ich Vortragsmaterial über den Regenwurm, als ich an der Tür meinen Verehrer vom Bärzelifest erblickte und mich blitzschnell hinter dem Zoologiegestell versteckte. Er kaufte in seiner eigenen Verwirrung „Nathan der Weise" von Gotthold Ephraim Lessing zu günstigem Reclampreise. Das war gar nicht weise, weil er das Studentenbüchlein schon besaß und es als Maturlektüre las. Später kam das meine noch dazu. Als künftiges Ehepaar waren wir im Besitze von drei Exemplaren. Wir wurden weise geführt in all den Jahren.

Ausflüge

Inmitten der Truhe befand sich die reichhaltig bebilderte Chronik der Mittelschule. Wir erlebten Biologie- und Geografieexpeditionen zu Auen, Schluchten, Felsformationen, wurden sensibilisiert für die Bewahrung der Tier- und Pflanzenwelt, fürs gesamte Umfeld. Von nun an unterstützte ich den Bund für Naturschutz in der Schweiz.

Beim Nachlesen der Berichterstattungen erinnerte ich mich auch an die Kandersteger Studienwoche, wo die Klasse die Dorfkultur erforschte und sich ebenso mit dem Brauchtum des Walliser Lötschentals befasste. Larven mit Kuhzähnen begleiteten uns durch den Eisenbahntunnel zum Chalet Bergfried zurück. Abends beschäftigten wir uns mit Batik, einem überraschungsreichen Erlebnis. Das Ergebnis mit vielerlei Färbungs- und Musterfacetten passte zu den aktuellen Kupferketten.

Von der Schulverlegung an den Vierwaldstättersee entdeckte ich eine Fotoserie. Dort erlitt ich in der Nacht den ersten Wadenkrampf und schrie: „Ich sterbe!"

Schlaftrunken tönte es vom oberen Kajütenbett mit halbherziger Empathie: „Sag mir, wenn du gestorben bist!"

Wir schliefen und lebten weiter. Doch solche Krämpfe wurden meine Begleiter. Der schlimmste überfiel mich mit voller Wucht. Beim Langstreckenschwimmen wurde ich von Wellen verschluckt bei heftigstem Oberschenkelweh im Langensee. Weit und breit kein Rettungsboot! Angespornt vom nahen Tod, erreichte ich das Ufer mit Müh und Not.

Die Expo 64 besuchten wir am Genfersee und bewunderten jede verblüffende Zukunftsidee. Wir staunten über Helvetia von morgen, erlebten Monorail, Mesoscape, Heureka, P'tit Train. Ich ahnte nicht, dass mein Sohn auf dem kleinen Zug Lokführer sein würde als Bräutigam und unsere Enkel herumkurven würden als Passagiere auf Lausannes Liliputbahn.

In militärisch organisierten Skilagern trainierten wir mit der Sportlehrerin, einem Fräulein Hauptmann. Zugegen waren auch Studenten, mit denen wir uns beim Alphüttenpicknick frierend und flirtend erholten. Wir vergnügten uns mit abendlichen Cabaretimprovisationen, mit Geräuschinteraktionen, mit Schnitzelbank und Schabernack.

Zurück im Berner Alltag, kauften wir Lippenstift und Nagellack, verschönerten uns zu zweit, setzten uns an einen Tearoomtisch, bestellten auf Französisch, worauf der welsche Kellner parlierte und die Damenwelt stotternd sich blamierte. Die Französischstunde folgte. Le rouge à lèvres n'était pas accepté. Wir putzten die Schönheit weg im Damen-WC.

Landdienst

Der Pro-Juventute-Aufenthalt führte mich ins weit entfernte Appenzellerland. Der Milchbauer mit dem typischen Ohrstecker und dem rauchenden Dibidäbi im Mund holte mich ab mit Einachser und Hund. Vom Sankt Margrether Bahnhof tuckerte er hoch zum voralpinen, gartenlosen Hof.

Mein Dienst war belastet von Fieber und triefender Nase. Die Allergie verhinderte mein Mitwirken im trocknenden Grase und beim Einpacken des Heus ins große weiße Tragtuch, das der Wildheuer schwitzend über den Schultern zur Scheune trug.

Umso mehr war ich nützlich beim Kochen der nahrhaften, vitaminarmen Älplermahlzeiten für die Familie und für die mithelfenden Einsatzbereiten. Die tuberkulosekranke, doch unansteckende Mutter übergab mir Winterhilfekleider. Daraus nähte ich Hosen für die Buben und Röckchen fürs kleine Mädchen. Eine praktische Überforderung trotz kürzlich erfolgter Patentierung!

Abends ging ich hinaus in die vom Alpstein begrenzte Hügellandschaft, blickte über den Bodensee ins Rheintal, nach Österreich und Deutschland. Ich suchte den Kunstmaler an der Staffelei mit dem grauen Bart, der das letzte Licht einfing – abendrötlich, pastellfarbig, zart –, und lauschte seinen Geschichten. Mit sattem Wohlbehagen mochte er von den griechischen Sagen berichten, vom weißen Inselhaus am blauen Meer, wo er gelebt und gemalt hatte als einsame, genügsame Wasserratte. Es erwachte Fernweh, und ich erträumte eine Wanderung auf den Spuren der Mythologien von Homer, von „Ilias" und „Odyssee".

Vinyl

Der Musiker hatte die Fähigkeit, uns in Angstzustände zu versetzen während der Unterrichtszeit. Oftmals erstarrten wir vor seinem herausfordernden Blick in der Theorie. Wegen unserer Lehrerphobie blieb die einfachste Antwort stecken im Hals. Das war vor allem fatal beim Singen einer Tonfolge oder eines Intervalls.

Ganz anders fühlten wir uns beim Dirigieren und beim Chorgesang. Die vielen Stimmen vereinten sich zu einem brillanten Klang. Frisch-fröhlich jubelten wir die Melodien durch den weiträumigen Saal oder bemühten uns, die dissonanten Jahreszeiten-Lieder des pädagogischen Komponisten zu meistern. Damit konnten wir die Chorexperten in der Zürcher Tonhalle begeistern. Das Vocalensemble aus Bern erreichte den zweiten Rang mit dem zeitgenössischen A-cappella-Gesang. Ein Glanzpunkt für uns Töchter war auch, im Radiostudio eine Vinyl-Schallplatte aufzunehmen und mit dem renommierten Reist-Quartett eine Verpflichtung einzugehen. Wir engagierten uns mit Passion und Emotion bei den Aufnahmen der neuzeitlichen Musik in der französischen Kirche mit der außergewöhnlichen Akustik: Dabei kam mir meine singende Primarlehrerin in den Sinn, die mit denselben Streichern musiziert und konzertiert hatte.

Nun besaß ich eine Platte, obwohl ich keinen Plattenspieler hatte. Meine Cousine, die bei uns wohnte, erstand ein Grammophon mit ihrem kleinen Couture-Lohn, und wir lauschten ab Konserve Ton um Ton.

Chemie

Die Prüfungen im dritten Jahr waren überstanden ohne große Mühsal – mit Ausnahme der Chemie, der freudlos eingepaukten Formelqual.

Mir ist nur geblieben, dass der Chemiker vorn am Pult erklärte, ungesiebte Bratensaucen äße er nicht. Ich erachtete das Saucensieben ein Familienleben lang als meine Pflicht.

Dass „Nathan der Weise" freiwillig Lebensmittelingenieur werden und sich dabei mit vielen chemischen Vorgängen auseinandersetzen wollte, war für mich nicht nachvollziehbar. Und dass dreißig Jahre später Sohn und Schwiegertochter Chemieingenieurwissenschaften studieren würden, war kaum vorstellbar.

Chemie: für die einen ein Albtraum – für die anderen ein Berufstraum. Doch auch Kochen ist Chemie – und ich kochte stets mit Leidenschaft und mit meiner ganzen Fantasie!

Studienzeit

Die Eidgenössische Technische Hochschule war ein Begriff wegen des Cousins, der schon als Kind futuristische, fliegende und schwimmende Automobile skizzierte und in den Ferienwochen sich bei seinem Götti für alle Motoren interessierte. Er zog nach Zürich, wo er Maschineningenieur studierte. Nun tat es auch der Student, der sich für Lebensmitteltechnologie immatrikulierte.

Per Expresspost schickte er eine dunkelrote Rose zu meinem zweiten Patent – als aufmerksames Kompliment. In einem Reagenzglas, wassergefüllt, steckte die Baccara und wurde von einer selbst gefalteten, langen Schachtel stabil umhüllt. Dieses einzigartige Zeichen der Anerkennung weckte Freude – und Verwirrung. Mit den ungelösten Komplexen ähnelte ich dem verknorzten Baum im Zeichenunterricht. Ich spürte Beziehungsangst und verstand mich selber nicht. Umso mehr schwärmte ich von Cary Grant in seinen Filmen. Auch kaufte ich den mütterlicherseits missbilligten „Bravo"-Schund und klebte das beiliegende Charlton-Heston-Poster an die Wand. Ich bewunderte mit meiner kongruenten Freundin Herbert von Karajan beim Dirigieren mit berühmter Hand. All diese Lichtgestalten weckten unerfüllbare Träume – unversehrt blieben die jugendlichen Freiräume.

Viel zu nah kam mir die Wirklichkeit. Die Freundschaft beengte die mädchenhafte Leichtigkeit. Immer wieder wurde ich motiviert zum Spazieren, zum Wandern in den Stockhorn- und Gantrischrevieren, wurde verwöhnt mit Toast Hawaii, Pêche Melba, Kaffee und Kuchen im Park, wurde begleitet in Stadt- und Kellertheater, ins Kino, zum Uniball im Casino, zum Agroball auf dem Schloss und zum Polyball, dem traditionellen Zürcher Festanlass. Die angereisten Begleiterinnen logierten beim „Central" und wurden tags darauf geholt zum Mittagsmahl. Wir verließen das gediegene Lokal nach der Vorspeise. Es waren zu hohe Studentenpreise!

Dann kam die Einladung zur Offiziersbrevetierung. Mit einem Haarteil à la mode frisiert, erreichte ich, begleitet von einer Klassenkameradin, den Limmatquai – sie in roter, ich in goldener langer Robe. Wir wurden empfangen von den Leutnants in schmucker Armeegarderobe. In der Wasserkirche verfolgten wir die militärische Feierlichkeit. Danach gratulierten wir den frisch Brevetierten, gemeinsam mit deren Eltern.

Beim Galadiner im exklusiven Dolder kam es beim stolpernden Kellner mit den weißen Handschuhen zu einer Malaise mit der Sauce béarnaise!

Nach der durchtanzten halben Nacht führten uns die Kavaliere in eingeweihter Uniform zur Pension, wo man sich verabschiedete an der Rezeption. Nur verheirateten Paaren wurde ein Doppelzimmer offeriert. Für die Fräuleins aus Bern war aber eines reserviert.

Am nächsten Tag saßen wir im Kino und fieberten mit Omar Sharif als „Doktor Schiwago" auf der Leinwand – während der Oktoberrevolution in Russland. Ein historischer Film nach der Liebesgeschichte von Boris Pasternak, der zeitlos tief betroffen macht.

Jahrzehnte nach der brutalen Sowjet-Gewaltherrschaft veröffentlichte Alexander Solschenizyn sein Werk über Stalins Verbrechernetzwerk. Er selber war Häftling im Archipel Gulag und litt unter dem stählernen Regime ohne Rechtsstaatlichkeit in der gigantischen Straflagergrausamkeit. Der Systemkritiker brachte den kommunistischen Terror und den unsozial-sozialistischen Machtapparat mit Personenkult an die westliche Öffentlichkeit. Dafür wurde ihm 1970 der Nobelpreis erteilt.

Aufgewühlt von den militärischen Geschehen – festlich und fein in Zürich, verroht und rau in Moskau –, erreichten wir das heimische Bern, das ruhte unter einem friedlichen Stern.

„Friedlich wandelt Stern an Stern
dort am blauen Himmel.
Zank und Hader ist dort fern,
fern das Kriegsgetümmel."

Christoph von Schmid[9]

Begegnung

Schon vor der Brevetierung kam es zu einer familiären Begegnung. Es war in der Weihnachtszeit. Ich litt unter Befangenheit, wurde aber herzlich empfangen. Eltern, Bruder mit Freundin, das kleine Schwesterlein und wir beide saßen am geschmückten Tisch beisammen. Es gab die traditionellen Pasteten mit Geflügelfleisch aus dem Hühnerhof, ergänzt von Nüssli-Endivien-Randen-Salaten aus dem winterlichen Garten. Auf dem Dessertbuffet lockten Orangencremeschnitten, eine Baumstammroulade und zwölf Sorten Weihnachtskonfekt aus der Hausbäckerei. Jahr für Jahr kam die halbe Verwandtschaft vorbei zum Guetzlischmaus ins offene Haus.

Auch ich fühlte mich willkommen und wurde beschenkt mit bestem Greyerzer aus der Käserei, mit Honig aus der Imkerei und mit einem Silvesterangebot auf der Familienalp.

In fröhlicher Gesellschaft erlebten wir den großen Schnee, die Fellwanderungen zum Skilift in den Waldlichtungen, genossen die gepflegten Pisten, stoben abends durch die tiefe, weiße Watte und kehrten zurück in die kalte Hütte. Holzfeuerung sorgte für Erwärmung. Eintopfkost für kalorienreiche Ernährung brodelte in der Kupferpfanne. Eine herzhafte Wonne! Aus dem Transistorradio erklang Heintjes Schlagergesang. Die Freunde stimmten ein zu der Freundinnen Freude.

Mit Hornschlitten und Fackeln rumpelten wir über den dunklen, eisigen Weg hinunter zum Gasthaus, kosteten die letzten Stunden des alten Jahres aus mit lüpfigem Tanz zur Musik der Ländlerformation. Um Mitternacht stießen wir an auf die individuell erträumte Zukunftsvision.

Lausanne

So viel Gutes hatte ich erfahren in den zwei Freundschaftsjahren. Viel Wertschätzung nahm ich entgegen, und ich fragte deswegen: „Gefällt dir auch etwas nicht?"

Er strich über meine abfließenden Achseln und sagte schlicht: „Sophia Loren ist hier markanter."

Ich ging ins Warenhaus, kaufte Schulterpolster und wirkte imposanter.

Trotzdem war ich flügellahm, als der Lausanne-Vorschlag kam. Der Flab-Offizier weilte in Payerne, wochenlang. Abverdienen gehört zum militärischen Werdegang. Ich quälte mich, war blockiert, irritiert, konsterniert und nicht mit mir im Einklang. Ich befand, in meinem zweifelnden Zustand wäre es ehrlicher, die Beziehung zu beenden und einen klärenden Brief zu senden.

Da sagte die Mutter: „Einen besseren Mann kannst du kaum mehr finden."

Und der Bruder ergänzte mit sanfter Ironie: „Einen, der ums Auto herumrennt, dir die Tür zu öffnen, gibt's fast nie!"

So nahm ich den Zug an den Lac Léman. Mein diffuses Unbehagen wurde umspült vom heftigen Regen. Er prasselte auf den großen Schirm. Der See peitschte seine Wellen übers Gestade. Wir waren allein auf der zerzausten Promenade. Allein und stumm. In diese Dumpfheit hinein hörte ich die bedachten Worte: „Ich spüre, dass du nicht glücklich bist – wie ein gefangener Vogel. Ich lasse dich fliegen."

Da überflutete mich eine mächtige Woge der Liebe und befreite mich aus dem Seelengefängnis und aus der wankelmütigen Kümmernis. Wir setzten uns aufs nasse, grüne Bänklein der Hoffnung und gingen unter im Regenrausch.

Literatur-Tour

In einem separaten Ordner entdeckte ich das Dossier der Diplomreise nach Süddeutschland, was die Klasse als wenig reizvoll empfand. Es war nicht verlockend wie Madrid, Rom, Paris, London ... Die anfängliche Enttäuschung wich der Begeisterung. Der verehrte Deutschlehrer verstand es, die Orte, wo in der Vergangenheit die Literatur erblüht war, aufzuspüren und uns zu den Dichtergrößen hinzuführen.

Wir bestiegen den Car, die Modischen mit toupiertem, mit Carmen Curlers gelocktem, mit Reif gebändigtem Haar, gekleidet mit Deuxpièces, geschmückt mit Ketten und assortierten Ohrenclips. Wir fuhren als weibliche Persönlichkeiten von Geburtsort zu Kloster zu Friedhof der männlichen Berühmtheiten.

Wir amüsierten uns über deutsche Spracheigenheiten, über keimfreie Edeltrinkhalme im Kirschsaft und wunderten uns über die morgendliche ungewohnte Wurstauswahl im Speisesaal.

Abends genossen wir den freien Ausgang mit individuellen Erlebnissen auf dem jeweiligen Stadtrundgang. In Stuttgart flimmerte ein Dancing, und unsere Gruppe ging hin. Drei junge Algerier nahmen uns ins Visier. Eine Kollegin wurde Ehefrau und des späteren Mediziners Praxisgefährtin. Mit meinem Tanzpartner pflegte ich Briefkontakt auf Französisch. Sein Tod bei Studentenunruhen in Algier war tragisch.

Hebel, Hesse, Uhland, Hauff, Schiller, Mörike, auch Goethe mit dem „Götz von Berlichingen" mögen in unserem Leben weiterklingen!

Die Reise wurde bereichert in Rothenburg ob der Tauber vom Mittelalterzauber und vom Nachtwächterspiel in Dinkelsbühl. In Meersburg beendeten wir die Deutschlandtour auf der faszinierenden Dichterspur mit Annette von Droste-Hülshoff als weiblich-literarische Schlüsselfigur.

„Es ist gewiss, du bist nicht ich."[10]

Diese Philosophie berührte mich.

So wurden auch unsere Reisereportagen unverwechselbar, subjektiv, persönlich und jede auf ihre Art feminin und außergewöhnlich.

Theorie

Das letzte Jahr der beruflichen Ausbildung bestand aus Pädagogik, Methodik, Didaktik, Psychologie und Philosophie. Der zuständige Dozent war inkompetent für einen vorbildlichen Unterricht. Die mühsamen Lektionen fesselten uns nicht. Wir entwickelten eine Überlebensstrategie zur Überwindung der Lethargie.

Das russische Alphabet war als Geheimcode äußerst diskret. Den Vorsitzenden führten wir mit Vorsicht hinters Licht. Er bemerkte die Heimlichkeiten nicht. Die aufheiternden Notizen mit Weisheiten, Torheiten und Witzen gingen von Pult zu Pult: ein verschlüsselter Kryptokult!

Praxis

Der Traumberuf wandelte sich zum Qualberuf. Die Übungslehrkraft herrschte mit Willkür und Macht, verhielt sich bös und schikanös. Auch das graue Thema „Unter der Straße" machte mich nervös. Mit Bildern und Tiefbaubüchern bereitete ich die Stunde mit Aufwand vor, kindgerecht, verständlich, seriös, mit der selbst erfundenen Geschichte vom Frosch, der die Kanalisation erforscht.

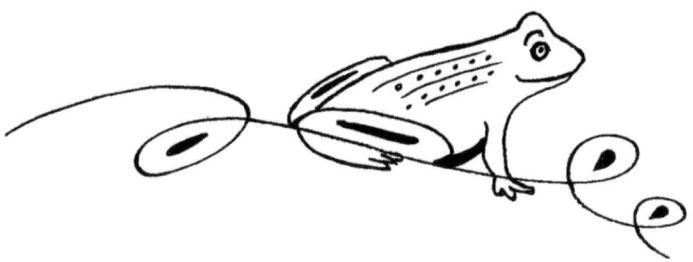

Zu meinem ahnungsvollen Schrecken vergaß ich, die Schürze einzupacken. Ohne Schürze unterrichten, ging mitnichten! Ich musste auf die Lektion verzichten, trotz reichhaltigem Anschauungsmaterial. Das war fatal! Ich wurde gezwungen, zu pausieren und eine schlechte Note zu kassieren.

Ein schwieriges Schulrevier war auch das Mattequartier. Da wurde ich herausgefordert von alkoholisierten Kindern. Sie wurden von den arbeitenden Eltern vor Schulbeginn ruhiggestellt – für mich eine unbekannte Welt! Aber mattenenglische Wörter waren mir geläufig, nutzte sie mein Vater mit Sprachlust doch recht häufig:

„D Giele u d Modi
ässe e Ligu Lehm
mit de Tööpe,
schribe mit em Blofi
e Ufsatz über d Schtibere,
hocke uf em Chemp
u lafere,
lege der Tschäber a
u gö ga schlööfle."

Es war eine glückliche Fügung, dass mein dreiwöchiger Landein-
satz an demselben Ort stattfand, wo sich damals Großmutters
Arbeitsschule befand. Ich freute mich, bis ich erkannte, dass
die Schulklasse Autorität nicht kannte. Sie überschritt jegliche
Schranken und brachte mich an meine Grenzen. Die langjährige
berufliche Vision wurde Illusion.

Zuhause erklärte ich frustriert, meine Lehrtätigkeit sei sis-
tiert, und ich würde weiterstudieren: Musik, Literatur, Theologie. Da ermutigte mich die väterliche Strategie: „Such dir eine
Stelle und spüre die Freiheit. Die Freude kommt bei der selb-
ständigen Arbeit."

Diese Worte und das letzte animierende Praktikum am
Wohlensee stimmten mich um, versöhnten mich mit dem
Schulalltag, und ich hoffte auf einen baldigen Arbeitsvertrag.

Lac Léman

Im türkisblauen Kleid stand ich vor dem Maison Espérance, praktikumsbereit, winkte der wegfahrenden Familie und fühlte Verlassenheit. Für fünf Wochen war ich am Genfersee vorgesehen, als Hilfskraft im Heimgeschehen. Angesichts der behinderten Menschen, der unbekannten, französisch sprechenden Mitarbeitenden und der fremden Umgebung wurde mir elend zumute. Da kam mir die Anwesenheit einer Kollegin aus Bern zugute.

Nach den Philosophien von Mimi Scheiblauer – „Es gibt kein unwertes Leben" – und der Wegleitung von Maria Egg – „Mon enfant n'est pas comme les autres" – wurde hervorragende Arbeit geleistet. Die Menschen wurden trotz ihren Beeinträchtigungen gefördert. Man versteckte sie nicht in Anstalten, sondern half ihnen, ihr Dasein zu gestalten. Ich fügte mich ein mit Geduld und Zuwendung, so dass ich ermuntert wurde zu heilpädagogischer Ausbildung. Behinderung ist ein Aspekt menschlicher Vielfältigkeit mit dem Anspruch auf Liebe und Gerechtigkeit.

Meine Diplomarbeit fand einen fruchtbaren Boden. Ich beschrieb Alltagsepisoden und Betreuungsmethoden, vertiefte mich in Fachliteratur zu Beethovens „Pastorale" mit Blick aus dem Fenster in die weite, sinfonische Natur.

Abends traf man sich am Lagerfeuer beim Badehaus und sang zu Gitarrenklang Lieder in die linde Nacht hinaus: Gilbert Bécaud, Charles Aznavour – und ich sehnte mich nach meinem Liebsten bei Joe Dassins „Chanson d'amour".

Meine vielseitigen Eindrücke erfüllten mich – und auch meine Figur hatte an Fülle gewonnen im Laufe der nahrhaften Zeit. Es wurde zu eng, das türkisblaue Kleid!

Das erinnerte mich an meine Cousine, die ein Welschlandjahr absolvierte am Lac Léman, in der Nobs-Confiserie. Allerlei Gebäck durfte sie naschen. Da beengten die Röcke auch sie!

Mit großer Passion baute der Bäckerssohn an einer imposanten Modelleisenbahn. Viele Jahre später wurde sie international.

Claude Nobs begründete das Montreux-Jazz-Festival. Seine Feten mit Musikgrößen aus allen Kontinenten vereinigten Welten. Die Jamsessions hoch oben im Chalet, mit Aussicht über den See und mit der Miniatureisenbahn im Wandregal, waren genial. Doch der Sturz beim Langlauf endete für den Pionier fatal. Er starb, und die Jazzwelt hielt den Atem an. „Jetzt wird er mit Engeln im Himmel die Mundharmonika spielen", sinnierte der Freundeskreis. Montreux aber war verwaist.

Bewerbung

Die schriftliche heilpädagogische Abhandlung und das Resultat der Schlussprüfung führten zum herbeigesehnten Patent – ein Gnadenmoment!

Mit Zuversicht hoffte ich, trotz Lehrerüberfluss, auf die gewünschte Anstellung. Das Dossier war verschickt mit Lebenslauf, Foto und Benotung. Das Schulhaus stand mitten in einer kleinen, schmucken Siedlung. Bauernhäuser belebten die anmutige Hügelwelt, mir von Kindheit an vertraut. Die Antwort kam bald. Von neununddreißig Bewerberinnen durften zehn sich präsentieren. Dasselbe Datum musste ich vorher schon reservieren, des Zürcher Polyballes wegen. Der Zeitpunkt kam völlig ungelegen. Mit bangem Gefühl erbat ich einen anderen Termin. Eine Woche später ging ich hin, als Einzelfigur durch die weiß-kalte Natur. Die Behörde war nicht vereint im Kollektiv. So fuhr ich mit Vaters kleinstem winterbereiften Wagen von Hof zu Hof, um bei den Kommissionsmitgliedern anzutraben. Mit Most, Speck und Bauernbrot, mit Tee und Bretzeli oder mit Kaffee und einem Schnäpsli wurde ich bewirtet, aufmerksam bewertet und bei der Präsidentenfamilie zum Zmittag erwartet.

Obwohl ich dank Elternunterricht, brüderlicher Aufsicht und Expertennachsicht die Fahrprüfung bestanden und mit dem Sportcoupé des Paten auch die neu erbaute Grauholz-Autobahn gemeistert hatte, verunsicherte mich das eisige Weglein hoch hinauf zum Bauerngut, thronend auf beschneiter Matte. Nach kurzem Zögern fasste ich Mut, drückte aufs Gaspedal, schlitterte auf halber Höhe und rutschte weg, den Hang hinab. Hilflos stand ich da, verzweifelt, weil ich meine Chancen schwinden sah und deshalb die Hoffnung jäh verlor. Da kam der Bauer mit dem Schlepptraktor. Kartoffelstock und Braten wurden aufgetragen. Die Stimmung war vergnügt – und ich hatte genügt! Ich wurde gewählt als Lehrerin für die dreiklassige Unterstufe und als Sportlehrerin für die Mädchenoberstufe.

Den kleinen Fiat mit Heizung, Schiebedach und Radio übergab mir mein Vater, zufrieden und froh. Ein ergänzendes Szenario kam vom Studenten, der zwischen den Sitzen eine Vase
montierte und wöchentlich frische Blumen organisierte, fernab
vom Lehrerhaus. Dort ging er nicht ein und aus!

Abschlussfeier

Noch einmal versammelte sich die Klasse in der blumengeschmückten Aula als Gemeinschaft mit der diszipliniert dozierenden, mehrheitlich wohlgesinnten Lehrerschaft. Wir feierten unsere neue Position. Die individuelle Lebensversion bestimmte die weiterführende Richtung. Hinter uns blieb eine Zeit der Bildung, der Entwicklung, der Entwirrung pubertärer Knoten. Vor uns öffnete sich das weite Feld der Eigenständigkeit – ohne Noten!

Der mannigfaltige Inhalt der Seminartruhe auf dem zu räumenden Estrich weckte viele Emotionen. Es gab helle und dunkle Situationen!

Einen ausgesuchten Teil der Werke aus den beruflichen Lehrjahren wollte ich weiterhin bewahren, zum Andenken an die Rosenknospe, die sich langsam entfaltet hatte:

> *„Rose, Rose, Knospe gestern*
> *schliefst du noch in moos'ger Hülle.*
> *Heute prangst in Schönheitsfülle*
> *mit all deinen Schwestern.*
> *Träumtest du wohl über Nacht*
> *von den Wundern, die geschahen,*
> *von des holden Frühlings Nahen*
> *und des jungen Tages Pracht?"*

Frei nach Johann Adelbert von Chamisso[11]

Das Jubiläum zum zwanzigsten Geburtstag im Frühjahrsschnee fand statt am Murtensee, mit Eglifilets und Mayonnaise, meiner Lieblingsspeise. Der Freund wurde eingeführt im weiteren Verwandtenkreise. Die Geschenke deuteten auf den zukünftigen Haushalt hin, ganz in meinem Sinn!

Ich freute mich auf die Dreizimmerwohnung mit ausgewählter Einrichtung, laugte alte Stühle ab, bestrich sie mit grüner Farbe und packte – zusammen mit meiner wehmutsvollen Mutter – Kisten, Koffer und sonstige Habe. Es waren freudvoll-melancholische Umzugstage.

Mein großherziger Bruder verlud die Ware in einen Camion und verschob sie mit seinem Compagnon voll Tatendrang, Sang und Klang. Denn auch das Klavier musste durchs Treppenhaus hoch in die zweite Etage. Das erforderte Kraft und eine Extragage! Verpflegt und erholt, entschwanden die beiden aus dem Lehrerhaus.

Allein, verlassen, menschenlos im neuen Zuhaus, blieb ich zurück. Zweifel und Trauer bedeckten all mein Glück. Mein Freudenquell floss ab durchs Kummertal, in ein Meer voll Tränen.

Die Stille vermochte mich zu lähmen.

„Allein zu sein! Drei Worte, leicht zu sagen,
und doch so schwer zu tragen."

Adelbert von Chamisso[12]

Umleitung

„*Was hindert dich,*
den Aufbruch zu wagen
und deinem Leben
eine neue Richtung zu geben?
Was hindert dich,
dem Ruf deiner inneren Bilder zu folgen
und zu leben,
was schon lange
in dir träumt?
Mach dich auf,
und dir werden die Kräfte zuströmen,
um zu werden,
wer du bist."

Christa Spilling-Nöker[13]

Berufung

Kinder, Eltern, Großeltern, Schulkommission: Alle sagten Lehrerin – zu meiner Irritation. Man beobachtete mein Verhalten insgeheim. Ich musste Vorbild sein! Diesen moralischen Anspruch verpatzte ich, als ich, mit Hose bekleidet, zur Post radelte. Man tuschelte und tadelte. Ich hatte es kapiert. Ich war zu emanzipiert! Hosen trugen die Männer! Im Kolonialwarenladen hoffte man – trotz meinem Imageschaden – dass es eine Brittlete geben mag mit dem jungen, ledigen Lehrerkamerad. Die Leute freuten sich auf das zukünftige Paar, weil auch das vorgängige über Jahrzehnte der Schule treu verbunden war. Ich verschwieg meinen Freund, habe die Heimlichkeit später aber bereut.

Mein Beruf war Berufung. Die Kinder verliehen mir kreativen Schwung. Mit natürlichem Frohsinn rannten sie mir entgegen vor Schulbeginn. Sogar beim Erteilen der Hausaufgaben klatschten die Mädchen und Knaben! Sie sangen mit Inbrunst, waren beglückt von der selbst gestalteten Wandkunst und begeistert vom abwechslungsreichen Freiluftsportunterricht. Eine Halle gab es nicht.

Eines Tages stürzte ein Ersteler vom Kletterturm. Ich fragte das verletzte Kind im Delirium: „Zu welchem Doktor geht ihr?"

„Zum Tierarzt", schluchzte der kleine Bauernbub. Nur den kannte er gut.

Im Sommer vertauschten wir Turnen mit Baden. Auf mühsamen Pfaden erreichten wir zu Fuß den in tiefer Schlucht mäandernden Fluss. Die Erfrischung war wunderbar. Das Wasser sprudelte rein und klar. Wir konnten schwimmen, tauchen, plantschen, spritzen und nach dem Aufstieg wieder richtig schwitzen.

Im Herbst waren die Störenmetzger am Schlachten, und es war üblich, dass die Kinder Blut- und Leberwürste in Schuhschachteln mitbrachten.

Im Winter sausten wir mit Schlitten den erklommenen Berg hinunter oder machten Stemmbogen auf Skiern, frisch, froh und munter! Mit der Oberstufe übten wir kurze Schwünge und glitten über die verschneiten Hänge im mit dem Postauto erschlossenen Gantrischgebiet. Für die Lehrerin war es besonders perfid, als sie vom Liftbügel stürzte und damit den Jugendlichen den Skitag würzte. Vor allem die Mädchen freuten sich über das Missgeschick, wurden sie doch oft überfordert im Unterricht, denn die pubertäre Lethargie dämpfte ihre Energie!

Der körperliche Reifeprozess sorgte auch für Ausdünstung. Das erforderte Hygieneaufklärung. Bei Schlechtwetterlage gab's Ratschläge für Gesundheitspflege in der müffelnden Schulstube der transpirierenden Oberstufe. Behördlich wurden die gewünschten Duschen missbilligt und von der Mehrheit nicht bewilligt. So warb ich für Deodorants mit dem Effekt eines angenehmeren Duftzustands, ebenso für Bürste, Paste, Fluortablette für die noch mangelhafte Zahntoilette. Ein künstliches Gebiss zur Konfirmation war eine schlechte Option! Der ältere Kollege predigte: „Esst Äpfel, Birnen, Nüsse!" In der Käserei lockten aber Fünfermocken, Cola-Frösche und weitere Schleckgenüsse.

Lohn

Überrascht empfing ich den ersten Lohn. „Daran habe ich gar nicht gedacht!", war meine spontane Reaktion. Der Briefträger hatte mir ein gelbes Kuvert überbracht und dabei gelacht.

„Das hat noch nie jemand gesagt, eher über den zu kleinen Betrag geklagt!" Er lachte weiter. All unsere Begegnungen waren heiter.

Von diesem ersten Lohn kaufte ich Blockflöten in Bern. Fast alle Kinder spielten gern. Die Schulkommission staunte über unser Musizieren schon bei Unterrichtsbeginn, um die noch Träumenden zu aktivieren – und sie sangen sich frei: „All Morgen ist ganz frisch und neu ..." In jeder Lektion gab es Gesang, Orff- und Flötenklang, dazu Piano ab Kassette – unsere ganze Liederpalette. Die Männer fingen an zu diskutieren und zu kalkulieren. „In diese Schulstube gehört ein Klavier!" Rechtzeitig zum Advent stand es hier.

Ich bevorzugte ganzheitliches Unterrichten. Wir rechneten mit den sieben Zwergen, entwickelten Schneewittchens Leidens- und Liebesgeschichten, lernten Texte in schöner Sprache, malten Kulissen, wählten passende Musik und schrieben einen höflichen Brief an die Stofffabrik. Die Mütter schneiderten mit Eifer bunt glänzende Kleider und rote Zipfelmützen. Im Alltag mussten sie die Nähmaschine zum Flicken benützen.

Der Zimmermannvater schreinerte die Bühnenausstattung.

Drei Kinder fehlten bei der Aufführung. Man munkelte, dass sie aus religiösen Gründen Vergnügungen, Modeströmungen, Alkohol, Nikotin und Medizin vermieden. Sie lebten in der Mühle, abgeschieden und in Frieden, zusammen mit Hühnern, Katzen, Kaninchen und einem Äffchen. Manchmal schlich es zum Schulhaus hin und belustigte Klasse und Lehrerin. So führten die Geschwister kein Märchenspiel, sondern ein drolliges Affentheater auf, und alle freuten sich darauf.

An einem Frühlingstag schmückten die oberen Klassen das Tor mit Krepppapierblumen fürs Examen, zu dem viele staunende Leute kamen. Die Abwartsfrau und das Arbeitsschulkomitee servierten Kuchen und Tee, nachdem Lektionen, Inszenierung, Handarbeits- und Werkausstellung bewundert waren.

Die festtagsbekleidete Besucherschar schritt wohlgelaunt hinaus und wanderte auf blütenumkränzten Wegen nach Haus.

Dass die Lehrerin in ihrer musischen Begeisterung Kaulquappen und Raupen vergessen hatte, führte zu keiner kritischen Debatte. Sie nahm sich aber vor, in Zukunft den Lehrplan besser zu studieren, die Bauernkinder auch für Schulbiologie zu motivieren und von ihrem natürlichen Wissen zu profitieren.

Hose

Das männliche Kleidungsstück, das dem ländlichen Umfeld missfiel, war selbst genäht. Mit warmer Garderobe in guter Qualität wanderte ich mit dem vom Murtenmarsch trainierten Leutnant vom regennassen Schwarzenburgerland ins trübgraue Freiburger Üechtland.

Beim Schiffenenstausee hielt ich inne, hatte mich doch die kürzlich erfolgte Überschwemmung der mir vertrauten Saanelandschaft aufgewühlt. Nun waren Häuser, Kurort, Wiesen, Wälder überspült. Wie ein Fjord streckte sich das gestaute Wasser aus – unschuldig, verhangen, vom Winde kraus.

Auf unserem Marsch erreichten wir Murten im Drei-Seen-Land, wo das unverheiratete Paar zwei separate Zimmer fand. Wir verbrachten Silvester unter den Lauben bei Fondue, Spiel und Tanz. Wir gingen weiter im neu begonnenen Jahr durch Nebelschwaden, Pflotsch und Flockentanz und beendeten das Abenteuer in Yverdon am Cheminéefeuer. Kaum jemand wollte das verstehen, vor allem die Väter konnten es nicht einsehen. Der eine würde seine Tochter nicht unverlobt ziehen lassen, der andere meinte, Winterausflüge mit Auto würden besser passen. Wir waren aber wettergeschützt unterwegs, auch ich mit der langen Hose. Nicht wie die Mädchen in Röcken auf langen Schulwegen bei Biswind, Sturm und Regen. Nur Skihosen waren legal bei ergiebig anhaltendem Schneefall. Dem Arzt begegnete ich im Schulareal und besprach mit ihm die ungesunde Situation. Er schrieb ein Zeugnis an die Kommission. Von nun an wollte die Behörde bei Hudelwetter Hosen gestatten, sofern diese einen anständigen Schnitt und keine aufreizenden Farben hatten.

Unterwegs

Mit über zwanzig folgsamen Kindern, mit fast ebenso vielen reiseungewohnten Müttern und Großmüttern war ich unterwegs auf jährlichen Schulreisen.

Fast zu spät kam ein kleiner Schüler, hinten auf Vaters Moped sitzend, seufzend daher. „Der Rucksack ist so schwer!" Wir lösten das Problem, halbierten den Melissentee, packten die Hälfte der Brötchen, Würste, Äpfel aus – nebenan im Lehrerhaus.

Die Bahn führte uns nach Bern. Wir erkundeten den Stadtkern: Münster, Bundeshaus, Zytgloggeturm. Dort blieben wir stehen, schauten, wie die Figuren sich drehten in unserer präzis bemessenen Zeit, hineindeutend in die Unendlichkeit. Der Hahn kräht, die Zeit vergeht – unentwegt.

Ein andermal, auf dem Jolimont, kochten wir Fidelisuppe im Pfadikessel zum gemeinsamen Mittagessen. Der Picknickplatz war brunnenfrei. Deshalb trugen wir das Wasser in Flaschen herbei. Die Bouillon und die darin gewärmten Würste schmeckten nach Lindenblüte, weil eine Großmutter versehentlich den Tee eines Mädchens zufügte. Das Kind war untröstlich und weinte bitterlich. Auch seine Tränen kullerten hinein in die süße Brühe. Am Weidezaun muhten einfühlsam die Kühe.

Die Erwachsenen waren nicht nur Beistand, oft auch Aufwand.

So kam es, dass eine Mutter bei einem Schaufenster in Interlaken stehen blieb, uns schnell über die Straße folgen wollte, wobei ein Auto ihren Fuß überrollte.

Groß und Klein freuten sich über Bahn- und Schifffahrten oder über den Sessellift, der hochschwebte zum Oeschinensee, auch mit dem blasenkrank triefenden Kind voll Scham und Weh.

Wir rasteten bei den heimlifeißen Geißen, die, während des Holzsuchens fürs Feuer, verschmitzt die Rucksäcke plünderten, worüber wir uns aufbegehrend wunderten.

Viele kleine Alpenblumen schmückten die Weiden, Ruderboote glitten über die Wellen, Doldenhorn und Blüemlisalp spiegelten sich in der glasklaren Wasserperle, umrahmt von Nadelbäumen und einer verirrten Erle. Wir wanderten durch die paradiesische Berglandschaft und spürten eine immense Schöpferkraft.

Zuhause, wenn die müde Reiseschar heil oder gut verarztet war, fühlte ich mich entlastet von physisch-psychischer Verantwortung. Die frohen Erlebnisse aber behielt ich in dankbarer Erinnerung.

Großbritannien

My Boyfriend besuchte einen Englisch-Intensivkurs in Brighton. Drei Wochen später reiste ich Richtung London. Mit dem kleinen Ferienpatenkind meines Vaters flitzte ich im Roten Pfeil von Bern nach Basel zu den Verwandten, fand um Mitternacht das beim Studentenreisedienst gebuchte Couchette, zusammen mit einer französischen Brunette und einem englischen „married couple". Wir verschliefen die mehrstündige Zugfahrt nach Boulogne. Mit einem alten Kahn schaukelte ich über den stürmenden Kanal bis Folkstone. Die britische Eisenbahn brauste durch die begossene Landschaft und erreichte Victoria Station im Nebelgrau der Hauptstadt. In der versmogten Umgebung wartete mein Darling, ein perfektes Timing! Für mich ging die Sonne auf. Ich war glücklich und spürte Geborgenheit zu zweit.

Mit dem Nachtzug schwebten wir Richtung Norden. Wir erlebten den Morgen in sonnenleuchtenden Farben: Edinburgh, die schöne Majestät, die auf vulkanischen Hügeln liegt. Uns überwältigte Maria Stuarts Residenz auf Castle Rock, die den Blick aufs Meer freigibt. Wir genossen den strahlenden Tag und den Mondscheinabend im königlichen Park. Das Tor ging zu. Wir waren im Dunkeln gefangen. Mit jugendlichem Elan, „full power", kletterten wir über den hohen Zaun. Mein Pechvogel blieb stecken, aufgespießt auf einem metallenen Stecken. Die Dornspitze durchstach den Schuh – ein großer Schrecken –, und es kam Regen dazu. Unser Wohlgefühl war geschwunden. Für die Wunde hatten wir Desinfektion und Pflaster im Necessaire gefunden.

Mit einer Studentenschaft aus aller Welt fuhren wir am Morgen mit dem Bus durch karges Weideland, sichteten grasende Schafe und ebenso genügsame Highland Cattles, rauschten vorbei an Prunkschlössern und erreichten Inverness gegen Abend. Der Driver hielt an: „Here is the hotel for the boys!" Er lotste uns weiter: „Here is the hotel for the girls!" Ordnung musste sein, obwohl die halbstarke, langhaarige 68er-Jugend auf Barrikaden stieg, rebellierte und die spießige Moral der Elterngeneration mit Krawallen und Transparenten protestierend und kreischend vom Sockel stieß.

Ich war traurig, fühlte mich verlassen, alleingelassen trotz dem Swissgirl, das mit mir das Zimmer teilte. Das kleine schottische Hochlandrind, das mir mein lovely boy als Souvenir schenkte, nannte ich Scotti und stellte es auf den Nachttisch. Das seine nannte er Vögi – neckisch, skurril, doch ganz sympathisch!

Mit dem schmerzenden Loch im Fuß war der Leidende tags darauf doch gespannt auf Nessie im Loch Ness. Wir verließen Inverness und näherten uns bald dem See mit dem mysteriösen Geheimnis – ein touristisches Ereignis! Ich nahm allen Mut zusammen, am Fernrohr zu stehen, um das Ungeheuer auftauchen zu sehen. Doch unser Harren war nicht ersprießlich. Wir begnügten uns schließlich, die Schlossruine anzuschauen, die Dudelsackbläser in ihren Kilts zu bestaunen, und beschlossen, Nessie schlummern zu lassen. Es bestand keinerlei Monstergefahr! Ich setzte mich zurück in den voll besetzten Car mit weinrot-schwarzem Schottenrock und assortiertem Karoschal. Im Abendlicht ließen wir uns bezaubern von Seen, Fjorden, Inseln im Atlantischen Ozean und vom Küstenstädtchen Oban. Es dominierten der Geruch von Fisch und Chips und das Kreischen der Albatrosse über dem sattblauen Meer. Wir tauchten ein in die Ferienstimmung und genossen den Wildlachs sehr, nach schottischer Art fein und zart!

Ganz anders erlebten wir Liverpool – zu zweit, ohne Reisegeleit. Die Hafen-Industrie-Fußball-Metropole erlebten wir als ungastlich, stinkend, dreckig, grau wie Kohle. Die Stadt war Heimat der Beatles, die in kurzer Zeit ihre weltverändernden Songs komponierten und damit international imponierten. Ihr Aufstieg war märchenhaft und prägte eine neue Gesellschaft. Massenevents in Hallen- und Sportstadien, Open Airs mit boomenden Pop- und Rockstars, Hysterie der Girls mit Blumen im Haar: „Make love, not war!" Die Band aus Liverpool war hip und cool. Sie gab Konzerte ohne Rassentrennung in den Südstaaten

Amerikas nach der Devise des Pastors Martin Luther King: „I have a dream!"

Unsere Eltern schüttelten den Kopf beim Auftritt der geschüttelten Pilzköpfe mit befremdendem Schlagzeug- und Elektrogitarrensound. Nach wenigen Jahren waren die Beat- und Rockboys medienverfolgt und ausgebrannt.

Wie in Liverpool ekelte uns auch das für uns gebuchte Hotel in London. Mein Fürsorger rauchte Pfeife um Pfeife und versprühte das ganze Aftershave über die schmuddeligen Möbel im muffigen Bedroom. Der Abschied fiel schwer und belastete uns sehr. Ungern ließ der Volontär mich allein in diesem stickigen Kämmerlein. Aber das Praktikum in einer Cheese Factory in Cornwall ergänzte sein Studium. Ich blieb gefangen im beklemmenden Angststadium, bis ich das Swissgirl traf beim Buckingham-Palast, wie mündlich abgemacht in der letzten, gemeinsamen Schottlandnacht. Ich wurde der Sprachschülerin Zimmergast. Der Hausherr erklärte, dass mein Hotel sich in einer billigen, verruchten Gegend befände. Er war FBI Police Officer und kannte die Missstände. Erleichtert wechselte ich mein Domizil, genoss das gepflegte Familienidyll, das British Museum mit der faszinierenden antiken Sammlung und stand unendlich Schlange vor Madame Tussauds Wachsfigurenkabinett. Dabei erlebte ich ein kleines, heiteres Kabarett mit einem pfiffigen Studenten aus der ehemaligen Kronkolonie Kenia in Afrika.

Die Heimreise trat ich an am 21. August 1968, am Tag der Okkupation der Tschechoslowakei, einer sowjetischen Barbarei. Das war das Ende des Prager Frühlings, eine politische Depression für die Nation mit weltweiter, freiheitlicher Emotion.

Auch spürte ich eine zusätzliche Irritation, da ich das amerikanische Englisch meiner auf Besuch weilenden Tante kaum verstand. Wir waren aber seelenverwandt, harmonierten von Teacher zu Teacher und genossen das Zusammensein bei Ausflügen mit regionaler Kost und Schweizerwein. Wir verabschiedeten Tante und Onkel in Bern – nach einem Spaziergang zum Zytgloggeturm und zur Kunsthalle mit Christos Stoffhülle, einer Attraktion mit viel Opposition!

Nach langer Abwesenheit ging ich zurück in meine leere Lehrerhäuslichkeit und fühlte Einsamkeit in der privilegierten Dreizimmerwelt.

Auf Flügeln der Liebe

„Wieder einsam leb ich hier
in stiller Abgeschiedenheit.
Meine Gedanken schweifen hin zu dir,
erfüllt von Zärtlichkeit.
Von silbernen Flügeln getragen,
huschen sie flink durch die Nacht.
Schon bald wirst du verwundert fragen:
‚Was rüttelt am Fenster so sacht?'
Meine Gedanken kommen geflogen.
Die Sehnsucht schickt sie dir.
Über den Himmel sind sie gezogen
mit der ganzen Liebe von mir."

1968

Dein

Kenia

Die restliche Ferienzeit verbrachte ich schulvorbereitend, makrameeknüpfend, gedankenabwesend in einem Keniabuch lesend:

„Ich hatte eine Farm in Afrika,
am Fuß des Ngong-Gebirges ..."[14]

So beginnt die unglaubliche Kolonialgeschichte von Tania Blixen: „Jenseits von Afrika". Ich war fasziniert von der wilden Vielfalt der Landschaft, von der großartigen Fauna, von den mutigen weißen Akteuren auf der Kaffeeplantage mit ihrer grazilen, dunklen Entourage. Ich spürte die Nöte der einheimischen Menschen und dachte an den kenianischen Londonstudenten. Ich erfasste aber auch das Leiden der dänischen, von der Ehe enttäuschten, an Syphilis erkrankten Erzählerin, bewunderte ihre Durchhaltekraft und fühlte ihre Sehnsucht, ihre Liebe zu Denys Finch-Hatton, dem Großwildjäger und Buschpiloten.

Jahre später verinnerlichte ich das adaptierte Filmgeschehen „Out of Africa" mit meinem Liebsten. Meryl Streep und Robert Redford faszinierten als Protagonisten. Ein unvergessliches Erlebnis, auch für den beeindruckten Realisten.

„Ich hatte eine Farm in Afrika ..."

Dieser Ausspruch wurde – modifiziert – zum Sprichwort bei jedem zukünftigen Umzug von Ort zu Ort.

Schulumfeld

Wie prächtig blühte der Schulhausgarten! Das Wunderwerk von Mutter und Kollegen: Blumen, Gemüse, Kartoffeln gediehen. Mit der Klasse konnte ich mich bedienen, wobei die Rüebli mir immer mehr Bauchkrämpfe bescherten, die an meinen Kräften zehrten. Ich entwickelte eine Karotten-, Sellerie-, Honigallergie.

Der Unterricht verlief inklusive Biologie – mit Kaulquappen im Aquarium und Raupen im Terrarium. Mit Leidenschaft betreute ich meine Klassengemeinschaft und belebte die Umgebung mit gelber, roter, orangener Schockfarbenkleidung, passend zu den gelben Rapsfeldern, zu den orangenen Ringelblumen in den Bauerngärten und zum roten Mohn im Korn. Ich kostete die drei Balkone aus – Osten, Westen, Süden – im allseitig besonnten Haus. Der Liegestuhl konnte mich verlocken. Eingeölt und braun gebrannt, strickte ich rote Wandersocken.

„Warum strickst du ein zweites Paar?", fragte verwundert mein junger Nachbar.

„Vielleicht schenke ich es meinem Bruder", antwortete ich verlegen, denn mein Freund war noch nie zugegen. Mit diesem Oberstufenkollegen und Pfarrerssohn war ich unterwegs zu Konferenzen, Ausflügen, Anlässen in der Region. Gemeinsam trafen wir uns im Kirchenchor, danach im Tearoom beim Konditor. Im Laden kaufte ich belegte Sülzebrötchen, aß sie tags darauf mit Hochgenuss und freute mich über den wöchentlichen Luxus. Donnerstags besuchte die Lehrerschaft, zusammen mit der kleinen Dorfgemeinschaft, die Abendandacht – vom Gemeindepfarrer dargebracht – mit anschließendem Kaffee und einem kirchen- und schulpolitischen Wochenrésumé. Für meine Klassen spielte der Oberstufenlehrer den Samiklaus beim eingeschneiten Waldhaus.

Da kam die Delegation der Schulkommission in adventlicher Mission und in der Illusion, Lehrer und Lehrerin würden sich an Weihnachten verloben. Sogleich war meine Unbeschwertheit verflogen. Das Geschenk irritierte. Ich dementierte, musste das Missverständnis deuten vor den abgesandten Leuten und vor dem besten Kollegen – klug, hübsch und hilfsbereit. Mir tat's unendlich leid. Es war schlimm für alle in der mit Tannästen und Schülerschmuck dekorierten Eingangshalle. Bis jetzt hatte ich Schule und Privates getrennt aus vermeintlicher Rücksicht, ohne Täuschungsabsicht. Die Verschwiegenheit wandelte sich in bedrückende Verlegenheit.

Den Jahreswechsel verbrachte ich mit meinem Chéri in Paris. Wir saßen in der Oper hoch oben, schauten hinab auf Smokings und lange Roben und erlebten Toscas Liebe, Leidenschaft, Not und ihren verzweifelten Sprung von der Engelsburg in den Tod.

Wir lächelten mit Mona Lisa im Louvre und schlürften und schlabberten Austern am Seineufer, mit meiner angeborenen Unlust, und tanzten mit Lust zu Edith Piafs Chanson „Non, je ne regrette rien …" ins neue Jahr hinein.

Wir gelobten, uns an Pfingsten zu verloben, und vertieften unser Glück im prachtvollen Versailles-Park auf der Besichtigungstour. „Une histoire d'amour …", sang uns Mireille Mathieu zum Adieu.

Verlobung

Am Samstag ruderten wir mit einem kleinen Boot in Lausanne-Ouchy dem Ufer entlang, beschenkten uns in vertrauensvollem Einklang mit den goldenen Ringen in der Hoffnung, sie mögen uns Glück und Segen bringen. In Sichtweite stand das grüne Bänklein – zur Erinnerung an die damalige Seelenbefreiung.

Am Pfingstsonntag jubilierte ich im Chor von der Empore hinab zu meinem Verlobten, zu den Gästen, zur versammelten Gemeinde: „Jubilate …" aus Johann Sebastian Bachs großartiger Kantate.

Über dem sonnenkringelnden Thunersee gaben wir dem Versprechen mit einem festlichen Mahl, ohne Lauch- und Austernqual, einen würdevollen Rahmen im kleinen, schmucken Saal. Fürs Brautpaar begann die gemeinsame Zukunftsreise auf zuversichtliche Weise.

Ein halbes Jahrhundert danach, am fünfzigsten Verlobungstag, fand in der Chiesa im Ticino eine Pfingstfeier statt. Im Gesangbuch fanden wir ein vierblättriges Kleeblatt. Beim angesagten Lied 504 lag die symbolische Glücksbotschaft für unsere vitale Gemeinschaft. Das Orgelspiel erklang, verschmolz mit Solo- und Gemeindegesang.

Erfolgserlebnisse

Im Büro meiner Eltern hatte ich Kompetenz für Schreibmaschinen-Korrespondenz: Briefpost, Lieferschein, Bestellung, Rechnung. Nun stand eine „Remington" in meiner Wohnung, um das Werk des Diplomanden mit Sorgfalt zu beenden. Verantwortungsbewusst, mit Gestaltungslust, gliederte ich das äußere Kleid der wissenschaftlichen Arbeit mit dem mir unverständlichen Inhalt – chemisch, physikalisch, mathematisch – ebenso von den Versuchen im Laboratorium am Zürcher Polytechnikum. Der Abschluss gelang! Wir feierten mit Überschwang!

Fast zeitgleich, im Sommer 1969, glückte den amerikanischen Astronauten Armstrong, Andrin, Collins die erste Mondlandung. „Ein kleiner Schritt für einen Menschen, aber ein gewaltiger Sprung für die Menschheit!", meldete Neil Armstrong mit Ergriffenheit. Er hatte als Erster den Mond berührt und war von Emotionen tief gerührt.

> *„Der erste Trunk aus dem Becher der*
> *Naturwissenschaft macht atheistisch,*
> *aber auf dem Grund des Bechers*
> *wartet Gott."*[15]

Mit Enthusiasmus bejubelten auch wir die Reise zum Mond – und reisten bald darauf ins Land von James Bond.

Brighton

Der frischgebackene Dipl.-Ing. ETH chauffierte uns, entlastet von Prüfungsstress, mit dem kleinen beflaggten, mit Wiesenblumen ausgarnierten Auto nach Straßburg. Eine gebrochene Kurbelwelle, wegen einer Straßendelle, ließ uns pausieren und französisch dinieren. Wir fuhren weiter nach Luxemburg – Brüssel – Calais. Der Abstecher nach Dunkirk setzte uns zurück in den Zweiten Weltkrieg. Viele Tote gab es zu beklagen nach diesem Hitlersieg, obwohl bei der alliierten „Operation Dynamo" eine große Anzahl Soldaten sich retten konnte über den Ärmelkanal. Booten aller Art gelang die Überfahrt unter der Ägide von Premierminister Churchill. Wir standen vor dem Memorial – aufgewühlt, betroffen, still. Die Fähre brachte uns nach Dover, wo wir zum zweiten Mal Großbritanniens Boden erreichten, um unsere Sprachkenntnis zu bereichern.

Die Gasteltern engagierten sich mit Leib und Seele. Wir spielten Tennis, entdeckten Land und Leute, Kultur und Natur. Wir begegneten der uralten Aunty Daisy, die auch im kältesten Winter ins Meer stieg, um sich abzuhärten und ihre Haut ohne Falten zu erhalten.

Nicht nur ins Salzwasser tauchten wir ein, auch in die Musik des Brighton Philharmonic Orchestra im Dom und in den „Geheimdienst ihrer Majestät", wo James Bond auf Verbrecherjagd ging, mit geschüttelten Cocktails und einer Prise Sex. Wir erlebten die Schönheiten von Sussex, überwanden den Widerstand gegen Schafffleisch mit Wirsing und gegen den grellbunten Pudding. Umso mehr beglückten uns die britischen Betreuer mit den schottischen Shortbreads zum Earl-Grey-Tee am Kaminfeuer.

Hauptsächlich aber besuchten wir den Unterricht. Das mündliche Englisch floss beim Schoolboy gut. Das Schoolgirl war schriftlich besser, stotterte sich aber, trotz Motivation, nur mühsam durch die Konversation.

Nach dem intensiven Schulprogramm traten wir die lange Heimfahrt an. Wir strapazierten den Motor notorisch bis zur Überhitzung. Die Wasserflasche brachte Kühlung.

Da dachte ich an Vaters Pässefahrten. Auch er konnte erst nach dem regenerierenden Warten den Wagen wieder starten!

Durch die französische Landschaft brausten wir, mit geöffnetem Schiebedach, Richtung Eidgenossenschaft.

Trennung

Militärdienst und ein halbjähriger Aufenthalt in einer schwedischen Firma in Frankreich kamen einer langen Trennung gleich. Der Briefwechsel füllte drei Ordner, die ich fand im Nachlass dieser Zeit. Wir planten schriftlich unsere baldige Hochzeit.

Grautrübe Monate erlebte der Stagiaire in Nevers an der Loire. An Weihnachten gab es ein lichtvolles Wiedersehen, und wir genossen das traditionelle Familiengeschehen. An diesen Tagen klärten wir die Hochzeitsfragen, bevor der Bräutigam im aparten Pied-de-Poule-Blazer das Flugzeug Belpmoos–Paris bestieg, wo die Firma eine weitere Niederlassung betrieb. Er sei im Sündenbabel von „Irma la Douce" gelandet, neckte er mich im nächsten Brief, da die Liebeskomödie Leidenschaft wachrief. Er betonte stets im weiteren Leben, was er dort verpasst habe, meinetwegen!

Sein Arbeitgeber konnte ihn motivieren, auch ein Schwedenpraktikum zu absolvieren.

So kündigte ich meine Stelle, wurde melancholisch, wenn ich daran dachte, mein Umfeld zu verlassen. Ich war hin- und hergerissen zwischen Abschiedsschmerz und Zukunftsfreud und versank in einem unendlichen Meer von Arbeit im Hinblick auf Schulschluss und Feierlichkeit.

Mutters Schneiderin entwarf Festtags- und Alltagskleidung als Geschenk für Trauung und Umsiedlung, währenddem ich Röcke und Jupes auf Mini-Länge kürzte, wie die Twiggymode es diktierte. Ich packte meine Siebensachen und war dabei, mich für den Norden bereit zu machen.

Examen

Das Examen war Höhepunkt der dreijährigen Lehrerinnenzeit. Den festlich gekleideten Klassen überreichte ich die allumfassende Jahresarbeit. Die Kinder übergaben mir berührende, schön geschriebene Brieflein, reich verziert, fein und rein.

Der Bäcker kam zum Schulhaus. Wehmutsvoll genossen wir den Cornetschmaus.

Wertschätzung und Bedauern der Eltern, Kollegen, Behörden wurden mir zuteil. Die Gaben nahm ich diesmal freudvoll heim. Die Theaterutensilien und das Haushaltinventar überließ ich der Nachfolgerin fürs nächste Jahr.

Auch aus dieser beruflichen Ära fand ich Wertvolles im zu räumenden Familienhaus, zur Erinnerung ans damalige Schulhaus. Favorit war der genähte Wandbehang, der den Mädchen und Buben wunderbar gelang. Die Arche Noah mit dem Regenbogen wurde Symbol für Frieden, wohin wir auch zogen. Der Aufwärtsblick verhalf uns zu vertrauensvollem Eheglück in der Hoffnung, die Friedenstaube kehre immer wieder zurück.

Ziviltrauung

Meine neue Frühlingsrobe blieb hängen zugunsten der Wintergarderobe.

Das erworbene große Auto blieb stehen zugunsten des wetterfesten kleinen.

Mein Name wurde zum Schatten zugunsten desjenigen des Ehegatten.

Mein Seelandheimatort entschwand zugunsten desjenigen im Berner Hügelland.

Wir wurden getraut im März, ohne Gefühl von Lenz,

bezeugt vom Trauzeugenpaar, wo einst der Bräutigam zuhause war.

Kirchliche Trauung

Die Gäste genossen Horsd'œuvres zur Mittagszeit im Dorf der Braut im seidenweißen Kleid. Danach verschob sich die Festgesellschaft hoch hinauf zur Kirche, die ruhte in der Schneelandschaft.

Orgelmusik erklang, dazu des Cousins Baritongesang. Das Largo von Händel wurde hinausgetragen in den gewölbten Raum ein musikalisch-poetischer Lebenstraum.

Der Pfarrer gestaltete eine würdige Zeremonie beim Altar, obwohl nicht der Mann vom Lehrerhaus der Auserwählte war.

Doch dessen Hochzeit folgte – zur Freude auch der Schulgemeinde!

Nach unserer Feier öffnete sich das Kirchentor. Die Klassen traten ein und jubilierten im Chor. Wir wandelten durch die Blumenbögen und empfingen ein bunt bemaltes Herz voll Glück. Meiner Vorgängerin gelang die Überraschung mit dem kleinen Theaterstück. Das Augen-Make-up vom Kosmetiksalon floss über die zart geschminkten Wangen davon. Die Schönheit war verschmiert – vom Schleier sanft kaschiert. Der Fotograf huschte herbei, die ergreifende Atmosphäre einzufangen, bevor die Kinderstimmen verklangen.

Die mit Bändern geschmückte Autokolonne schlängelte sich weiter durch den frisch gefallenen Märzenschnee an den winterschlafenden Murtensee.

Zum Hochzeitsmarsch von Mendelssohn schritten wir ins Hotel hinein, am Konzertflügel mit der spielenden Cousine vorbei, in den Saal, wo schon Königinnen getafelt hatten bei erlesenem Mahl. Jede Sekunde der Feier kostete ich aus. Diese bewusste Achtsamkeit pflegte ich weiter im Leben – tagein, tagaus.

Beim Festmenu, bereichert mit Ansprachen, Telegrammen, Gesängen, Spielen, wurde fröhlich gelacht – bis Mitternacht. Die Polonaise führte durchs Städtchen, der Vollmond blitzte hervor und begrüßte den Frühlingsanfang 1970 mit seinem runden, goldenen Gesicht. Der Morgen leuchtete in hellem Sonnenlicht.

All diese glücklichen Momente wurden fachmännisch festgehalten in zwei schmucken Alben als Begleitung durchs gemeinsame Leben, auch zum Gedenken an die verstorbenen Lieben, die dabei waren an unserem schönsten Tag mit der Winterwetterplag, den Wolkenkapriolen und den Blust verkündenden Sonnenstrahlen.

Albträume

Es war ein Albtraum: Zwei Menschen waren am Ertrinken. Ehemann und Bruder sah ich versinken. Ich hatte nur die Kraft, den einen oder den anderen zu retten, war blockiert, wie gefesselt an Ketten. Das war unsagbar tragisch für mich. Traumatisiert erwachte ich.

Nach einer Hochzeitsfahrt durch die sprießende Heimat verließen wir die vertraute Umgebung in nordwestlicher Richtung. Wir reisten nach Holland, wo ein Cheese Meeting mit Sightseeing stattfand: van Gogh, Rembrandt, Vermeer, Anne Frank, Heineken, Fensterprostitution. Eine unbekannte Welt für mich, diese Rotlichtinstitution!

Mein erster Flug war angesagt von Amsterdam nach Groningen, kurz nach der Bombenexplosion der Swissair-Coronado bei Würenlingen. Ihr Terror-Absturz dämpfte die Abenteuerlust, und ich spürte Enge in der Brust.

Wir flogen über Häuser, Grachten, Deiche, Tulpenfelder, Windmühlen mit meinen bangen Gefühlen. Über dem IJsselmeer wurde die Maschine erschüttert von einer gewaltigen Turbulenz. Todesangst war die Konsequenz, so dass ich mich sekundenschnell verabschiedete – und nach dem gnadenvollen Überleben meine Flugphobie besiegelte –, obwohl der Pilot das Meisterwerk vollbrachte, uns ganz sachte auf die Landebahn zu bringen. Ein bravouröses Gelingen!

Entspannt setzten wir unsere Flitterreise fort über Deutschland, Dänemark nach Schweden, dem neuen Wohn- und Wirkungsort.

Skandinavien

Das Kapitel Skandinavien fand ich zusammengefasst in einem umfassenden Fotodokument und einer Schachtel Korrespondenz. Für uns war es eine neue Welt in ungewohntem Umfeld. Die Schwedenfirma bot dem Ingenieur Einblick in die internationale Tätigkeit. Die groß gewachsenen Menschen begegneten uns mit diskreter Höflichkeit.

Wir kamen erstmals mit Kreditkarten in Kontakt, und auf dem Markt entdeckte ich Kartoffelstock im Fix-fertig-Pack: Potatismos – bequem, aber eigen im Geschmack! Dazu kaufte ich Hackfleischkugeln in der Büchse wegen unserer simpel bestückten Küche. Die Köttbullar schwammen in braungrauer Sauce. Ich las „Felix" auf dem Etikett und warf das vermeintliche Katzenfutter weg: in den Müllschlucker im Treppenhaus. Erst später fand ich heraus, dass die Schweizer Marke „Felix" in einer Tierfutterfabrik produziert wurde, die Schwedenmarke „Felix" in einer Lebensmittelunternehmung – eine Verwirrung!

Mit Schweizer „Persil" vereitelte ich ein weiteres Brillieren beim Hausfrauenspiel im Schwedenexil. Ein Putzlappen verlieh Pyjama, Babydoll, der ganzen Wäsche einen rosa Farbton – nicht des Jungvermählten Passion! Ich dachte an Mutters Hinweis, dass Vaters Bett an allen Tagen gut gelüftet sei. Meines Geliebten Bett war gut gelüftet, erstmals nordisch eingebettet mit Fixleintuch und Großduvet – eine rosa Nouveauté!

Wir lebten in der Universitätsstadt Lund. In der Bibliothek las ich Zeitung, rätselte über eine sehr fremde Formulierung und lernte dabei, dass es Finnisch sei, verwandt mit Estnisch, Ugrisch, Ungarisch. Das erklärte mir ein Student auf Englisch.

Dann setzte ich mich in die Domkyrka. Diese Kathedrale war seit Jahrhunderten für viele Generationen ein Gotteshaus für Gebet und Lobpreis. Noch viele Male besuchte ich diesen Ort der Stille und der Geborgenheit in meiner anfänglichen Gemeinschaftslosigkeit.

Eines Abends kam mein Ästhet herein in unser karg einge-
richtetes Daheim. Er träumte von einem gepflegten Haushalt
und war inspiriert von einem Geschirrservice in filigraner Gestalt. Auch mir war eines aufgefallen in einem Schaufenster in
der Kyrkogatan – ein feines, weißes Porzellan. Es war dasselbe!
Wir erlagen dem Reiz, kauften die Kostbarkeit und merkten erst
nach der Rückkehr in die Schweiz: Das schwedische Souvenir
war ein deutsches Original aus dem Hause Rosenthal!

Immer wieder begleitete ich den aktiven Geschäftsreisenden zum Malmö Airport und kehrte allein zurück zum Wohnort. Eines Nachts knallte ein Schuss ins Fenster. Nach meiner
Schockstarre sah ich nur noch Gangster und Gespenster. Frühmorgens fand ich im Briefkasten eine Nachricht. Die Polizei
erwischte den Erpresser nicht. Bei einer befreundeten Familie
fand ich Zuflucht. Wir suchten eine neue Unterkunft, hielten
dringend Ausschau und wechselten in eine WG mit einer jungen, schönen blonden Frau!

Ganz Skandinavien genoss die sonnigen, ausgedehnten Tage
mit den lichten Nächten in der einzigartigen nordischen Natur mit
der Freilichtesskultur. Unübertroffen waren die Smörgasbords,
die Schwedenbuffets, mit den geräucherten oder marinierten
Fisch-Krebs-Wild-Spezialitäten, begleitet von Randenmeerrettich-
schaum mit Sauerrahm und weiteren Zutaten. Der mit Zucker,
Salz, Dill gebeizte Gravlax, ergänzt mit Senfsauce, war mein Favorit. Ich verzichtete jedoch auf den dazu empfohlenen Aquavit!

Es war Mittsommer! Zu zweit erforschten wir den nahen
Strand, machten Inselhüpfer aufs malerische Bornholm und
zur Kleinen Meerjungfrau auf Seeland. Kopenhagen war ein
Weekend wert, Tivoli stets sehens- und vergnügenswert! Zollfrei betranken sich die von Alkoholregelungen eingeschränkten
Süchtigen. Sie konnten zechen bis zum Erbrechen, auch auf mein
Sommerkleid! Das grauste uns auf den Fähren im Öresund. Ich
freute mich auf die Dusche in Lund, nicht aber über den zollfrei gekauften Danish Blue, der den Kühlschrank nachhaltig
verpestete, ich mich entrüstete und eine Blauschimmelabneig-
ung entwickelte.

Nordwärts

Den Urlaub nutzten wir für einen Norwegentrip hinauf zum Nord-
kap. Über Oslo, mit einem Abstecher zum berühmten Trotzkopf
im Vigeland-Skulpturenpark und zum Wikingerschiffmuseum
mit dem restaurierten Wrack, erreichten wir den Trondheimer
Fjord nach verregneter Fahrt. Das Zeltplatzleben wurde hart.
So schliefen wir nach anstrengend-nassen Tagen auf den Liege-
sitzen im Wagen. Auch das Kochen im Freien wurde zur Pein.
Wir kehrten im Polarzirkelhotel ein, genossen roten Wein zu
den weltbesten Potatis, wie der ausgehungerte Kartoffelmuffel
schwärmte, der sich auch lustvoll mit Elchragout aufwärmte.

Immer wieder warteten wir bei den nebelverhangenen Fjorden
auf die nur selten anfahrenden Fähren. Die Touristen verfielen
in Apathie oder ließen sich inspirieren zu Poesie.

Fähre

„Von dunklen Wolken schwer behangen,
von Nebelschwaden fest umfangen,
der Reize hoffnungslos beraubt,
senkt die Natur ihr Haupt.
Unaufhörlich trieft der Regen.
Schnee fällt in den Bergen.
Da sein Spiegel trüb geworden,
liegt wehmutsvoll, verschämt der Fjorden.
Autoschlangen sich bewegen,
endlos – dem Fährenboot entgegen.
Stundenlanges Warten, sehnsuchtsvoll,
die Leute hegen heimlich Groll.
Wo bist du, Zauber der Nordlandnächte?
Wo du, Mitternachtssonnenschein? –
Fort, ihr unheimlichen Mächte!
Haltet doch die Landschaft rein!"

1970

Wintereinbruch

Es schneite auf die unasphaltierten, oft von gwundrig-verschleckten Ziegen blockierten kurvenreichen Wege.

Endlich erreichten wir Narvik und flüchteten im Schneegestöber in die geheizte Zinnfabrik, wo wir einen kunstvoll gehämmerten Topf erwarben – zum Andenken an den rauen, unfreundlichen hohen Norden mit den liebenswert-robusten Menschen am Ofotfjorden.

Auf dem Campingplatz weinten unterkühlte Kinder, zu leicht bekleidet im unverhofften Sommerwinter.

Mystik – Bad Air – Open Air

Die Wolken verzogen sich mit dem Wind. Die Mitternachtssonne blinzelte über die nördliche Sphäre, magisch-mild. Wir waren verzaubert von der Mystik des Lichts, staunten mit Andacht und versäumten nichts.

Wir erlebten Finnisch-Lappland mit der Seentreppe, umgeben von der mit Weideröschen geschmückten Heide. Auch begegneten wir den Lappenfamilien in ihren farbenprächtigen Kostümen, ihrem Kunsthandwerk und den markierten Rentieren. Ebenso die mächtigen Elche, die Könige auf weiter Flur, tauchten auf in der unberührten Natur.

Schweden empfing uns wieder am Bottnischen Meer. Riesige, penetrant stinkende Zellulosewerke störten uns sehr. Eine Unmenge Schwemmholz wurde zu Papier. Der üble Geruch verdarb uns das Zeltübernachten, wo rauschende Birken uns bewachten. Dann kam Uppsala, die grüne Stadt mit der alten Universität. Wir spürten das neue Feeling, eine neue Identität: Flower-Power! Das Open-Air-Festival der Hippies – gekleidet in Haremshosen, Maxiröcke, Blütenblusen – und der jungen Mütter mit Blumenbabys am Busen bewegte auch uns. „Love and Peace!" Rolling Stones, Janis Joplin, Pink Floyd waren Trend. Der Pop-und-Rock-Sound beschallte den friedsamen Menschenhügel und verlieh der alternativen Jugend Flügel. Der Pazifismus war der Kontrapunkt zum brutalen Krieg in Vietnam, der eine grausame Form annahm. Doch auch bei den Rockern gab's Anarchie: Demos, Drogen, Gewalt und einen aggressiven Sturm gegen den Konsum. „Macht kaputt, was euch kaputt macht!", lautete der Song der Protestpoeten gegen das Bürgertum.

Jimi Hendrix, der Stargitarrist mit jaulendem, knarrendem Beat, starb im blühenden Alter an Rauschgift, am 18. September 1970, kurz nach dem schwedischen Auftritt. Auf der Ostseeinsel Fehmarn erinnert ein Gedenkstein an sein intensiv musikalisches Dasein. Die Beatles, die erfolgreichste Band dieser Zeit, lösten sich auf nach einem revolutionären, glorreichen Jahrzehnt. Sie sangen ihre Songs weiter auf Goldenen Schallplatten, die die Herzen der Menschen erobert hatten.

Stockholm adjö!

Wir bezogen unser viertes Schwedendomizil – sehr modern –, mein
Ernährer integrierte sich in den expandierenden Stockholmer Welt-
konzern. Als stellenlose Ausländerin war ich abhängig von seinem
Lohn. Das wollte der Mitbewohner nicht kapieren. Damals schon
konnten die Schwedenfrauen sich beruflich engagieren und die Kin-
derbetreuung in Tagesstrukturen organisieren. Unser WG-Partner
hatte einen Job in der Hauptstadt. Das Leben der Angehörigen fand
in Skåne statt. Sechshundert Kilometer reiste er hin und zurück
für einen Kurzaufenthalt und ein bisschen Familienglück. Er be-
lächelte unsere altmodische Situation, und ich konterte, im Hinblick auf die gängige Schweizer Tradition, mit Gotthelfs Definition:

„Im Hause muss beginnen, was leuchten soll im Vaterland",[16]

was er kaum verstand. Es war auch gegensätzlich zu den kommunistischen Philosophien. Darüber konnten wir uns bei Radio
Rostock informieren. Die Deutsche Demokratische Republik
verstaatlichte die Erziehung mit manipulierender Propaganda-
methodik. Trotz kultureller Unterschiede hausten wir zu dritt
in Frieden, umgeben von Felsen und Föhren, umspült vom In-
selmeer der Schären. Wir liebten das Venedig des Nordens mit
seinen Schönheiten und Sehenswürdigkeiten.

Auf einer geschäftlichen Abschiedstour mit einer internationalen Crew entdeckten wir das Folkloreherz von Schweden mit der
Kupfermine in Falun. Wir verließen Dalarna nun, zusammen mit
den erworbenen größenabgestuften, bunt bemalten Holzpferden,
die für Sverige werben. Auch Glas, Porzellan, die übrigen Ausstat-
tungen und Erinnerungen, all unsere Schätze, packten wir in den
Kofferraum und auf die hinteren Plätze. Wir fuhren im hellblau-
en Wagen auf der Fähre nach Kopenhagen, über Dänemark und
Deutschland zurück ins altvertraute Schweizerland, wo wir empfangen wurden von Weihnachtslichterbäumen am Straßenrand.

Leid

Zürich war Standort der schwedischen Niederlassung. Wir organisierten die Übersiedlung an den in gefrorenen Schnee eingebetteten Greifensee und bezogen ein Baupionierobjekt, das wir nur kannten vom Prospekt. Die weiträumige Wohnung mit Seesicht war perfekt!

Da huschte in meinem Traum eine weiße Frau in unseren Schlafraum. Sie schlich in die Mitte, zupfte an den Blütenblättern einer Margerite und fing an zu reden: „Leben – nicht leben – leben – nicht leben ..."

Dem Traum folgte eine bange Zeit.

Da kam unser Kind zur Welt – tot.

Fünf Monate hatte sein Herz geklopft. Und unsere Herzen klopften mit – in großer Freud. Uns erfasste tiefstes Leid.

Im Nachbarbett lag eine Mamma mit ihrer neugeborenen Bambina, der kleinen Antonina. Der südländische Familien- und Fußballclan feierte. Die Nachtschwester tröstete. Auch der Arzt gab Ermutigung. So entstand eine vertraute Beziehung, zusammen mit seiner ebenso betroffenen Frau. Eine Hoffnung im emotional düsteren Grau.

Zeitgeist

Das Frauenstimmrecht wurde angenommen, 1971, am 7. Februar. Ein Anspruch wurde wahr. Nach hartnäckigem Kampf der Feministinnen konnten sie endlich gewinnen.

„Man sollte sich daran erinnern, dass es Eva war,
die zuerst in den Apfel vom Baum der Erkenntnis biss",[17]

war Meret Oppenheims biblisches Bonmot zum Ereignis. Iris von Rotens „Frauen im Laufgitter" konnten sich befreien und ihren Sieg enthusiastisch feiern.

Auch ich freute mich über die längst fällige, oft abgelehnte Emanzipation, über die Gleichstellung von Mann und Frau. Ebenso beglückte mich die Anstellung im Schulhaus, das imponierte wegen des modernen Flachdachbaus. Mit meiner Kollegin teilte ich in Übereinstimmung Klasse, Raum, Pult und Belohnung. Teilzeitlicher Unterricht war ein Novum, ein Unikat in der pädagogischen Welt. Die Lehrernot hatte die Norm auf den Kopf gestellt.

Die Siedlungsjugend wurde von mehrheitlich stadtgeprägten fortschrittlichen Eltern nach dem aktuellen Prinzip „Summerhill" von A. S. Neill antiautoritär ihrem eigenen Willen überlassen. In unserer strukturierten, traditionell geregelten Schulordnung fühlten sich die Mädchen und Buben aber weniger verlassen, suchten sie doch Grenzen, die sie umfassten. Wir pflanzten Gemüse in Schalen, damit die naturfernen Hochhauskinder die Bohnen und Tomaten wachsen und nicht nur im klimatisierten Einkaufszentrum liegen sahen. Das großzügige Lehrbecken forderte heraus, Schwimmunterricht zu erteilen. Zu zweit trugen wir die Verantwortung. Das Brevet für Lebensrettung war Voraussetzung.

Ganzheitlich befassten wir uns mit der Baski-Holzfigur in der Natur oder mit Otfried Preußlers Geschichten. Wir standen in

Briefkontakt mit dem Kinderdichter. Er bewunderte das Drehbuch und die Fotoreportage der Theateraufführung mit der fantasievollen Staffage. Er lobte mit Begeisterung die aufwändige, mit viel Musik umspielte Inszenierung und verriet den kleinen Akteuren nebenbei, dass das neue Buch vom „Räuber Hotzenplotz" bald fertig sei. Später schenkte er es unserem Bébésohn mit herzlichem Räubergruß für zukünftigen Lesegenuss.

Der halbklassige Schuldienst ließ mir Zeit für die Motivation der Schwächeren, für Flöten- und Deutschzusatzunterricht. In schulischer und sozialer Hinsicht erreichte der Italienerbub Sergio bald ein erfreulich gutes Niveau.

> *„Wollt ihr denn wie Sardinen wohnen,*
> *dank Fremdarbeitermillionen?"*[18]

So lautete die Devise der Schwarzenbachinitiative. Die Überfremdungsangst wuchs. Die Zuwanderer aus dem Süden brachten unaufhaltsam Familien und eine neue Kultur nach Norden. Die Einreisewelle durfte nicht überborden, keinesfalls die einheimische Gesellschaft überfordern! Sowohl Gastarbeitende als auch Gastgebende mussten für Integrierung sorgen.

Auch mir halfen Weiterbildung und Bibliotheksarbeit für Zugehörigkeit und Zufriedenheit in der Anpassungszeit.

Für die nach nordischem Vorbild eingerichtete Bücherwelt gab es reichlich Geld. Tabu waren Neuanschaffungen von Comicschund, aber auch von biblischen Erzählungen. Die hätten frei denkenden, konfessionslosen, andersgläubigen Eltern missfallen können. Zeitgeist der Mehrheit im Gremium zum Missfallen der traditionellen Minderheit!

Kultur

Die Mode veränderte sich rasant im Laufe der wirren letzten Jahre. Jeans und lange Haare verscheuchten Röcke und Toupierfrisuren. Maxi-Mäntel verhedderten sich auf ersten Rolltreppen bei Shoppingtouren.

Langweilig lachsfarbene oder tannengrüne Blusen und Pullover normierten die Modewelt. Die Damen waren vermehrt ab Massenkleiderstange hippie-chic gestylt in der sich anbahnenden Wegwerfzeit. Meine Cousine verließ die Haute Couture wegen der schwindenden klassischen Kleiderkultur.

Umso mehr war ich engagiert für die örtliche Kultur, für Information und Animation, für Werbung und Berichterstattung. Foto- und Tanzkurse, Seeuferreinigung, Räbeliechtli und Chlaushöck wurden organisiert. Der Reiseschriftsteller René Gardi mit seiner verklärten Afrika-Diaschau wurde anvisiert. Vielerlei Konzerte fanden statt im Rittersaal. Auch das Berner Vokalensemble kam, und Mani Matter war mit Gitarre und Gesang zu Gast am Greifensee, kurz vor seinem fatalen Unfalltod am Zürichsee.

Und immer wieder pflegte der Vorstand gesellige Anlässe bei der Hütte am Waldrand in der beschwingten Zeit der offenen Ehe. Partnertausch stimulierte im Schutz des Forstes, der die erotischen Spiele der Swinger kaschierte. Moralische Hemmnisse wurden überschritten. Die Pille lockerte die Sitten. „Warum sollte ich meine 24-jährige Frau gegen eine 42-jährige tauschen?", war die Quintessenz meines Geliebten gegen die freie Liebe und gegen die ungezügelten Triebe, von denen sich etliche berauschen ließen. Ehen wurden zerrissen, denn die Eifersucht hatte auch aufgeklärte Paare heimgesucht. Scheidungen, Konkubinat, Kommunen, Gruppensex wurden Trend – nicht nur in der halbstarken, subkulturellen Welt, wo die 68er-Krawalle Wirkung zeigten. Damals gab es auch in Zürich wilden Protest. Alternative Jugendliche besetzten das Globusprovisorium und

kämpften für ein autonomes Jugendzentrum. Die Konventionellen konzentrierten sich auf Berufsausbildung und Studium.
Sie distanzierten sich von ausuferndem Sturm und Drang und
von pöbelndem Gruppenzwang. Bei der damaligen rebellischen
Demonstration hatte Franz Hohler als versöhnlicher Humorist
und Poet eine Rose geschwenkt. Mein Student hatte mir zeitgleich eine dunkelrote geschenkt.

Bettag 1972

Der internationale Konzern des Prokuristen mutete mir manche Trennungen zu, und ich musste mich mit diversen Aktivitäten überlisten.

Nun aber war eine gemeinsame Geschäftsreise nach Atlantic City geplant mit Urlaub im nordamerikanischen Wirtschaftswunderland. Am Bettag, kurz vor dem Abflug, machten wir einen nassen, herbsttrüben Heimatausflug.

Das Haus meiner Kindheit war verschwunden. Ich spürte Wehmutswunden. Wir betraten die Baustelle mit den emporwachsenden Mauern. Ein Neubau entstand zu Vaters Wohlgefallen. Beim Fondue in der provisorisch-fremden Stube wurde er kreideweiß, elend, lahm. Die Ambulanz kam. Wir mussten sprachlos Abschied nehmen für immer, obwohl er noch sechs Wochen im Wachkoma lag – eine unsäglich bittere Plag. Angst, Verzagtheit, Verzweiflung umfingen uns – erbarmungslos. Unzählige Male bestiegen wir die Hochhaustreppen im Inselspital. Mutters Liftphobie war eine zusätzliche Qual. Es war ein harter Reifeprozess für den in sich gefangenen, hirngeschädigten Vater. Auch für uns Mitleidende war es eine unerträgliche Marter – Blickkontakt ohne Sprechkontakt. Noch spürte ich seine warme Hand, bei der ich stets Liebe fand – bis zu seinem Herzstillstand.

Am Tag der Beerdigung trösteten die Worte der Würdigung und der Hoffnung. Eine große Menschenschar nahm Anteil, und der blumengeschmückte Sarg beim Altar war umleuchtet von goldenem Kerzenschein. Das gab uns das Gefühl, nach dem verlorenen Kampf getragen zu sein. Auch die entschwundene Seele ging den Weg in die Ewigkeit nicht allein:

> *„Des Menschen Herz schlägt einen Weg ein,*
> *der Herr lenkt seine Schritte.“*[19]

Das war der Bibeltext. Und wir schritten weiter mit Zuversicht, besuchten aber Amerika nicht. Das erschütterte Familienunternehmen stolperte über viele Miseren. Da blieb kaum Zeit für Trauer. Die Realisierung des neuen Geschäftshauses forderte Kraft und Ausdauer.

Nach all den Turbulenzen heiratete mein Bruder seine junge attraktive Frau, die ihm später zwei fröhliche Herzbuben schenkte. Ein Freudenquell, auch für unsere Mutter, der sie von ihrem Schmerz ablenkte. Sie empfand neues Lebensglück in der Großmutterrolle und fand nach und nach, dank vier Enkelkindern, zu ihrer Heiterkeit zurück.

Mutter und Bruder blieben verwurzelt an diesem von Hügeln, Voralpen und Schneebergen geschützten Ort – daheim im vertrauten Familienhort.

Betriebsamkeit

Die Berufstätigkeit linderte Schmerz und Traurigkeit. Ein lockernder Schlagzeugkurs und eine Legasthenieausbildung sorgten für Aufmunterung. Des Präventivmediziners Drogeninformation fürs Kollegium war eine notwendige Aufklärungslektion. Er sprach, warnte und drohte tüchtig, schon der erste Versuch mache süchtig! In der Pause wurde eine Degustationsauslage aufgetischt: Kokain, Heroin, Cannabis, Haschisch, LSD, Ecstasy, Marihuana, Opium. Trotz dem beredten ärztlichen Abschreckungsszenarium testete eine kleine Gruppe Produkte fürs persönliche Studium. Das „Buffet" war Bluff, was die neugierige Schar bald beschämt begriff.

Mein Ehemann plante seine weitere Laufbahn. Er fragte mit angeborenem Humor: „Was möchtest du werden, Frau Oberst oder Frau Doktor?" Die Armee verlor. In Kombination mit dem Beruf begann er seine Dissertation.

In der spärlichen Freizeit waren wir allzeit bereit mit den selbst gestrickten roten Socken und den schottisch' Knickerbockern für Erkundungen in der Natur auf langen Wanderungen. Oft waren es abenteuerliche Abwechslungen.

Auf dem verschneiten Faulhorn hatten wir uns verirrt und ernteten Vorwürfe vom rettenden Hüttenwirt. Wir hielten Nachtwach mit dem magnetischen Schach und hofften auf einen gnädigen Wetterumschlag. Dieser überraschte uns am nächsten Tag. Die Wolken wurden zerrissen. Wir waren hingerissen von der Sicht auf den tiefgrünen Brienzersee und auf das Jungfraumassiv im ewigen Schnee. Beschwingt wanderten wir weiter Richtung Bachalpsee, dem blauen Kleinod, das funkelte wie ein Kaleidoskop.

Ein andermal spazierten wir in Sportausrüstung und passenden karierten Hemden durch Amden, wo beim Bäcker Erdbeerküchlein lockten, rot wie unsere Socken. Die süße Verführung ließ mich vor Lust frohlocken. „So ein Törtchen brauch ich vor dem Aufstieg!", lechzte ich.

„Erst nach dem Abstieg!", belehrte der Erzieher mich. Wir erklommen den Leistkamm – steil, rutschig, mühsam.

„Hier gibt's Mittagsrast!", bestimmte der Hungrige.

„Erst oben auf dem Gipfel!", rächte ich mich, und er fügte sich.

Wir genossen Walensee- und Bergpanorama, dazu Käsebrote und Ragusa. Der Abstieg plagte Rücken und Knie. Ich freute mich auf die Erdbeerpatisserie. Erschöpft betraten wir die Confiserie. Die Törtchen waren weg – das vergess ich nie!

Es war Hochsommer, als wir von der Morteratsch-Talstation hinaufstiegen zum Punto Panoramico Chünetta. Mein Begleiter schritt leichtfüßig-rucksacklos mit jugendlicher Grandezza. Er erklärte, im Berghaus gäbe es Mittagsschmaus. Wir stiegen hinauf, dem Firn entlang. Da erinnerte ich mich an einen Unfall mit tieftraurigem Ausgang. Eine Konfirmandin fiel in eine Gletscherspalte und erlitt in eisiger Kälte einen grausamen Tod. Für Familie und Freunde eine unerträgliche Not! Zwei Schachteln Kleider wurden übergeben – von Ruth zu Ruth. Ich konnte sie nicht ausschlagen, war aber zu betroffen, sie weiterzutragen. Nun blickte ich nach Jahren gedankenverloren auf dieses Eisfeld und spürte immer noch das schwere Leid. Auch plagte uns ein unbändiger Durst in der gleißenden Sonnenglut. Wir erreichten die Chamanna da Boval nach schweißtreibender Hitzequal. Sie war geschlossen. Diese abweisende Ungastlichkeit machte uns kleinmütig und verdrossen. Da kam eine barmherzige Picknickfee und verteilte Brot und Früchtetee. Daraus zogen wir das Resümee: Ohne Verpflegung zu wandern, ist eine hirnlose Idee!

Im Winter spürten wir Lebenslust auf den Skiern bei stiebenden Abfahrten, beim Langlauf im froschgrünen Unisexdress, beim Langstreckenschwimmen im Hotelbad und beim Tanzen im Chlösterli bei Gstaad, mit James Bond auf dem Plakat. Roger Moore war auch hier eine Hauptfigur!

Auf abwechslungsreichen Autoreisen mit dem Zelt entdeckten wir die heimatliche Welt.

Nach zwei Jahren herzlicher Symbiose musste ich mich trennen von meiner aufgeweckten, reifer gewordenen Klassengemeinschaft, ebenso von der inspirierenden Lehrerschaft. Mit Einzelnen blieb ich verbunden in Freundschaft.

Ich danke Ihnen für die schönen Schuljahre. Ich war immer glücklich und habe so viel gelernt. Ihnen wünsche ich alles Gute und viel Freude für die Zukunft

Als Käuferpaar bezogen wir unser erstes Wohneigentum mit herbeigesehnter Abwaschmaschine, einem Novum! Das kleine Ruderboot im Greifensee tauschten wir gegen ein Segelschiff im Zürichsee, das wir zu viert durch Wind und Wetter lenkten, bis nächtliche Sturmböen es versenkten.

Ruhezeit

Er kenne einen Arzt für Kinderwunschfrauen, sagte unser Doktorfreund mit subtilem Humor, nachdem ich trauernd drei weitere, winzige Geschöpfe verlor.

Für uns erwies sich der mühevolle Weg, den dieser empfohlene, vertrauenswürdige, aufheiternde Gynäkologe vorschlug, als medizinisch klug. Die wochenlange Ruhelage, um das sich entfaltende Wesen nicht zu gefährden, bescherte mir unendlich lange Tage. Auch wurde ich auf Diät gesetzt und hatte, wie die Märchenmutter, Nüsslisalate sehr geschätzt. Rapunzel benannten wir das wohlbehütete Kind. Fürsorgliche Angehörige waren uns wohlgesinnt, besorgten den Haushalt und unterhielten mich mit Spielen in großer Vielfalt, von kurzweiliger Abwechslung bis zu lebenslanger Übersättigung.

Nach der stabilen Einnistung des kostbaren Lebens verzichtete ich auf die geplante heilpädagogische Ausbildung zugunsten der Familieneinbindung.

Auch draußen auf den Straßen war Verzicht gefragt. Sonntagsfahrverbot war angesagt. Mit der Ölkrise wehte auch für die Schweiz eine kalte Brise. Das Benzin wurde rationiert, dadurch der Verbrauch limitiert. Der Jom-Kippur-Krieg, bei dem arabische Staaten und Israel sich bekämpften, führte dazu, dass der Ölpreis im Westen stieg. Der motorisierte Sonntagsverkehr ruhte. Die ungewohnte Situation lud ein zum Spazieren, zum Velo- und Trottinettfahren, kam aber auch Menschen mit Rollstuhl und Kinderwagen zugute.

Weihnachtsessen

Der Direktor der Firma informierte Mitarbeitende und Gäste über Jahresablauf, Finanzen, Innovation. Die Zentrifugen, Plattenapparate, Schaltpulte, die sich auf der Leinwand präsentierten, faszinierten. Der Vortragende setzte sich wieder an den adventlichen Tisch. Für die Komplimente bedankte er sich und instruierte mich, technologisch sei es bald möglich, aus Gras direkt Milch zu produzieren, ohne Landwirtschaft mit Kühen und anderen Tieren. Ich war beeindruckt von der erfolgreichen Forschungsaktivität, glaubte ihm, und er freute sich schelmisch über meine Naivität. Auch erklärte er, dass Geschäftsreisen in der Luft sicherer seien als auf der Autobahn, womit er mir die Angst keineswegs nahm. Sie überfiel mich jedes Mal, wenn sich mein Mann im Privatflugzeug seines Chefs befand, umso mehr, als ich Verantwortung empfand fürs wachsende Kind im fragilen Zustand.

Verlockung

Der ambitionierte Doktorand interessierte sich für das verheißungsvolle Stellenangebot bei einem Berner Verband. Sein Chef im Inland war in den dynamisch besten Jahren und führte mit viel Einsatzbereitschaft die achtzigköpfige Belegschaft. Für den jungen, stellvertretenden Innovativen gab's kaum persönliche Entwicklungsperspektiven. So ließ dieser sich verleiten und unterschrieb den Vertrag mit den verlockenden Möglichkeiten, obwohl er wusste, dass er damit seine Dissertation aufgeben musste, ebenso die Seesichtwohnung in privilegierter Umgebung.

Für mich war es ein Dilemma, diesen Entschluss zu respektieren. Ich konnte ihn schließlich akzeptieren, weil Bern Ursprung, Heimat und der Umzug ein Lichtblick für meine leidgeprüfte Mutter war. Die Frohbotschaft verlieh ihr Kraft, weckte Hoffnung im getrübten Seelenlabyrinth und Vorfreud aufs erwartete Großkind.

Das Wunder

Es war besinnlicher Karfreitag, als wir, hoffend und bangend, Richtung Klinik fuhren, aufgemuntert von frühlingsblühenden Gärten, Wiesen, Fluren. Inständig erbaten wir eine gnädige Geburt unseres Kindes – vor der berechneten Zeit. Es wartete den Samstag ab mit seinem Rutsch auf die Welt. Wie eine leuchtende Sonne wärmte es unsere Seelen. Mit unbeschreiblichen Hochgefühlen empfingen wir das Büblein mit dem dunkelbuschigen Haar. Wir waren zutiefst berührt und nachhaltig dankbar. Ein Wunder war geschehen 1974, am 13. April – ein Ereignis mit einem lebenslangen Nachspiel! Wir schwebten in Glückseligkeit in dieser frohen Osterzeit. Sechs Wochen pflegten wir unser erfülltes, schlafloses Familienleben, freuten uns über Besuche aus nah und fern vor dem Umzug nach Bern.

Neue Besitzer übernahmen das Wohnbijou am See – und wir gingen weiter auf unserer Odyssee.

Die Zeitspanne vom Greifen- bis zum Zürichsee war ein Licht- und Schattenspiel. Auch diese Phase im Lebensprozess, das Wechselbad aus Ruhe und Stress, war zusammengefasst in Bild und Wort. Jene Erinnerungen wiederum lagen – Jahrzehnte später – umzugsbereit für den neuen Ort.

Bern

Wir schlüpften in unser neues Nest in der natürlichen Umgebung einer Gemeinschaftssiedlung, zeitgleich mit Freunden vom Greifensee und ihrem älteren Bébé. Es war ein einfaches Akklimatisieren in vertrauten Revieren.

Der Sommer verlief in kindgerechter Ruhe, die nur gestört wurde von der kindlichen Unruhe. Wir waren müde, vom Schreihals wach gehalten, doch ließen wir uns verzaubern vom Fingerspiel, Strampeln, Lachen und Plaudern: „Örö, örö, örö!" Das Büblein war heureux – und wir waren glücklich.

Der Papa buddelte ein Loch aus im Rasen, legte eine Folie hinein, begrünte sie mit Seerosen, ließ Wasser einlaufen und ging fünf Goldfische kaufen. Diese bewegten sich geschwind. Eine Wonne fürs aufmerksame Kind. Als Spielparadies erwies sich das Laufgitter, als Tribüne diente der Babysitter, und das Schaukelmännchen entzückte die Visiten. Die Großeltern gingen ein und aus im unkonventionellen Haus. Patin und beide Paten reisten zur Taufe an ins Kirchlein am Aarehang. Die kleine Cousine behüteten wir eine Zeit lang, denn ihre Mutter litt an heftiger Rückenqual und weilte im Spital.

Wir spürten Familienverbundenheit und Geborgenheit.

Geschäftsflug

Das Flugzeug stürzte ab am Lukmanier. Pilot und Mitarbeiter starben. Eine unfassbare Tragödie! Wir gingen hin zur Abdankungszeremonie, nahmen Anteil am Leid, trauerten mit jeder Familie, beteten in Gemeinschaft für Frauen, Kinder, Verwandtschaft, legten eine Lilie auf jeden Sarg und lasen die Trostworte von Georg Neumark:

> *„Wer nur den lieben Gott lässt walten*
> *und hoffet auf ihn allezeit,*
> *den wird er wunderbar erhalten*
> *in aller Not und Traurigkeit.*
> *Wer Gott, dem Allerhöchsten, traut,*
> *der hat auf keinen Sand gebaut."*[20]

In meiner schmerzerfüllten Versunkenheit empfand ich auch unendliche Dankbarkeit. Durch eine gnadenvolle Fügung erfuhren wir Schonung. Der Umzug letzthin bekam einen tieferen Sinn.

Herbstferien

Wir reisten ins Tessin mit großmütterlicher Begleitung und bezogen eine lauschige Wohnung – nahe beim Centovalli-Bahntrassee in der Region Langensee.

Mit zappelig-freudiger Unruh schaute das quietschende Kind dem quietschenden Zug zu, der am Haus vorbei Richtung Domodossola oder Locarno verschwand. Es war eine sonnige, fröhliche Ferienzeit ohne großen Aufwand. Wir spürten die mediterrane Seele der südländischen Umgebung, wo die Osmanthusblüte duftete, wo flinke Eidechsen huschten und im Mauerwerk vor dem jauchzenden Büblein sich kuschten.

Im Villagio, vor der Chiesa, spreizten die Palmen ihre Wedel, würdevoll und edel. Hier empfing Bambino des Priesters Segnung – eine berührende, unvergessliche Begegnung!

Dann kam der Anruf aus Stockholm. Papa winkte dem kleinen Sohn, bevor er nach Milano fuhr und abflog nach Schweden, um die veränderte Geschäftslage zu bereden. Die erwachsenen Ahnungsvollen sorgten sich. Der Planungsingenieur wurde zurückgeholt nach Zürich, denn die Tochterfirma in der Schweiz war seit dem Flugunglück verwaist.

Umstände

Das Überraschungsfest zum dreißigsten Geburtstag des Ehemannes und Vaters wurde ein Flop. Die Buffetkreationen waren top, wurden aber nur schwach berührt und kaum degustiert. Diät war angesagt, da die Frauen schwanger und die Männer noch schwangerer waren! Die Tanzecke wurde gemieden. Niemand hatte Lust, sich zum Sound von James Last zu bewegen. Auch ich war in gedämpfter Stimmung, bedrückte mich doch die anstehende familiäre Trennung. Ich war noch nicht bereit, nach Zürich zurückzugehen und einen erneuten Umzug durchzustehen. Dazu schmerzte mich die Depression meiner ehemals so fröhlichen Mutter, die mit ihrem versehrten Gemüt den vorgefühlten, erneuten Wegzug nicht verkraften konnte, da sie sich im strahlenden Blick des Großbübleins sonnte.

Distanz

Der neue Geschäftsführer wurde willkommen geheißen in der altvertrauten Unternehmung, in der sich ausbreitenden Industrieumgebung, inmitten pulsierender Flugbewegung. Das Hotel wurde ausgesucht und vom Sekretariat gebucht.

Am Mittwoch und übers Wochenende gab es eine Wiedersehensfreude. Papa war wichtig fürs zahnende Kind, das sich beruhigte auf wiegenden Schultern, draußen, bei Sonne, Regen und Wind.

Die erste Weihnacht war zum Staunen schön. Die Lichter am Baum verzückten den sitzenden kleinen Mann. Er jauchzte beim Spiel mit der Holzeisenbahn, entdeckte im Spiegelchen sein Ebenbild, lachte und klatschte wie wild!

Der Frühling kam mit einem Kinderfest: Hütchen, Lieder, Tänzchen. Der Schokoladekuchen mit der flackernden Kerze war das erste Geburtstagsritual und zugleich das Abschiedsmahl. Viele liebe Gesichter tauchten auf – an diesem Ort zum letzten Mal. Wir gingen weinend weg von der Berner Aare, brachten unsere ganze Ware an den Zürcher Rhein, in eine provisorische Wohnung hinein.

Zeitgleich demonstrierte eine Menschenmenge flussabwärts am Aargauer Rhein. In Kaiseraugst durfte kein AKW sein! Flugblätter, Telefonketten, Banner, Pamphlete mobilisierten. Heerscharen kämpften gegen das Atomkraftwerk, dessen Bau sie wortstark blockierten:

> *„Der Wahn ist kurz,*
> *die Reu ist lang!"*[21]

Der Stopp gelang!

Riegelhaus

Das zwischenzeitlich gemietete Appartement am Rand des geschichtsträchtigen Städtchens im Unterland erwies sich als Kinderwunderland. Der Minimalschläfer rutschte von Zimmer zu Zimmer, räumte Küchenschubladen aus und kochte fast immer! Der Milchmann brachte Vanillecremepulver und scherzte: „Pfludi für e Pfudi!" Der Schwingbesen kam in Gebrauch, und lustigen Lärm machte er auch! Auf Spaziergängen vergnügte sich das Buggykind mit den Muhs, den Miaus, den Wauwaus, schüttelte den dunklen Lockenschopf im stinkenden Verkehr, freute sich übers Schwänefüttern umso mehr.

Da kam ein Mann daher, ergötzte sich am kleinen Knopf mit dem Wuschelkopf, plauderte und kicherte mit ihm und fragte ganz intim: „Wollen wir noch ein solches machen?" Mir verging das Lachen. Er bedrängte mich. Ich eilte weg die Gasse hoch, er eilte mit im gleichen Schritt. Ich flüchtete ins Hotel, stieg die lange Treppe runter, ging samt Kinderwagen aus dem Wirtshaus raus und entkam dem Verfolger Richtung Riegelhaus.

Das Kind genoss das Znüni mit den Bauleuten, die die erworbene Rebscheune restaurierten und sich übers Schlingelchen amüsierten. Auch der Bauherr war hier. Wir verhandelten mit Architekt, Baumeister, Polier und freuten uns nach konstruktiven Monaten über den aufgefrischten Fachwerkbau mit dem terrassierten Garten.

In der Adventszeit konnten wir das denkmalgeschützte Riegelhaus beziehen und weihnächtlich dekorieren.

Eine bleierne Umzugserschöpfung umfing mich und täuschte meine Sinne mit einer aufwühlenden Halluzination: Mein verstorbener Vater rauschte durchs Treppenhaus hoch, streifte an mir vorbei, hinauf in die Unendlichkeit. Tief benommen bat ich um seinen Seelenfrieden, für Ruhe in der Ewigkeit. Ich fühlte Heimweh nach kindlicher Geborgenheit und empfand wie die Journalistin Salome Müller, die in einem Brief die Worte schrieb:

„Wohl wenige Väter sind so da,
wie du es warst."[22]

Von Emotionen berührt, ersehnte ich auch für mich Entspannung nach der belastenden Zeit von Veränderung zu Veränderung.

Das zweite Wunder

Der zweijährige Bub entwickelte sich zu einem Herzteufelchen, das stampfte wie die Oslo-Trotzkopfskulptur. Mit viel Charme setzte sich der Quälgeist durch, war einfallsreich, hartnäckig, stur. Er plauderte ununterbrochen, Sprüchlein wurden gesprochen in verschiedenen Dialekten, die seine Sprachlust weckten. Aus voller Kehle wurde gesungen, dazu gehüpft, geplantscht, gesprungen. Sichtbar wuchs ein Bébé in meinem Bauch. Er spürte es auch und fragte voll Wonne, wann es auf die Welt komme. „Wenn's schneit", antwortete ich – spontan, kindgerecht, mit Zuversicht.

Dann kam der bunte Herbst mit zauberhaftem Licht.

Militärdienst war angesagt. Liebe Menschen wurden für Beistand und für Fahrdienst angefragt. Zur Geburtsbeschleunigung stieg ich treppauf, treppab im Warenhaus. Das begleitende Freundespaar suchte den ersten Personal Computer aus.

Es war in der Martinsnacht, als der Offizier, wie abgemacht, vom Berglager durchs Schneegestöber zur Klinik kam. Zum zweiten Mal erlebten wir ein Wunder der Schöpfung, eine reiche Segnung. Wir wurden beschenkt mit einem liebreizenden Schneeprinzesschen. Durchs großmütterliche Telefon sang das quirlige Brüderchen: „Es schneielet, es beielet, es geit e chüele Wind ..." Draußen wirbelten die Flocken geschwind und verwandelten die Landschaft leise und sacht in eine winterweiße Pracht.

Dieses zweite Wunder geschah 1976, am 12. November, kurz vor Mittag, an Urgroßvaters Geburtstag. Wie verwunderte er sich doch, als ein Jahr danach das winzige Schneewittchen mit dem kräuselnden Haar das Schneelied summte – hell, rein und klar. Und es schneite Jahr für Jahr zur Geburtstagszeit. Meine Mutterprognose entsprach der Wirklichkeit und verhalf mir zu Glaubwürdigkeit.

Die Aussage jedoch, dank dem Arzt hätten wir zwei Kinder bekommen, wurde von meinem Mann nur medizinisch als glaubwürdig angenommen.

Der schöne Augenblick

„Verweile doch, du bist so schön!"[23]

So sagte Goethes Faust – doch der Augenblick verweilte nicht.

Der kleine Bruder reiste an mit Nenny, wie er seine Großmutter selbst benannte, und rannte rasch zum Baby.

„Warte, bis es erwacht", sprach ich mit Bedacht zum erwartungsfrohen Sohn. Der eilte hin beim ersten Ton, stand auf den Kinderstuhl, hob das Schwesterchen aus dem Bettchen und – ließ es fallen: Unfall, Arztnotfall, Aufregung – Erleichterung, Hoffnung.

Der Leutnant kam heim aus dem alpin unterkühlten Dienst mit Lungenentzündung. Die Lagerbegeisterung wurde ihm genommen. Er plante nun zeitlebens, ein richtiges Bett zu bekommen.

Zu allem Kummer plagte mich die Thrombose im Bein, und meine fürsorgliche Mutter ging heim. Ihr drittes Enkelkind wurde geboren, da musste sie hilfsbereit zuhause sein. Die Heimpflegerin traf ein. Wie ein Engel wirkte sie mit Herz und Energie. Sie beschallte die Räume mit Psalmengesang. So kamen wir nach und nach wieder selbst in Gang.

30

Mit einer lachenden und einer weinenden Seelenbefindlichkeit erleben Mütter und Väter die Kleinkinderzeit. Es gibt nichts Schöneres als strahlende Kinderaugen, fröhliches Kinderlachen, vertieftes Kinderspiel. Es gibt kaum etwas Ermüdenderes als Schlafmangel beim Krankendienst im Kinderasyl.

So schrieb mir mein Arzt in einer Ermattungsphase augenzwinkernd ein Rezept zum dreißigsten Geburtstag für eine Auszeit zu zweit mit viel Schlaf und frei von jeglicher Verantwortlichkeit.

Da waren Großeltern gefragt, bei denen die kleinen Geschwister jederzeit Liebe, Geborgenheit, Pommes frites und Apfelküchlein bekamen und dabei viele berndeutsche Wörter und Verslein annahmen.

Wieder familienvereint, frühmorgens schon, weckte uns das Telefon. „Schaut nach, wo euer Büblein ist!" Die großmütterliche Intuition hatte das Kind auf Distanz vermisst.

Es war nicht im Bett, nirgendwo im Haus, weder auf dem Estrich noch im Keller, auch nicht in der Garage und keine Spur in der Gartenanlage. Die Türen waren zu. Uns umfingen Angst und Unruh. Da bemerkte ich, dass der Nachbar den blütenbedeckten Hausplatz kehrte. Wir weihten ihn ein in unseren Schrecken: „Ah, der Kleine konnte sich bei Frieda im Bett verstecken!", sagte er mit heiterem Blick. Damit bescherte er uns ein tiefes sonntägliches Glück. Das Schnappschloss hatte den Lausbub nicht verraten, und wir waren in Schock und Panik geraten. Auf unerklärliche Weise vibrierte Nennys phänomenale Sensibilität und verursachte in weiter Ferne ihre Nervosität.

„Da hielt Mutter den Atem an", ist ein Kapitel überschrieben im Buch „Grauer, goldiger Kinderalltag" von Dorothe Frutiger. Viele Erzählungen belustigten, trösteten, ermutigten, da die Autorin die Begleitung ihrer vier Kinder mit Herz, Humor, Konsequenz und mithilfe von Großeltern meisterte, was viele

Lesende begeisterte. Auch meine Mütter verhalfen mir zu besseren Organisationen und dadurch zu Zeitgewinn für geliebte Musiklektionen.

Es wurde Advent. Das geschäftliche Festessen war ein Abendgarderobe-Event. Das Betty-Barclay-Kleid war, laut Werbung, ein exklusives „Kombitalent". Im hektisch-heiklen Ankleidemoment machte der kleine Erfinder ein Experiment: „Lueg das Bööggeli!" Ich schaute, durchschaute aber nichts. Das winzige, getrocknete Lindenblütennüsschen kroch in die Nase hinein und verschwand im Nichts: Beunruhigung, Beklemmung, Befürchtung! Eine örtliche Betäubung beim Spezialarzt war die Option – danach eine kurze, knifflige Operation.

Der feierliche Empfang beim Firmenanlass wurde ausgedehnt. Wir kamen zu spät – völlig ungewohnt. Der Personalchef bat mich, sofort Platz zu nehmen, sonst blieben alle Gäste stehen. Erst jetzt wurde mir bewusst, dass ich durch die Rolle meines Mannes eine Nebenrolle spielte, bei der ich mich überfordert fühlte.

„Du kannst es schon!", bedrängte mich mein inneres Ich – und ich bemühte mich. Konversation zu üben, konnte meine Schüchternheit besiegen.

Abends darauf fand in unserer kleinen historischen Stadt ein Krippenspiel statt.

„Bestimmt habt ihr noch nie einen so großen Weihnachtsbaum gesehen!", eröffnete der Pfarrer das kirchliche Geschehen.

„Ich schon!", rief unser Sohn ganz spontan. „Der Baum daheim kommt oben an!"

Alltagsszenerie – Nostalgie

Der alltägliche Pyjamamorgen ließ ein gemütliches Erwachen zu und ein Sein in den Tag hinein. Es genügte, wenn Mama als Märchenstiefmutter die Brunnen vergiftete und Brüderlein und Schwesterlein zum Rollenspiel anstiftete.

Immer wieder gab es Kindergeburtstage, je nach Wetterlage in Wald, Garten, Haus – mit Theater, Päckli, Kuchenschmaus. Hütemädchen und -frauen waren goldwert und verdienten viel Vertrauen.

Der Sandkasten war Ort der Aktivität und der Kreativität. Es entstand eine ganze Welt mit Schloss, Wald, See, Dorf und Zirkuszelt. Schon Friedlich Schiller hatte festgestellt:

„Der Mensch ist nur da ganz Mensch, wo er spielt."[24]

Vielleicht ist auch die Schöpfung entsprungen aus göttlichem Spiel – ein Gedankenspiel!

Die natürliche Umgebung verlockte zu erlebnisreichen Spaziergängen in den Rebhängen, im Schneckentempo ohne Risiko. Steinchen, Sträußchen, Vogelfedern wurden mit weichem Moos umhüllt und in mitgetragene Säcklein eingefüllt. Der nahe Spielplatz förderte körperliche Stärkung und soziale Entwicklung. Ein Mädchen hieß Frech. Und es war frech, bemerkte der Sohn, enttäuscht von ihrer Sandkastenwutaktion.

Wir fütterten das Federvieh mit den abgerüsteten Blättern aus der Salatplantage.

Die Bauernfrau dankte mit einem gerupften Huhn. „Es ist das braune!", war ihre Aussage.

Die inzwischen dreijährige Tochter kapierte die Lage und lebte ab sofort vegetarisch. Sie verzichtete auf Tierli bei Tisch. Nur beim Rädli Wurst in der Metzgerei glaubte sie, es sei Teig, und aß es sorgenfrei. Sie erschmeichelte zwei Katzen und wollte Zoofrau werden, brauchte aber bei jedem Miststock, jedem Hundsdreck, jedem Schweinestall, in allen stinkenden Zonen ein Riechtüchlein, um ihre geruchsempfindliche Nase zu schonen.

Die sonnigen Pfingsttage wollten wir am Bodensee verbringen. Wir waren schon in Kreuzlingen, als der kleine Bruder fragte: „Hat es keine Dampfschiffe hier?"

„Keines, das fährt", antworteten wir.

Der Autopassagier wollte Dampfschiffanbinder werden mit Uniform und Hut, das gefiel ihm gut! Er kannte die Dampfer auf dem Vierwaldstättersee und das Hotel beim Anlegesteg mit dem kleinen Tiergeheg. Auch die Zoofrau drängte auf diesen Weg. Die beiden bettelten inbrünstig darum, und wir kehrten um – Richtung Innerschweiz. Auch eine schon bekannte Familie erlag dem nostalgischen Hotelreiz. Eine Freundschaft entstand im zoologischen Dampfschiffwunderland mit dem Schwimmbad und dem Badestrand.

München

Einmal mehr hatte mein Ehemann den Hochzeitstag in der Firma verplant, den zehnten, was ich als Liebesentzug empfand.

„Komm mit!", rettete er frohgelaunt den angespannten Zustand. „Die Besprechung wird von kurzer Dauer sein, dann feiern wir bayrisch und trinken Bier statt Wein!"

Nachbars Kinderhütedienst war die stets mögliche Option für eine spontane Situation, die ich mit Gewissensbissen in Anspruch nahm. Der Flughafen München-Riem war das vielversprechende Ziel.

Der Geschäftsmann wurde erwartet, der Mercedes für unverhoffte Tagesbesichtigungen gestartet, nachdem die verdutzten drei Männer der blamierten Ehefrau mit einem Duftbouquet zum Jubiläum gratulierten. Die sitzen gelassene Rabenmutter setzte sich in die Frauenkirche mit den Gewürzen und mit Sehnsucht nach Kinderlachen im Herzen.

Darauf durchstreifte die Verlassene mit wohlriechendem Trockenstrauß den Marienplatz, bestaunte das Glockenspiel beim Rathaus, den Viktualienmarkt, verweilte in Buch-, Papeterie-, Musikläden und verpasste das Hofbräuhaus mit Schweinshaxen und Semmelknödeln.

Abends eilten wir, wieder ehevereint, zum Airport, flogen heim, zeitgleich mit dem Schweizer Schwingerkönig an Bord!

Zwanzig Jahre später besuchten wir dieselbe bayrische Metropole mit unserer Tochter, die im Biergarten ein Weizenbräu spendierte und mich zur Überwindung meiner Hopfen- und Malzabneigung animierte. Auch erlebten wir die „Bavaria Filmstadt", staunten über Attraktionen aller Art und über einen knallharten Streit. Wir eilten zu Hilfe, ohne zu realisieren, dass Schauspieler den Kampf bei jeder Touristenführung inszenieren.

München kann sich in mancherlei Varianten präsentieren und empfiehlt sich allen Generationen in den verschiedensten Lebenssituationen. Den Hochzeitstag aber müsste man nicht als Single verbringen. Nur zu zweit könnten Jubilierende in der Stadt mit Herz die Seelen zum Klingen bringen.

Papa

Der wichtigste Freizeitkamerad war Papa, der den beiden Äffchen als Klettergerüst diente, auf dessen Rücken sie reiten konnten, der ein Kasperlihaus und eine Gartenlaube baute, Lego spielte, mit ihnen zur Mineralquelle spazierte, ein lokales Vivi Kola konsumierte und abends die unendliche Geschichte erfand: „Ein Elefant geht durch den Wald ..."

Umso schlimmer war es, wenn Papa in den Militärdienst einrücken musste oder wochenlang abwesend war, weil er IMD absolvierte, das International Institute for Management Development, wo auch Richard Nixon, der US-Watergate-Ex-Präsident, sich befand.

Immer wieder begleiteten wir den Geschäftsmann zum Flughafen, wenn sich die Konzernkaderleute aus aller Welt in Stockholm trafen. Zuhause setzten wir uns neben den mächtigen frühlingsblühenden, kirschenbehangenen, herbstbunten oder winterkahlen Baum und schauten hoch in den von Fliegern rege genutzten Luftraum. Wenn sich die SAS-Douglas über dem Rhein befand, winkten wir, bis sie hinter dem Rebberg Richtung Schweden verschwand.

Es flogen aber auch Geschäftsleute aus dem Pippi-Langstrumpf-Land in unser Heimatland. Sie gingen oftmals ein und aus im kunterbunten Riegelhaus. Die Katze verzog sich. Der kleine Koch setzte den Kochhut auf. Im Kochherd aus Ton, von der befreundeten Töpferkünstlerin erdacht, wurde mit Metatabletten ein Feuer entfacht. In den Pfännchen brodelte und brätelte es. Buchstabensuppe, Hörnli, Rührei und mit Sirup übergossener Grießbrei wurden serviert, mit Kompetenz und schwesterlicher Assistenz. Nach der kurzen Gastronomie gab's eine hurtige, widerwillige Gutenachtzeremonie. Der müde Küchenchef kuschelte zusammen mit Rärä, seinem Steifflöwen. Die erschöpfte Serviertochter schlief ein mit ihrem Bäbi, beide in gestreifte Nachthemden gehüllt. Die Patin hatte mit ihrem Nähtalent den Puppenwunsch mehr als erfüllt.

Danach wurde mein Zürchermenu gewürdigt – typisch und fein! Die modernen Schwedenmänner signalisierten bei Dessertkäse und Wein: Haushalthilfe, Berufstätigkeit, eigenes Auto müssten keine Fata Morgana sein!

Es wurde diskutiert über Wissenschaft, Technik, Politik. Die Lektüre von Bilanz, Cash, Handelszeitung erwies sich als Weiterbildung und verhalf mir zu unternehmerischer Gesprächsbeteiligung. Beim Thema Nachtleben war ich der Ansicht, mein Mann brauche das Rotlicht nicht. Der charismatische Firmenchef flüsterte mir zu: „Matilda denkt genauso wie du!" Die Scheidung geschah, wohl auch, weil Matildas Moden der Eleganz ihres Gatten nie ganz entsprochen hatten.

Richtungswechsel

Zu ebendiesem Konzernchef ging der Berufene, die Situation der beiden unverhofften Vakanzen zu klären, die durch den Tod des Fabrikdirektors entstanden waren. Der verstorbene Verantwortungsträger war der Schwedenfirma Auftraggeber.

Der Reiz, von der Planungsunternehmung sich in zwei Produktionsbetriebe einzuarbeiten und siebenhundert Mitarbeitende zu leiten, war Ansporn, die berufliche Veränderung zu wagen. So bekam ich, zeitgleich zum eigenen Wagen, die Aussicht auf eine erneute Abzweigung in eine unbekannte Richtung. Die Gezeiten der Liebe wechseln wie beim Meer. Ich spürte Ebbe, war traurig und leer.

Das Cembalo

Am Vorabend der Musikprüfung wurde die kleine Tochter so wütend über die hässlich tönenden Etüden, dass sie mir die Flöte entriss und an die Wand schmiss – im Edelholz klaffte ein Riss. Die Verzweiflung war groß. Die angereiste Mutter machte mir Mut mit Hermann Hesses Rat:

> *„Damit das Mögliche entsteht, muss immer wieder das Unmögliche versucht werden."*[25]

Mit dem kleinen Auto, meinem persönlichen Novum, fand ich das Konservatorium und stand bald, mit dem Instrumentenkoffer in der Hand, vor den Experten und ließ mich in Theorie und Spiel bewerten. Durch göttliche Eingebung überwand ich traumwandlerisch Schikane um Schikane der verfänglichen Musiklehre. Die ausströmende Ruhe des mitwirkenden Cembalisten konnte mein Zittern überlisten. Meine Ersatzsoloflöte ließ die barocken Händel- und Pepuschsonaten schwingen und klingen. So konnte die Prüfung gelingen.

Das Diplom war wie Tau vom Himmel, erquickend und belebend. Das Cembalo bescherte mir den musikalischen Glücksmoment, wurde bald mein eigenes Instrument und begleitete mich weiter durchs Leben. Der Cembalist hatte ein neues in Auftrag gegeben.

Abschied

Eine Schlumpffigur mit Gugelhopf lockte auf dem Bassinboden als Anreiz zum Tauchen. Den Plastikbäcker konnte der Kindergärtler gut gebrauchen. Raffiniert holte er ihn mit den Zehen, ohne unters Wasser zu gehen. Die Nase wurde nur durch Spritzer nass, das Kinn war das oberste Maß, darüber hinaus endete der Badespaß. Mit der blauweißen Trophäe in der Hand stand er selig, aber letztmalig am Beckenrand.

Im Städtchen gab's Fasnacht für kostümierte Buben und Mädchen – ein Höhepunkt fürs wegziehende Geschwisterpärchen. Alle schmunzelten über den Wirt in Frauenkleidern, der das Fest organisierte, dazu Speis und Trank spendierte! Auch Spielgruppen, Malatelier, Kindergarten waren Alltagsbereicherungen. Nun gab's ein Adieu mit heiß begehrten Verpflegungen, mit Fotos und vielen bunten Zeichnungen.

Meine Musikkinder gruppierten sich ums Cembalo. Erwachsene fügten sich ein mit Flöten, Geigen, Cello. Lully, Corelli, Purcell, Gesualdo – die mehrstimmigen feierlichen Melodien beschallten den mittelalterlich-kulturellen Raum – ein Klangtraum! Das geladene Städtchenpublikum begeisterte sich. Aufwühlende Gefühle durchströmten mich. Mit einem prächtigen Frühlingsblumenstrauß ging ich entwurzelt aus dem fest verankerten Fachwerkhaus.

Wir packten unsere Habe zur Übergabe an die Zügelleute, worüber sich kaum jemand freute. Wir trauerten mit vertrauten Menschen, auch mit der selbst gepflanzten Trauerweide, und verschoben uns vom Fluss zum See. Die Kinder schluchzten, die Katze miaute, und mir tat alles weh. Der wohlige, mit Herzblut auferweckte Riegelbau am hilben Rebenhang war verlassen, leer und ohne Seelenklang. Er wurde gereinigt mit mütterlichem und freundschaftlichem Beistand – wie immer, wenn ein Umzug anstand.

Die Großeltern behüteten die Enkelkinder, die weinten um ihr Daheim. An Ostern 1981 verstärkte heftiger Biswind unser Unwohlsein. Er bescherte einen ungewohnt bissig-kühlen Start am neu erworbenen Aussichtshort und heulte während Tagen fort und fort.

Die kurze, vorübergehuschte, heile Kleinkinderwelt am Rhein war glückerfüllt. Die Alben waren mit buntem Stoff und Nestwärme umhüllt. Sie wurden nun, fast dreißig Jahre später, erneut in Kisten eingefüllt, zur Verschiebung in die neue Seeblicksiedlung.

Veränderung

Der Gewürdigte kehrte heim aus Schweden mit wertvollen Skulpturen aus den Glasmanufakturen. Einer feierlichen Verabschiedung folgte eine respektvolle Begrüßung in der neuen beruflichen Umgebung.

Die Familie bekam Rat und Tat von Behörden, Nachbarn, Lehrerinnen, Ärzten, Geschäftsleuten, die hinweghalfen über Anfangsschwierigkeiten.

„In allen Dingen ist Grund und Fundament die Hauptsache."[26]

Diese Weisheit von Jeremias Gotthelf animierte mich, das Schicksal in die Hand zu nehmen und mit den Kindern auf einer soliden Basis weiterzugehen. Das viereinhalbjährige Mädchen fühlte sich wohl in der Kindergartenrunde. Der Erstklässler erlitt zu Beginn eine Seelenwunde. Er betrat scheu den Schulhausplatz mit Göttis Felltornister und mit dem Lederturnsack, einer mütterlichen Kreation für die Geschwister. Je eine Zeichnung war Vorlage für die bunte Collage. Auf der Rückseite waren die Initialen eingenäht. „Das WC kommt!", wurde lautstark gegröhlt vor dem Unterricht. Der kleine Bub ertrug die spottenden großen Knaben nicht. Auf dem Heimweg flog der Sack ins Ackerland, wo ihn im Herbst der Bauer fand. Nach diesem ersten Schulelend suchte das verletzte Kind Trost bei Mal- und Bücherwand, wo es mit dem Dampflokaquarell und den Geschichten aus dem Leseland den inneren Frieden wiederfand.

Schul- und Kindergartenreise, Jugendfest und Heimattag beglückten die Neuzugezogenen und entspannten auf lockernde Weise den veränderten Alltag.

Nach und nach verflüchtigte sich das Heimweh. Doch bei jedem Brief, bei jeder Begegnung begann es wieder aufzuglimmen und melancholisch zu stimmen. Es war eine unbändige Freude, das altvertraute und das neue Hütemädchen bei uns zu haben an einigen Ferientagen. Auch Patenkinder gingen ein und aus im hoch über dem Tal klebenden Helikopterhaus.

„Die Jungen sind umsorgt! Jetzt gibt's einen Mondscheinmarsch um den See!" Das war des Wandervogels Glanzidee!

Ich schnürte die Schuhe und folgte ihm, erschöpft schon von der Tageslast. Nach vier ewig langen Stunden ohne Rast ließ ich mich fallen ins nächtliche Gras und hauchte: „Ich bin tot."

„Der Wolf frisst dich!", flunkerte mein Retter in der Not und schleppte mich auf der Zihlstraße heim ans angestrebte Ziel.

Zeitreise

Der Nationalfeiertag bedeutete schon in meiner Kindheit Geselligkeit. Man feierte den 1. August in der Dorfgemeinschaft, beim Sternmarsch des Turnvereins oder mit der Verwandtschaft.

Es war damals ein großes Missgeschick, als das ganze Säcklein mit bengalischen Zündhölzern, Sternenregen, Sonnen und Vulkanen aus der Feuerwerksfabrik am Brienzersee mit einem einzigen Knall detonierte, weil es eine brennende Kerze berührte. Eine noch viel größere Katastrophe geschah im selben Jahr – 1959 – bei der Explosion im pyrotechnischen Betrieb in Oberried. Zehn Todesopfer waren zu beklagen – ein Schock, der unvergessen blieb.

Ein nachhaltiges Erlebnis war auch der Aufstieg zur Meielisalp. Der Onkel trug die Handharmonika hoch zur Bergwirtschaft, wo ich Landeshymne, Volkslieder und Tanzmusik spielte für die Älplerschaft, die Kräuterschnaps schlürfte zum schwarzen Kaffee. Höhenfeuer flackerten weit verstreut auf den Hügeln rings um den Thunersee.

Eine Generation später erlebten wir Grillfeste mit Lampionumzügen, die sich wie Tatzelwürmer vorwärts schlängelten – ein patriotisches Vergnügen!

Und nun, in diesem Abschiedsjahr, beherbergte uns der vormalige Nachbar im Bündnerland. Mit seiner Familie durchstreiften wir auf langen Märschen das mit Bergblumen geschmückte Murmelland. Gurgelnde Bächlein verleiteten zum Stauen und Umleiten während der Rastzeiten. Müde und schweißnass erreichten wir das Maiensäß. Wir bastelten bunte Girlanden, die wir an Zaunpflöcke banden. Fantasiemuster und Kantonswappen zierten die vom Wind bewegten Wimpel beim Kaulquappentümpel. Aus roten und weißen Wollresten strickten die Frauen Fahnen mit Schweizerkreuzen. Die Männer suchten dazu passende Stecken in den Hecken, ebenso das Holz fürs Feuer. In sicherer Distanz grasten und bimmelten die Wiederkäuer. Joghurtbecher wurden dekoriert, aufgestellt und mit Teelichtern erhellt, sobald es eindunkelte und der Sternenhimmel funkelte. Die Feier war ein Unikat, fand doch nirgendwo in unserer Heimat eine kreativere statt!

Am nächsten Morgen erstarrten wir fast: Frisch gefallene Flocken klebten an jedem Ast. Sträucher und Gras beugten sich unter der schneeweißen Last. Die Rinder suchten vergeblich nach Futter. Heuballen waren die Retter. Und wir schätzten den vorsorglichen Rat, für eine überraschende Kältenot Handschuhe, Mützen und warme Socken einzupacken.

Überschwemmung

Durch den neuen Gotthard-Straßentunnel brausten wir im Herbst in den Süden. Wie beim unverhofften Schnee in den Bergen wurden wir auch hier überrascht vom unbändigen Regen. Das Wasser überflutete das Ufer, breitete sich aus, überspülte Spielplatz, Bänklein, Promenade – ohne Gnade. Ein großer Schaden für die Betreiber von Restaurants und Läden, nicht aber für Brüderchen und Schwesterchen! In den gelben Stiefelchen spritzten sie umher und waren entzückt vom unendlichen Nass, das kübelweise vom Himmel goss. Bei Gazosa und Sirup trockneten sie in großmütterlicher Obhut ab.

Der Familienvater ging ins Atelier zum Kunstunterricht, statt draußen zu zeichnen im südlichen Licht. Die Familienmutter war bei „Musik, Tanz, Töpferei" dabei, empfand persönliches Glück am musischen Geschehen und erholte sich von den zehrenden Zügelwehen.

Nach der Abschlussaufführung am Ende der Woche ging ich in eine Bottega dell'Intimo für feine Biancheria, kaufte ein teures seidenes Nachthemd und führte es meinem Geliebten vor. Er schaute – staunte – und sagte verdutzt: „Potz, Madame!"

Das Zartfließende landete in der Verwahrung. Eine Madame war ich nicht! Dreißig Jahre danach fand ich es unter dem Estrichdach. Ich fühlte mich immer noch zu jung und legte es weg zur definitiven Entsorgung.

Musikschule

Die Anfrage in der ersten Schulwoche, ob jemand mit dem musizierenden Sohn spielen möchte, trug Früchte. Fünfundzwanzig Kinder ließen sich inspirieren vom Flötenklang, vom selbst kreierten Lehrgang und belebten seit Monaten das Familienhaus. Auch Erwachsene gingen für Lektionen ein und aus. Unterricht gab es auch im Austausch gegen Bügelpflicht. So wurden die Herrenhemden perfektioniert und die Freude an den Melodien optimiert.

In der dunkleren Zeit übten wir aufs Weihnachtsspiel, aufs erste große Ziel. Viele weitere folgten in den kommenden Jahren. Flötengruppe und Sonntagsschule lockten Menschenscharen in den mit einem Riesentannenbaum geschmückten Kirchenraum. Als Krönung erwies sich die Singspiel-Uraufführung, von einem erkrankten Lehrer arrangiert. Fast hundert Mitwirkende waren engagiert in den Kulissen von Betlehem mit dem goldenen Schweifstern. Der beliebte Kollege verinnerlichte noch Lied um Lied vor seinem leidvollen endgültigen Abschied. „Immer die guten Menschen müssen sterben", beklagte sich der größer gewordene Sohn und Schüler mit Trauer im Herzen.

Jährlich abwechselnd mit der kirchlichen Darbietung waren wir unterwegs durchs Dorf auf besinnlicher Laternenwanderung, von Szenenbild zu Szenenbild. Hirt und Schafe begleiteten den Umzug auf dem Weg zum Stall. Beim Vieh der mitfeiernden Bauernfamilie fanden wir ein echtes Kindlein im Kripplein. Es lag da wie Jesus in der Heiligen Nacht, von singenden und spielenden Engeln bewacht.

Schon nach der ersten von der Schulpflege beobachteten Aufführung gab es eine motivierende Anregung. Gemeinsam leiteten wir die Musikschulgründung ein mit der Überzeugung: Musik ist Labsal für Körper, Geist und Seele, ist emotional und sozial, eine Bereicherung für Alt und Jung, für die ganze Bevölkerung. Bald stand ein Raum mit Klavier zur Verfügung. Weitere

Instrumentallehrkräfte unterrichteten mit Hingebung. Hospitantinnen wandelten sich nach und nach zu gleich gesinnten Freundinnen. Unsere Begegnungen erwiesen sich als Lebensbereicherungen: Musizieren und diskutieren, frühstücken und Kinderkleider flicken, Geburtstage zelebrieren, Kulinarik und Spa kombinieren. Die regelmäßige Auszeit war stets heilsam in der fordernden Schul- und Familienwelt. Und immer wieder schmeichelte sich meine Olivenholzflöte ein ins Kammermusik-Quintett mit Querflöte, Bratsche, Cembalo und Fagott. Eine Kassettenaufnahme und ein Kleid aus schwarzem Seidentaft sind Andenken an die damalige musikalische Gemeinschaft.

Der Schirm

Zusammen mit seiner Cousine freute sich das kleine Gotten-
kind über den langen geblümten Jupe mit dem gleichgemus-
terten Täschchen, über das weiße Rüschenblüschen und über
das rosa Blumenkränzchen. Die Buben waren festlich angezo-
gen mit weißen Hemden, Krawatten, Ansteckrosen und langen
dunkelblauen Hosen.

Aber am schönsten war die Patin, die weiße Braut! Sie passte wie eine gute Winterfee zum leichten Frühlingsschnee. Der
große Schirm bot Schutz dem Brautpaar. Der Anblick war zau-
berhaft für die gerührte Gästeschar.

Während der Trauung gab der Psalmtext dem Schirm eine
symbolische Bedeutung:

> *„Wer unter dem Schirm*
> *des Höchsten wohnt ...,*
> *der kann auf ihn vertrauen."*[27]

Blütendekorationen und kulinarische Kompositionen gaben der
Feier den festlichen Glanz – und wir schenkten unsere Hoch-
zeitspoesie mit viel Musik und Kindertanz.

Ensemblespiel

Musizieren bedeutete mir viel. In der Paulusakademie belegte ich Kurse fürs Ensemblespiel. Der Flötenklang ersetzte meinen lahm gewordenen, verblühten Gesang.

Garklein, Sopranino, Sopran, Alt, Tenor, Bass, Kontrabass, Subbass: Das Blockflöteninstrumentarium rauschte und jubelte wie Orgel und Harmonium auf der musikalischen Reise zurück in die Zeit der Renaissance und des Barock. Viola da Gamba, Cembalo und weitere historische Instrumente fügten sich ein in die Canzonen, Madrigale, Motetten. Höfische Musik mit Bourrées, Rigaudons, Menuetten wurde belebt mit Reigen, Trommel, Glockenspiel im mittelalterlichen Stil.

Im neu gegründeten Flötenchor spielte ich mit, bis nach einem Jahr die Leiterin erkrankte und mir als Stellvertreterin das Vertrauen schenkte. Nach ihrem schmerzvollen Tod zweifelte ich und wankte. Zwar liebte ich das Orchestrieren, Registrieren, Organisieren, verliebte mich in die Dirigenten an vielerlei Konzerten und beobachtete sie genau – stets als treue Ehefrau! Trotz leisem Unbehagen wollte ich das Abenteuer wagen.

Dreißig Jahre lang freute ich mich übers Partiturenlesen, über Proben, Gestaltung, Darbietung, über die Freundschaft mit dem Ensemble, dem daraus formierten Quintett und den beigezogenen Musizierenden mit Instrumenten und Stimmen aller Art. Und immer wieder brachten wir die Noten zum Klingen in der Hoffnung, es möge gelingen.

> *„Schläft ein Lied in allen Dingen,*
> *die da träumen fort und fort.*
> *Und die Welt hebt an zu singen,*
> *triffst du nur das Zauberwort."*

> *Joseph von Eichendorff*[28]

Schulgeschichten

Nach einer unbeschwerten Kindergartenzeit war die Tochter sorglos schulbereit.

Als erstmals der Pausgengong ertönte und die Klasse hinaus ins Freie strömte, entwich die kleine Schülerin. Da kam der Notruf der Lehrerin. Ein Kindermörder verängstigte die Menschen im Umfeld. Der Serientäter wurde erst viel später vor Gericht gestellt. Die Justiz hatte Werner Ferrari zu lebenslanger Haft verurteilt. Nach kummervollem Suchen fand ich die vermisste Blumenfee – ohne Leid und Weh – mit einem Sträußchen in der Hand, verträumt am Straßenrand.

Eines Tages legte mir die Kollegin Schneemannbilder in die Hände mit der Frage, ob ich die Zeichnung meiner Erstklässlerin fände. Ich blätterte die Beige durch. Auf einem Blatt standen ein Schneemann mit Hut und Besen, eine Schneefrau mit Apfelkorb und zwei lustige Schneekinder daneben – ein fröhliches Familienleben!

Der Zahlenraum wurde erweitert. Das skizzierte Hochhaus hatte viele Fenster, die gezählt werden mussten. Unser Schulkind zählte nicht. Es zeichnete die fehlende Tür, was wichtiger war aus seiner Sicht.

Die Rechnungsprobe misslang. Die Büsi- und Bäbimutter verzog sich, plauderte und sang. Nach einer Weile kam sie leise durch den Gang. „Bist du immer noch traurig?", fragte sie bang. Ihr Kummer war entschwunden. Das Spielkind hatte zum Wohlgefühl zurückgefunden.

Doch mit dem Aufstieg in die dritte Klasse verzog sich das schulische Glück.

Eines Tages starb die Katze – ein unfassbares Unglück! Die Zoofrau durchweinte die Mittagszeit, litt an Übelkeit und ging mit tränennassem Gesicht zum Unterricht. Sie war in der Seele wund, als sie eine Geschichte lesen musste vom Hund, der eingeschläfert wurde. Das war eine zu große Bürde! Die Augen flossen über bei der Extratherapie ohne Lehrerempathie. Die trauernde Vielleserin schluchzte sich durch die leidvolle Szenerie, wo der Hund entschlief. Der Herzensschmerz war intensiv – die Note ungewöhnlich tief. Die alltägliche erzieherische Willkür ohne psychologisches Gespür und ohne Gesprächskultur belastete manch familiäres Dasein. In spontanen Brieflein notierte die flinke Schreiberin in der Abendzeit die jeweilige schwer verdauliche Ungerechtigkeit. Am Morgen fraß das Cheminéefeuer sich durch das schriftlich verarbeitete Schulungeheuer und wurde zu Asche. Vernichtet war die üble Sache!

Feuer

„Flammen umtanzen Holz, Papier.
Sie flackern und züngeln voll Gier.
Sie schnappen nach fliehendem Rauch.
Sie zucken zurück in wirrem Gefauch.
Erfassen erneut das köstliche Fressen
wie Schlangen beim Kräftemessen.
Sie blitzen bald hier, bald dort.
Sie schlecken und lecken – immerfort.
Die Meute züngelt und zückt
und bekriegt sich höllisch verrückt.
Die Nahrung knistert, zerfällt und schwindet.
Der Feuerzungenkampf ist beendet.
Hungergesang, Hungespretzel,
letztes Scharmützel, flaues Gemetzel.
Flammenwürmchen verglühen, ersticken.
Nur eines hat Kraft, nochmals zu zwicken.
Doch auch dieses verblasst.
Ein Räuchlein entwischt in Hast.

Zurück bleibt die heiße Glut,
die, vom Sturm befreit, rotglimmend ruht.
Sie ruht, kühlt ab, wird lau.
Ein Häufchen Asche, weiß und grau,
bleibt zurück als karger Rest
vom feurig-heißen Flammenfest."

1985

Festtagszeit – Friedenszeit

Erfüllt und erschöpft vom Schwedenglögg am Lichterfest der heiligen Lucia mit nordischen Delikatessen, ebenso vom exquisiten Firmenessen, von Samiklaus, Adventskonzert, Theaterspiel – des Guten fast zu viel –, reisten wir zu Großeltern und Patenkindern mit einem Päckliberg. Wir waren unterwegs nach Baden-Württemberg, übten Hochdeutsch auf dem langen Weg.

Da fragte die Tochter: „Was heißt: Wo isch ds WC?"

Papa übersetzte: „Wo ist die Scheiße?"

Das war wenig weihnächtlich, stimmte aber heiter. Der Fäkalsatz vererbte sich weiter für den Hausgebrauch bis zur Enkelgeneration zu lustvollem Sprachmissbrauch.

Wieder daheim, bei Kerzenschein, lauschten wir der Weihnachtsgeschichte in väterlich-poetischen Worten, knabberten Guetzligebäck – vielerlei Sorten –, genossen den Züpfenschmaus im vom Kaminfeuer wohlig aufgewärmten Haus, packten Geschenke aus und fanden nach bewegten Wochen zu stimmungsvoller Ruhe zurück. Aus dem ersten CD-Player erklang feierlich-frohe Musik.

Zu zweit erlebten wir den Silvesterzauber als venezianische Urlauber. Wir küssten uns beim mitternächtlichen Glockenschlag des Campanile San Marco und wünschten „Augurio, augurio!" Dann knallten im Menschengetümmel die Gläser zu Boden – Stück für Stück –, der Scherbenteppich brachte Glück.

Für die Kinder gab's großelterliche Verwöhnung. Sie konnten zwar nicht baden in der schäumenden Flussströmung, aber der Spaziergang am gefrorenen Ufer mit Eisschollen, erstarrtem Wasserfall und glitzernden Zapfen, wie Orgelpfeifen aufgereiht, war auf jeden Fall eine Besonderheit in der tiefkalten Winterzeit.

Umso schöner war es, das Festmenu zu genießen, den Jahreswechsel mit prickelndem Traubensaft zu begießen, die Nougat- und Früchtetorten im begeh- und vermietbaren Kühlhaus zu suchen und die Eisköstlichkeiten nach Wunsch zu versuchen.

Dass die Tischbomben, die als Überraschung versteckt waren, von den Gwundernasen schon nachmittags inspiziert wurden, blieb geheim. Ungetrübt war die Freude über die herausgeknallten Hüte, Brillen, Pfeifen, Klebgemüse im nächtlichen Lichtschein. Damit ließen sich witzige Figuren gestalten – und man hoffte, ein gesundes, freudvolles, friedliches neues Jahr möge sich entfalten, umso mehr, als man in den Achtzigerjahren über die Stationierung der US-Atomraketen in der Bundesrepublik Deutschland debattierte, was die Menschheit ängstigte und irritierte. Der Ost-West-Konflikt nahm bedrohlichen Charakter an. Die Menschen hofften auf Frieden durch die Präsidenten Gorbatschow und Reagan, die sich in höchster Krise in Genf begegneten und die beängstigende Situation beredeten. Ein Wendepunkt im Kalten Krieg war der angestrebte Friedenssieg!

Poschiavo

Ferienzeiten blinkten auf und leuchteten wie Farbtupfer hinein in den Kalenderablauf. Alle vier Jahreszeiten boten Freiheiten. Wir erlebten den Sommer im Puschlav. Der Lego-Eisenbahn-Fan hatte die Erkundung der Rhätischen Bahn auf dem Reiseplan.

Wir bewunderten die Kehrtunnel der Berninastrecke – fantastische Meisterwerke! Wir bestaunten die weiße Gletscherwelt in ihrer majestätischen Erhabenheit und die Aussicht übers Valposchiavo mit dem tiefblauen Lago. Auch waren wir fasziniert vom Kreisviadukt in Brusio und erreichten nach der Grenze das Städtchen Tirano in Italia mit den typischen Vini di Valtellina. Gemächlich führte uns die Ferrovia Retica zurück zum Hotel Romantica.

Ausgehend von Le Prese, umwanderten wir den glasklaren See, wo unersättliche Raupen in Massen die Hecken kahl fraßen. Wir bauten Feuerstellen bei Maiensäßen, brieten Bratwurstschnecken auf Strecken und kochten Maccheroni vegetariani. Neben dem Crot-Steinkeller wurde ein Zelt mit Ästen, Jacken, Decken aufgestellt, für die Mittagsruhe, mitten im Rindergebimmel und Kuhgemuhe.

Abends kosteten wir traditionelle Buchweizencrespelle, Gnocchi, Pizzocheri, hausgemachte Ravioli im Speisesaal und freuten uns übers täglich frische Mahl, kaum aber über den „Chüngel"-Salat, herb, derb, grasgrüner als Spinat. Es war Rucola, den wir nicht kannten, den wir aber später als Delikatesse in Trattorien und Pizzerien wiederfanden.

Draußen lockte Minigolf zum Spiel, eine Familienpremiere, die allen gefiel.

Beim Eindunkeln schlüpfte Schellenursli zu den Kindern hin, erzählte seine Glockengeschichte vom Unterengadin, bis das Geschwisterpaar in einen tiefen Traumschlaf fiel.

Aus Papier gebastelt, mit großer Zipfelmütze ausgestattet, kam Ursli mit auf die Weiterfahrt! Angeschnallt mit Vordersitzgurten – ein Obligatorium seit kurzem –, reisten wir durchs Veltlin Richtung Tessin.

Seesicht

Mit dem großen Militärfernrohr auf der heimischen Terrasse beobachteten wir die Wetterlagen. Bei guten Verhältnissen, an freien Tagen, entdeckten wir mit dem spontan erstandenen Segelschiff und dem angehängten Gummiboot die naturbelassene Seelandschaft – bilderbuchhaft!

Wir badeten mit Wasservögeln, mit Felchen, Egli, Forellen. Auch unsere zwei Fischlein schwammen in den Wellen. Wir setzten den Anker und rührten Risotto wie in einem Grotto. Wir ruhten unter den ausladenden Bäumen, die das Ufer säumen, bevor wir weiterglitten im Wind bis zur Abendstund. Da las der Kapitän in der Zeitung, interessiert und voll Begeisterung: „Liebhaberobjekt zu verkaufen". Wir hatten das vermietete Riegelhaus am Rhein nach einem Reifeprozess weitergegeben. Ein Refugium für ein Tessiner Urlaubsleben wäre ein Erholungsort für den Geschäftsstrategen, stets unterwegs von Ort zu Ort.

Das Matrosenduo begriff kein Wort. Mit Unbehagen saß es im Wagen, der tags darauf Richtung Süden flitzte. Doch Pumuckl palaverte, so dass das Geschwisterpaar bei den Kassettenstreichen vergnügt die Ohren spitzte. Auch gab es eine befreiende Picknickrast bei einem Naturspielplatz. Zur Beschwichtigung und Erheiterung verwandelten sich Bruder und Schwester in Kobolde, schaukelten mit Schwung, die Haare flatterten, der Bauch kribbelte – Pumucklglück! Wir setzten uns in Auto zurück, regten uns auf über den Kassettenbandsalat, entwirrten ihn mit Sorgfalt, so dass der rothaarige Kamerad weiter klabauterte auf kurvigen Wegen dem hoch gelegenen Villagio mit der berühmten Chiesa entgegen. Dort oben, mit Weitsicht über den Lago, betraten wir das Castello mit Palmengarten und Grotto.

„Da schlafe ich!", rief der junge Koch im himmelblauen Gemach mit der Feuerstelle und dem uralten Schüttstein. „Das könnte ein Küchenmuseum sein!"

„Das kaufen wir!", bestimmte die Tochter klipp und klar, thronend auf dem Hocker an der Kastanienholzbar. Das war eine Freude fürs Verkäuferpaar, so sehr, dass wir Freundschaft schlossen und die Geschwister immer wieder festtägliche Geschenke genossen, süß und fein, adressiert: „An die lieben Kinderlein".

Den beiden gefiel das 1679 erstellte, rustikale Haus trotz der im Salon verirrten Fledermaus.

Die Baugeschichte geht ins Mittelalter zurück, und noch immer fasziniert der atemberaubende Blick südwärts über den Verbano – nordwärts zum Gottardo. Schon bald flatterten drei Fahnen neben der Tür mit der Castor-Löwenskulptur: die rotweiße Schweiz mit dem Kreuz, das rotblaue Tessin und der Dorfheilige Martin.

Italien

Wir bereisten das Nachbarland mit seinen unendlichen Facetten, besichtigten Milano mit dem grandiosen Duomo, erlebten das antike und christliche Rom und erwarben anständige Kleider für Vatikan und Petersdom. Wir wurden empfangen von bunt uniformierten Schweizergardisten, zusammen mit einer drängelnden Schar Touristen.

Wir schritten über den Ponte Vecchio in Florenz, tauchten ein in ein Meer von Kunst, wo ich meinen Traummann fand und ergriffen vor ihm stand: David, in makelloser Schönheit und Vollkommenheit! Wir kosteten Chianti classico Ricasoli und feierten Geburtstag in San Gimignano mit den markanten Torri. Auf der Piazza erklang betörende Flötenmusik von Alessandro Scarlatti.

Später bestiegen wir den schiefen Turm von Pisa, bezwangen die Stadtmauer von Puccinis Lucca, begleiteten Pinocchio im Parco Collodi und bestaunten das Museo Leonardo da Vinci, nahe beim Olivengut unserer Amici. Nach einem kulinarisch kargen Tag gab es Knoblauchpanini, von denen die Tochter – ausgehungert und kreideblass – so viele aß, dass der Bruder krähte: „Sie stinkt!", und ihre übel riechende Zimmergenossenschaft vehement verschmähte. Wie gut, gab es Walkie-Talkies – Funkgeräte! So konnte man auf Distanz kommunizieren, ohne die empfindliche Nase zu schockieren.

Papa Moll

Er lebt in Bilderbüchern, die seit den Fünfzigerjahren existieren. Er ist der kurlige Antiheld mit den guten Erziehungsstrategien, dem aber, als tollpatschigem Familienvater, manches misslingt, das die Lesenden zum Schmunzeln bringt. Als ehemalige Bibliothekarin erklärte ich, für solche Literatur reue mich mein Geld. Doch im Bücherladen hatte sich das großmütterliche Portemonnaie zur Verfügung gestellt.

Danach dampften wir mit den Cousins auf dem Schiff über den Thunersee. Anderntags erlebten wir den Berner Zytgloggeturm im Menschenansturm, bestaunten das Figurenspiel und die astronomische Uhr aus der mittelalterlichen Manufaktur. Wir bestiegen das Münster, spazierten über die Bundesterrasse mit dem wunderbaren Alpenpanorama und dem schauderbaren Drogendrama. Die vier Kinder entsetzten sich. „Wir spritzen nie!", versprachen sie.

Nach dem Picknick im Dählhölzli schlenderten wir zum Bärengraben mit den Rüebli aus Nennys Garten. Nach der Fütterung der drolligen braunen Petzen ließen wir uns hochziehen von der Gurtendrahtseilbahn bis zu den Spielplätzen mit der schnaubenden Dampfeisenbahn. Ein Hochgefühl – besonders für den jungen, bahninfizierten Sohnemann.

Seine eigene LGB-Bahn mit der Spur 0 tuckerte, vom Schaltpult aus gesteuert, mit der kleinen Katze auf dem Futterwagen, durchs selbst gestaltete Gelände, über Weichen, Viadukte, Brücken, Sandstrände. Sie hielt an bei exakt nachgebauten Centovallihaltestellen, umkreiste den Mini-Lago-Maggiore, verscheuchte Frösche, Salamander, Libellen, die inmitten der Sumpfpflanzen, Trockenmauern, Grasmatten ihre Heimat gefunden hatten. Nachts beleuchtete eine fabelhafte Illumination die einmalige, über Jahre mit Patenwerkzeug entstandene Modellkonstruktion.

Hoch oben jedoch, bei der Gurtenanlage auf dem Berner Hausberg, an bester Aussichtslage, rumpelte der Zug mit einer noch größeren Lokomotive, mit vergnügten Fahrgästen auf bunten Waggons, durch die Märchenlandschaft. Lokomotivführer – ein Bubentraum, eine Leidenschaft!

Die prächtige Weitsicht auf die Berge, auf die Aarestadt zu Füßen und auf die eingebetteten Dörfer in den sanften Hügeln, dem „Högerland" – so hatte es der Dichterpfarrer Kurt Marti genannt –, verführte mich zurück in mein Kinderland. Ebenso sanft eingebettet waren die Großkinder am Abend. Sie spürten Wohlbehagen nach den abwechslungsreichen Ferientagen. Sie kicherten über Papa Molls Ungeschicklichkeit, bis sie hineinschlummerten ins Land der Träume zur Schlafenszeit.

Mama Moll

Sie existiert in den Bildergeschichten nur angedeutet als Nebenfigur. Meine Kinder aber machten aus ihr eine Mamakarikatur. Diese erklärte unterwegs, die Blätter auf dem nassen Schieferstein könnten glitschig sein. „Passt auf, dass ihr nicht rutscht!" Mama Moll rutschte, stürzte, verstauchte sich das Bein.

Der Sohn steckte den Schlüssel ins Schloss – doch Mama Moll wollte sicher sein, dass das Castello gut verschlossen sei. Sie drehte den Schlüssel zweimal, kontrollierte noch einmal, zog ihn heraus und ließ ihn fallen ins Senkloch vor dem Haus. Da eilte der Schlaue zum Dorf hinaus, suchte einen Stecken, knickte ihn zu einem Haken, schob ihn hinab in die Versenkung, verharrte geduldig in körperlicher Verrenkung, angelte das Objekt ans Licht und überreichte es Mama Moll mit gnädiger Nachsicht.

Die Kabinenbahn hob uns hoch ins präparierte Skigebiet, von wo aus man weit über den Lago Maggiore sieht. Wir übten Schwünge, hüpften über Schanzen und machten die letzte Abfahrt über sulzige Pisten.

„Hängt die Stöcke über die Skispitzen, das kann beim Wiederfinden nützen!", riet Mama Moll im blaugrünen Overall.

Nach dem Spaghettischmaus traten wir aus dem Berghaus wieder in den Schnee hinaus. Mama Molls Stöcke waren weg, nicht auffindbar! Uns war klar: Ein Dieb war da auf der winterweißen Cardada! Wir bestiegen oben die Gondel mit Winterfrust und freuten uns unten über Palmen und Kamelienblust.

Zur Sommerzeit wartete eine große Tischgesellschaft aufs Dessert. „Gib acht!", rief Mama Moll dem jungen Kellner hinterher. „Die Schüssel ist sehr schwer!"

Der Service klappte wunderbar. Da kam Mama Moll mit dem zweiten Exemplar, stolperte über die Terrassenschwellen und ließ die Herrlichkeit zerschellen. Scherbensplitter mischten sich

mit der davonfließenden, nach Großmutterart gekochten Süß-
mostcreme, „mit der sich auch Männer verführen lassen, wenn
man die Köstlichkeit mit einem freundlichen Lächeln serviert".
So heißt es im Kochrezept. Mama Moll hatte kapituliert.

40

Die sieben Patenkinder und deren Familien reisten an zum vierzigsten Geburtstag der Patenfrau. Der Pate lud ein zu einer lustvollen Jubiläumsschau. Es war eine Gelegenheit, das hundertjährige Unternehmen anzusehen im Rahmen der Festlichkeit. Verjüngt, mit Feinsinn frisch gestrichen, nach einem Farbkonzept von Friedrich Ernst von Garnier, wurden die Fabriken dem Umfeld angeglichen. „Grau ist kalt und emotionslos, selbst das Bunt am Haus kann grausam sein, ein Gebrüll, eine Augenpein!" Monotone Architektur verwandelte der Künstler mit zarten, lächelnden Farben entsprechend der umgebenden Natur. Ich war begeistert von seiner Ausführung, entsprach sie doch meiner ästhetischen Empfindung. Die geladenen Gäste waren beeindruckt von den schmucken Gebäuden, ebenso von den köstlichen, süßen Freuden. Sie besuchten die Produktionsanlagen, amüsierten sich über den Schoggifilm, versuchten Schleckwaren und machten einen Abstecher zu den Teigwaren.

„Da sind die Spaghettibäume!", fabulierte der Pastagötti und schritt weiter durch die Räume der Direktion mit der sprichwörtlich ordentlichen Perfektion, mit dem mächtigen Ölgemälde an der großen Wand und dem Bild von Sophia Loren rechter Hand.

Der Verklärte schwärmte, dass sie auch bei der Spaghettischlemmerei die schönste Frau auf Erden sei – mit einem entschuldigenden Blick aufs angetraute Geburtstagskind im gedämpften Glück.

Dann genoss auch die vergnügte Gesellschaft Spaghettata, saucenreich und nahrhaft, ergänzt mit Schoggimousse zum Schluss. Dass der Osterhase mit den langen Ohren herzuhüpfte, Schoggieier tüpfte und sich bedankte für die Tafelmusik der Jungen – auch diese Überraschung war gelungen –, entzückte alle am doppelten Jubiläumsfest – und den Kindern schenkte er ein herrlich süßes Osternest.

Jubiläum

Nun wurde die Bevölkerung angelockt zum Tag der offenen Fabriken. Seit hundert Jahren beschäftigten sich Fachleute mit der Herstellung von süßen Produkten. Fließbänder und Congieranlagen liefen auf Hochtouren nach diversen Rezepturen. Das Thema Ökologie war aktuell. Das Fernwärmemodell war speziell, und der Bahnanschluss funktionierte sensationell! Das Aluminium bei Schokoladetafeln wurde ersetzt durch eine stabile Papierumhüllung, ebenfalls zur Umweltschonung.

Es gab Informationen und vielerlei Degustationen. Im Festzelt präsentierten sich auf einem reichhaltigen Buffet kulinarische Kreationen, traditionell und aus verschiedenen Kantonen. Karussell, Spiele, Wettbewerb mit Ballonen begeisterten Groß und Klein im Märzensonnenschein. Schafe weideten auf dem beflaggten Areal. Sie waren Ursprung des Klubs fürs alljährliche Gigotfestival. Unsere kleine Vegetarierin war nicht eingeweiht. Sie streichelte die Tiere mit Zärtlichkeit, unbelastet vom geplanten Schlachtelend.

Auf dem Schloss wurden die offiziellen Gäste begrüßt: Regierung, Behörden, Kunden. Man ließ sich das Galadiner munden. Referenten waren des Lobes voll. Eine Fernsehmoderatorin amtete würdevoll. Im Anschluss ans Bankett mit Live-Konzert verteilten Schokolademädchen Tassen aus Porzellan von der Manufaktur in Langenthal. Sie waren bekleidet nach dem berühmten Pastellbild auf Pergament von Jean-Étienne Liotard, mit Rüschenhauben auf dem Haar.

Den Jahrhundertanlass verewigte ich im Gästebuch beim Rittersaal wie vor Jahren schon den Studentenball.

Zu Walzer, Tango, Rumba, Samba – zu Fox, Marsch, Twist und Cha-Cha-Cha bewegten wir uns mit Schwung. Ich fühlte mich vierzig Jahre jung, froh, frisch, flink, rank und schlank.

Meine lange, edle Robe reihte sich ein in die bunte Abendgarderobe im Estrichschrank.

Es war diese rote Seidenkostbarkeit, die ich nun mit einem Hauch von Nostalgie und Traurigkeit in den Karton legte, zusammen mit dem Hochzeitskleid für den Umzug in die beschaulichere Seeblickzeit.

Geschäftsreisen

Papa war bei den Papageien in den Kakaoländereien und bei den Bikinifrauen an der Copacabana.

Er flog Business, allein mit Pilot und Hostess, von Chile nach Colombia. Er nächtigte in Miami Beach Florida, wo Bud Spencer einen seiner Filme drehte und schlagkräftig die Gegnerschaft abwehrte. Er brauste mit Compagnon, berauscht von Johnny Cashs Countrysong, in silberglänzendem Cadillac nach Nashville, in die Musik- und Schokoladestadt.

Er reiste nach Indien zu den heiligen Kühen, um technisches Wissen zu vermitteln, und wunderte sich über die unheiligen Hygienesitten.

Er besuchte Bangkok, Hongkong, Vietnam, wo der Koffer nicht ankam. Damals hatten fleißige Schneider über Nacht eine Ausstattung zustande gebracht für die Verhandlung im politisch isolierten, kriegsversehrten Land mit dem wirtschaftlich tiefen Entwicklungsstand.

Auch landete er zu zweit in Südkorea, um die Zusammenarbeit in Seoul zu pflegen, dabei sich zum Beobachtungsposten in der demilitarisierten Zone zu begeben, nahe der Waffenstillstandslinie von 1953. Unzählige explosive Landminen verstecken sich in den auch von eidgenössischen Soldaten bewachten Revieren. Ein militärischer Albtraum dehnte sich aus vor den beiden Offizieren.

Japan war nicht mehr fern – eine Kultur mit verwirrender Struktur: Traditionell das alte Geisha-Teezeremoniell und modernste Technik inmitten emsiger Hektik! Das Matterhornsujet wurde folkloristisch projiziert. Mit dieser Werbung hatten die Geschäftsreisenden den Handel mit Schweizer Produkten lanciert und im Gegenzug die angebotenen Sushi-Varianten degustiert.

All diese väterlichen Berichte, auch die Australiengeschichte, weckten das Interesse der heranwachsenden Geschwister. Geografie- und Fremdsprachenunterricht verhalfen zu Kenntnissen und zu weltoffener Sicht. So ergänzten wir unsere heimatlichen Feriendestinationen mit Exkursionen in andere Nationen.

Frankreichs Facetten

Das heimische Segelschiff vertauschte der Kapitän mit dem bretonischen Hausboot auf der Vilaine, wo der Sohn als Küchenchef waltete und als Ergänzung zu den mittäglichen Bistrocrêpes feine Nachtessen gestaltete, was die Schwester irritierte. Sie insistierte: „Der liebe Gott hat gesagt, um zwölf Uhr gibt's Zmittag!"

Zu ihrem Trost erspähte sie eine schwimmende Flaschenpost mit einer Adresse aus Essen. Sie schickte dem gleichaltrigen Mädchen ins deutsche Ruhrgebiet gepresste Blumen aus dem französischen Uferried. Damit begann eine Brieffreundschaft mit Leidenschaft.

Auf der weiterführenden Autofahrt wunderten wir uns über die rätselhaften Menhire von Carnac, staunten über die Schlösser an der Loire mit dem Château de Beauregard.

Ein Menschenansturm bedrängte den Pariser Eiffelturm. Von der Plattform überblickten wir die auswuchernde Millionenstadt mit vom Winde verwehten Frisuren und entdeckten viele berühmte Architekturen. Auf den Champs-Elysées, die am Nationalfeiertag fahnengeschmückt mit dem Arc de Triomphe triumphierten, hatten wir ein Erlebnis, das schockierte, da sich der Reisefotograf todesmutig mitten in die verkehrsbelebte Avenue platzierte, obwohl die entsetzte Familie aus voller Kehle protestierte.

Auf einer späteren Camargueexkursion war die jugendliche Hobbyreiterin begeistert von der Pferdesensation – ebenso von den Flamingos, die im Schwemmlandparadies noch prächtiger stelzten als in den Zoos.

Für Aigues-Mortes empfand der Junior eine Faszination. Er kannte eine Geschichte aus der Französischlektion über das mittelalterliche Juwel mit der vollständig erhaltenen Bastion mitten in Reisfeldern, Sümpfen, Kanälen, Salinen, Lagunen. Die Stadt fand allseitige Würdigung und Bewunderung. Nur die

Eisenbahndrehbrücke drehte sich nicht. Kein Zug in Sicht trotz langer Wartezeit – zu des Sohnes Unzufriedenheit.

Auf uns warteten aber die antiken römischen Monumente in der Provence mit ihrer imposanten Präsenz. Als Präsent schenkte mir mein Chéri Parfum aus Grasse mit Lavendelessenz.

An der Côte d'Azur begegneten wir dem mondänen Casino Glamour, den markanten Oldtimern auf klassischer Tour, dem erhabenen Grimaldipalast, von der uniformierten Garde streng bewacht. Das Schloss mit majestätischem Flair und edler Pracht thront hoch über dem Mittelmeer, wo die Powerboote dröhnten und Rennbegeisterte ihrer Passion frönten – bis das Boat Racing am Cap Ferrat mit dem Unfalltod von Stefano Casiraghi ein abruptes Ende nahm. Das beschwingte Leben wurde lahm. Die Fürstenfamilie, Monaco, Italien weinten, ebenso die erschütterte Aristokratie, die Sport-Film-Zirkus-Szenerie. Auch wir spürten Trauersympathie an diesem herbstlichen Tag und vergessen das Drama nie!

England

Auch das Englischbuch motivierte zu einem Augenschein. In unserem ehemalig vertrauten Studentendaheim waren wir nach Jahren wieder zu Gast und fanden bei Friends and Cat Bed and Breakfast.

Wir schwammen im Meer. Ein Aufschrei! Das in kurzer Zeit hochgeschwollene Bein schmerzte sehr, und wir eilten mit dem erschrockenen Sohn ins Royal Sussex County Hospital. Der Arzt verordnete gegen seine Qual, in einem Eiswasserbad zu verweilen, um sich vom Gift des Meergetiers zu befreien. Der Spitalaufenthalt war kostenlos. Wir staunten und fanden es famos! Erleichtert reisten wir von Brighton mit British Rail nach London.

Die Metropole zeigte ihr schönstes Gesicht im hellsten Sommerlicht. Wir schlemmten im Pizza Hut, schlabberten Hot Dogs mit Ketchup im Hyde Park, bewunderten die Ablösung der Wacht beim Buckinghampalast, bestiegen den Doppeldeckerbus – ein Muss –, fuhren an schwarzen Taxis und roten Telefonkabinen vorbei, von Sehenswürdigkeit zu Sehenswürdigkeit. By underground flitzten wir zum Zoo, zu den raren Pandabären, begegneten auch Paddington Bär und Winnie Puuh, den Kinderbuchfiguren. Natürlich durften wir das Transportmuseum nicht verpassen trotz den in Schlange stehenden Menschenmassen. Wir verließen das Hotel mit dem äußeren glänzenden Schein und der inneren schmuddeligen Pein: „Außen fix und innen nix!"

Doch England war eine Reise wert. Es hatte uns viel Glück beschert, trotz Quallenfrust und Sackmesserverlust. Angekommen waren wir mit der gemächlichen Ärmelkanalfähre in New Harbour. Die Rückreise erfolgte nach vielseitigen, typisch britischen Erlebnissen mit Hoverspeed ab Dover. Wir erblickten die gewaltig-weißen Kalkfelsen, begegneten mit hohem Tempo einer beschaulichen Windjammerarmada und erreichten Boulognesur-Mer, Frankreichs größten Fischerhafen mit geschäftigem Bootsverkehr. Nach den abwechslungsreichen Urlaubstagen genossen wir, im eleganten Speisewagen ab Paris, ein feinstes Menu Surprise – ohne zu frieren wie bei der Hinfahrt im TGV, wo wir uns wärmten mit Jacken und Tee. In jenem modernen Train à Grande Vitesse litten die Passagiere an klimatisiertem Kältestress.

Ten Sing

Die Tochter wirkte mit im Jugendchor Ten Sing. Fremdsprachige Texte, Song um Song, lernte sie auf Englisch, Französisch, Spanisch, Italienisch mit Begeisterung. Der Pop- und Rockgesang, der aus ihrem Stereo-CD-Player drang, eröffnete auch mir die Welt der internationalen Sounds, der aktuellen Trends. Patrick Swayze, Kylie Minogue, Jason Donovan, Whitney Houston, Michael Jackson gaben Einblick in die Illusionen und Sehnsüchte, durch die der Schulalltag in die Ferne rückte. Mit „Più bella cosa ..." berührte Eros Ramazzotti das Gemüt unzähliger Mädchen und weckte Seelenschmerz, denn nur eines gewann sein Herz: Michelle Hunziker, heimatberechtigt im Wohnort der Freundin – fürs Nachbardorf ein Prestigegewinn! Die prominente Heirat wurde verkündet in der Vitrine beim Gemeindehaus. Der Teenietraum war aus!

Österreich

Mit dem Autozug der Österreichischen Bundesbahn erreichten wir mit einer Wiener Familie die Stadt an der schönen blauen Donau, doch der Fluss erschien uns trüb und grau.

Im Heurigen gab's Brot mit Schweineschmalz als Apéro-Schmaus, und die Schnitzel ragten weit über den Tellerrand hinaus. Danach kosteten wir feinsten Palatschinken mit süßen Wachau-Marillen, spürten Völlegefühl und leisen Widerwillen.

Auf der Turmterrasse des Stephansdoms verpassten wir das Pummeringebimmel, überblickten aber das kaiserlich-königliche Häusergewimmel, durch das wir uns anschließend, auf Fiaker thronend, kutschieren ließen, vorbei an Kaffeehäusern, an Kohl-, Nasch- und Flohmärkten, an Gedenkstätten und Stadtpärken bis zur Hofburg, der ehemaligen, kaiserlichen Residenz von Habsburg.

In der Spanischen Reitschule bestaunten wir die Künste der Lipizzaner, was besonders unsere Pferdeflüsterinnen inspirierte und sie fürs Dressurreiten motivierte. Die Männer waren fasziniert von den mächtigen Dampfrössern im Eisenbahnmuseum und im Heizhaus Strasshof – ebenso im Prater vom Liliputzug mit dem kleinen Hauptbahnhof.

Auch Wein, Weib und Gesang durften sein! Wir streiften den Wienerwald, beobachteten die Traubenlese beim Hundschupfen-Weingut und erstanden einige Flaschen Federleicht zum Andenken an den herbstlichen Ausflug.

Im Modeviertel suchten wir festliche Kleider aus für die Aufführung im weltberühmten Opernhaus. Wir erlebten Beethovens „Fidelio", dirigiert vom weltberühmten Claudio Abbado.

In der Burgkapelle ließen wir uns von den Wiener Sängerknaben bezaubern. Beim geringsten Hüsteln verschwanden die konzentrierten Matrosenbuben, ohne zu zaudern. Es war ein berührender Mozartgesang mit stimmungsvollem Nachklang.

Eine Vielfalt von Aktivitäten und Spezialitäten bot uns die Sachertortenstadt mit Charme. Trotz kühlem Wetter: Im Kaffeehaus mit dem Bechstein Pianospiel war's wohlig warm.

Die letzte Tour führte uns durch Feld, Wald und Flur mit Jagdschlössern und reizenden Dörfern in reicher Natur. Wir pirschten zur March durchs Wildreservat. Der Fluss bildete die Staatsgrenze, die zusätzlich markiert war mit Stacheldraht und Warnplakat. Drüben erspähten wir Bratislava in der Tschechoslowakei, so nah und sichtbar und doch so unerreichbar. Unseren Jungen erklärten wir die unerklärliche sowjetische Ostblockpolitik der Abschottung, der Staatssicherheit durch Bespitzelung, durch Drohung und Verlogenheit in einem Klima des Misstrauens und der Scheinheiligkeit. Mit aufgewühlten Gefühlen wanderten wir von der Sperrzone weg zum Städtchen Marchegg, fuhren zum Westbahnhof, verluden die Autos und schliefen uns im Liegewagen an die Schweizer Grenze zurück, die wir in Freiheit und Dankbarkeit passieren konnten – ein kostbares, nicht selbstverständliches Glück!

Im November schon geschah die Wende, die samtene Revolution. Das Ende des damaligen kommunistischen Staatspräsidenten Gustav Husak zeichnete sich ab, nachdem in Ungarn, Polen, Bulgarien und in der DDR der Eiserne Vorhang, die Grenzbefestigungen und die Berliner Mauer gefallen waren: „Wende statt Wände!" Ende Dezember 1989 wurde Vaclav Havel Präsident der freien Tschechoslowakei. Die Menschen jubelten und stellten fest: „Wir hatten eine Weltanschauung, ohne die Welt angeschaut zu haben." Man hörte von Friedensdemonstrationen, von verbotenen christlichen Gebetsorganisationen, die zum sanften Wunder beigetragen hatten.

Ich dachte an meinen Cousin, dessen tschechische Frau nur dank großem Aufwand den Weg aus der damals isolierten CSSR in die Schweiz und in eine fürsorgliche Ehe fand.

Prag

Frohgemut spürten wir den schwingenden Pulsschlag im vom Warschauer Pakt befreiten Prag, der Goldenen Stadt an der Moldau, der Schönheit mit südländischer Anmut in der Frühlingszeit. Wir schritten über die Karlsbrücke, spazierten auf Kopfsteinpflaster zum architektonisch bedeutenden Altstädter Ring, der erfüllt war von Musik und Gesang. Wir bewunderten die jungen Talente mit ihrem Freiluftrepertoire. Sie spielten Rachmaninow, Laburda, Tschaikowski auf Straße und Trottoir. In dieser sinnlichen Umgebung überreichte mir mein Kavalier – in heiterer Laune zum zwanzigsten Hochzeitstag – eine Jugendstilskulptur mit einer männlichen und einer weiblichen Figur aus der Prager Porzellanmanufaktur. Vor aller Augen übergab er mir das goldverzierte Liebespaar, was für die Mitreisenden ein Grund zum Schmunzeln war.

Danach begaben wir uns auf die Spuren von Franz Kafka im Goldenen Gässchen, wo ein Teil seiner beklemmenden, eben kafkaesken Literatur entstanden war.

Im Smetanatheater ergötzten wir uns an der „Fledermaus" von Johann Strauss. Die Operette war ein Ohren- und Augenschmaus, bunter als die schwarz-weiße Silvesterfernsehpremiere 1964 in meiner Paten Haus.

Budapest

Auch Ungarn lockte, erlöst vom Eisernen Vorhang. Budapest empfing uns, trunken von Csárdásklang. Die Roma-Violinisten wurden nicht müde, uns beim Paprikagulasch zu bezirzen und immer wieder mit dem geflochtenen, zur Tracht assortierten Geldkörblein präsent zu sein.

Auch der „Ungarische Tanz Nr. 5" wurde aufgeführt, nicht mit Klavier interpretiert, sondern in der Orchesterform instrumentiert. Wie hätte diese Musik meine Brahms liebende Mutter berührt! Wie schon in meiner Kindheit sang sie mit den Großkindern, trotz matt gewordener Stimme, das anmutige Wiegenlied des Komponisten zur Einschlafzeit.

Buda und Pest liegen getrennt durch die Donau, die fließende Königin der Bäderstadt, verbunden durch einen imposanten Bau. Besonders in der Nacht ist die Kettenbrücke eine Pracht, wenn die Ketten im Dunkeln dank unzähligen Lichtern mit den Sternen um die Wette funkeln. Von hier aus schweiften unsere Blicke über die verspielte Häusersilhouette. Wir wurden zurückversetzt in die kaiserlich-königliche Monarchie, die dem geschichtsträchtigen Ort österreichisch-ungarischen Sissicharme verlieh. Mit den Filmen über Kaiserin Elisabeth und Kaiser Franz Joseph I. erschufen sich Romy Schneider und Karlheinz Böhm ihren Weltruhm.

Weltruhm gewannen auch das Panorama am Flussufer und das Burgviertel als Unesco-Kulturerbe zum Schutze der architektonischen Werte.

Negativen Weltruhm erlangte die Nuklearkatastrophe im ukrainischen Tschernobyl. Sie kontaminierte in weitem Umkreis Luft und Erde und weckte ein mulmiges Gefühl. Beim Schlendern durch die Zentrale Markthalle, wo Obst, Gemüse, Gewürze, Pilze, ebenso Fleisch, Fisch, Geflügel, Käse im Angebot waren, dachten wir, auch nach verstrichenen Jahren, an Verseuchungsgefahren, an die weitreichende Radioaktivität und hofften auf unvergiftete Qualität.

Simmental

Zwölfmal – alle Jahre wieder – hatten wir uns am Bühlberg ein-
genistet, im Chalet wohlig eingerichtet. Unsere Schneehäschen
waren skischulbereit und übten im Laufe der Winterferienzeit
Abfahrt- und Slalomfähigkeit. Abends brachten wir die Schlitten in Schuss zum sportlich krönenden Abschluss.

Im Hause duftete es nach großmütterlicher kartoffel- und
gemüselastiger Küche. So interpretierte der Schwiegersohn die
Gerüche. Tags darauf, nach dem Rucksackeinkauf im Dorf, flun-
kerte er: „Das Kartoffelgestell im Laden war leer!" Er brachte
Teigwaren. So gab es hauseigene Dörrbohnen, Rollschinken und
Makronen, was gar nicht dem Berner Brauchtum entsprach. Der
kulinarisch heikle kleine Krach wandelte sich bei einer Flasche
Gamay und einem Jass zu friedlichem Spaß.

Nun war das Chalet verkauft mit allen lieb gewordenen Dingen: den Vorhängen mit dem rot-weißen Karostoff und den Holz-
ringen, den Dachsgeschichten auf dem Bücherbrett neben dem
gemütlichen Kajütenbett, dem Racletteofen im Eckbankfach
und den Notvorräten im Gaden unter dem Dach.

Gästebuch

„Mit Skiern, Katzenkorb und Urlaubsplunder
kämpften wir uns durch den großen Schnee.
Windegg erschien uns wie ein Wunder!
Gebäck und Tee gab's schon beim Arrivée.
Wir danken für die beiden Wochen
im vertrauten Chalet ob der Lenk,
wo es sich so wunderbar lässt kochen,
auch jassen, bis es schmerzt im Handgelenk.
Täglich wurde Sport getrieben:
Abfahrt, Slalom, Schlittelei.
Doch nichts war derart übertrieben
wie Nennys Fensterkletterei!"

1989

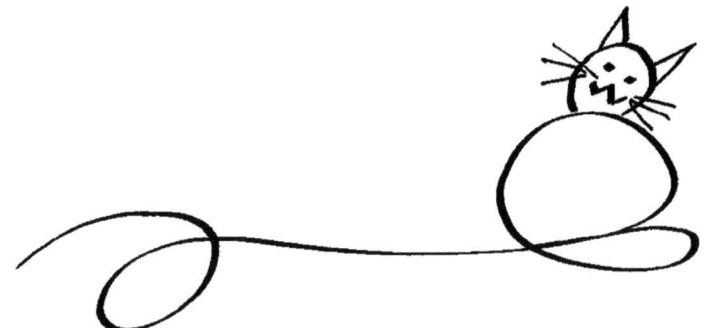

Noël

Wir eilten weiter durch die Jahreszeiten bis zu den konventionellen Weihnachtsfestlichkeiten.

Der beachtliche Bezirksschulchor stellte sich auf beim Altar und erfüllte mit seinem Gesang, zusammen mit begleitendem Instrumentenklang, den geweihten Ort. Unsere beiden Kinder wirkten mit bei Musik und Wort. Das „Oratorio de Noël" von Camille Saint-Saëns, eine bewegende Aufführung, verbreitete zuhause unter der Dusche eine adventliche Stimmung.

Nach dieser kirchlichen Besinnung waren wir bald darauf versammelt mit der Großfamilie vor dem glitzernden Tannenbaum am mit weißem Damast bedeckten Tisch im mütterlichen Wohnraum. Der viel gerühmte Rindsjusbraten, der gut geschwungene Kartoffelstock, das bunte Gemüse auf silberner Platte und die Meringue Glacée mit pürierten warmen Erdbeeren aus der sommerlichen Ernte erfreute die kleinen und großen Leute.

Da sagte die Mutter, vom Ischias schon wochenlang geplagt: „Mit diesen höllischen Schmerzen muss ich den Garten aufgeben. Dann werde ich nicht mehr lange leben."

Eine gedämpfte Atmosphäre legte sich wie ein Schleier um die getrübte Feier.

Danach gingen die Männer in die finstere Nacht hinaus, ins offene Gasthaus, zum „Vagantenschmaus". Hier war niemand allein, und man freute sich über gespendeten Wein und über die dazu gereichte Speise.

Draußen vor der Tür schneite es ganz leise.

Bäderhotel

Auch zum dreizehnten Mal quartierten wir uns ein im Simmental. Statt im Chalet mit Nostalgie logierten wir im Bäderhotel mit Blick auf die Wildstrubel-Bergszenerie.

Der exquisite Apéro an der Bar war à discrétion verfügbar. Zu viert lauschten wir der Salonmusik mit dezenter Akustik. Beim Flügel wurde der Sohn beflügelt von einer Vision: Hotelier und Barpianist wäre eine berufliche Option! Seine Kochleidenschaft würde genügen, und am Klavier war er beseelt am Üben: Sonaten, Etüden, dazu Claydermans „Adeline" zum Vergnügen!

Am Sonntag reiste meine Mutter mit zwei Enkeln und einer kleinen Festgesellschaft vom Unterland ins heimatliche Oberland – zum Geburtstagsessen mit ihren bevorzugten Delikatessen. Sie war fünfundsiebzig Jahre alt und saß freudlos vor der kulinarischen Vielfalt. Wir wünschten ihr Befreiung von den quälenden Schmerzen, dazu die gewohnte Aktivität und viel Sonne im Herzen.

Mit Polaroidfotos und Kinderzeichnungen gestalteten wir ihr zeitgleich ein schönes Album der Erinnerungen.

Schock und Stille

In den neuen, neonleuchtenden Skianzügen gondelten wir hoch auf die grün-weißen Hügel und suchten den Schnee an den Schattenhängen. Da blieb der Sohn an einer Wurzel hängen, stürzte dramatisch und blieb in Ohnmacht gefangen.

Der Helikopter rotierte suchend über dem Gelände, setzte die Regabesetzung zur Nothilfe ab und brachte den Verunglückten mit dem zersplitterten Oberschenkel ins Spital im oberen Simmental. Es folgten Operation und stundenlanges banges Harren im Wartesaal – danach eine Zeit der moralischen Unterstützung zwischen Verzweiflung und Hoffnung. Zuwendung erfuhr der Patient auf vielerlei Arten: Besuche, Anrufe, Geschenke, Blumen, Karten. Auch von seinem Nenny huschte ein letztes Brieflein mit einer Weisheit ins Krankenzimmer herein:

> *„Lieber das kleinste Licht anzünden*
> *als über die Finsternis klagen."*[29]

Dann drang die besorgte Meldung von Bruder und Schwägerin in unsere Not herein: Nach zwei pflegeintensiven Tagen mit heftigsten Fieberplagen sei auch unsere Mutter im Spital, in ihrem Leben zum ersten Mal. Sie ließ sich nichts mehr geben, verweigerte den Sauerstoff zur Linderung und starb an akuter Lungenentzündung. Wir waren fassungslos. Ihr abruptes endgültiges Verstummen, ihr unwiderrufliches Schweigen, diese kalte Stille warf uns aus der Bahn. Der Boden unter den Füßen glitt davon. Eine Welt ging unter, 1990, im Grippejahr, am 7. Februar.

Unsere Mutter hätte gerne noch gelebt, gelacht, gesät, gekocht, gereist, gejasst, hatte sich aber auch mit dem Tod befasst, den sie nun geschehen ließ und damit den Leidensweg verließ. In ihrer Tasche fand ich einen Beutel mit Tabletten, Geld und Stoffnastuch, dazu ein herausgezupftes Blatt aus dem Psalmenbuch. Mit diesem Vertrauensgebet ging sie ihren letzten Weg:

„Gott hat in meinen Tagen
mich väterlich getragen
von meiner Jugend auf.
Ich sah auf meinen Wegen
des Höchsten Hand und Segen,
er lenkte meines Lebens Lauf.

Sein Weg war oft verborgen.
Doch wie der helle Morgen
aus dunklen Wolken bricht,
so hab ich stets gespüret:
der Weg, den Gott mich führet,
bringt mich durchs finstre Tal zum Licht!"

Johann Friedrich Feddersen[30]

Tiefe Trauer

Der Alltag floss freudlos dahin – ohne Mut, ohne Sinn. Die Menschenseele, die mich begleitet hatte, die mein Lebensspiegel war von Anfang an, war entflogen wie ein Schmetterling, entschwunden aus der Puppe ins ewige Licht. Ich erfasste es nicht.

Der im Spital gefesselte, traumatisierte Enkel verpasste die Trauerfeier mit dem Blumenmeer am Grab. Die Gartenfrau hatte zeitlebens die fruchtbare Erde gepflegt und genutzt, die Mutter Erde, in die ihr Körper nun gebettet war, in Frieden, ohne Leid. Daneben ruhte ein ebenso an Grippe verstorbener Familienvater und Freund. In der vorderen Reihe lag eine junge Frau, das beklagenswerte Opfer vom brutalen Mord in Kehrsatz. Schweizweit wurde gerätselt über einen unendlichen Indizienprozess.

Mein Gemütszustand war trüb und grau, antriebslos, blockiert und flau. In dieser kindlichen Verlassenheit empfing ich spürbar Kraft von oben, die Belastungen zu tragen, endgültig erwachsen zu werden und mich wieder einzufügen in die aufmunternde Schulatmosphäre, in mein wohltuendes Umfeld, dem ich dankbar war für Hilfe und Zeit. Mein mitfühlender Lebensgefährte gab mir Halt, und die aufblühende Tochter entwickelte mit ihrem heiteren Wesen und der Offenheit viel großmütterliche Ähnlichkeit. Der langsam genesende Sohn kehrte aus dem Simmental heim zur Konfirmation. Er war bestrebt, mit seiner Klasse die Hindernisse in der Kirche ohne Krücken zu überbrücken. Sechzehn Schrauben im Oberschenkel mussten langen, um van Goghs Bild vom Sämann zu empfangen: mit dem passenden Wort am vertrauten Ort mit dem sakralen Gemälde an der Wand – von der Krippe bis zum Kreuz – und dem weltlichen Pendant – vom Wickelkind zum Lebensend. Der engagierte Konfirmierte musizierte im Ensemble aus Werken von Beethoven, Corelli, Händel – und sang ein Solo für Bariton mit feierlicher Passion.

Darauf folgte die Fahrt durch die sprießende Natur, vorbei an Weiden und Herden, im blauen Salonwagen der Wynentalbahn, mit freundschaftlich offeriertem Aperitif für den Eisenbahnfan. Anschließend kostete der Konfirmand das selbst gewählte Degustationsmenu im Gourmetrestaurant. Auch die geladenen Gäste genossen die auf verführerische Weise servierte Festtagsspeise.

Schon vom Krankenbett aus plante der Patient eine wechselvolle Zugreise. Mit Papa als Compagnon und Gepäckträger erlebte er die Fahrt vom Verbano nach Torino mit der spektakulären Tenda-Bahn nach Nizza, durch die Haute-Provence nach Digne-les-Bains. „Dort gibt's das beste Curryreis!" Mit diesem Hinweis degradierte mich der Feinschmecker wortreich. Ihm fehlte noch der asiatische Vergleich.

Der Würgegriff

Die Wohnung unserer Mutter war in guter Ordnung. Das letzte persönliche, liebevolle Brief-, Schmuck- und Geldgeschenk für Groß und Klein lag bereit im Schlafzimmerschrank. Speziell angeschrieben für mich war der braune Lederkoffer mit den Dokumenten aus vergangenen Zeiten.

Die notariellen Besprechungen, zusammen mit meinem Bruder, waren problemlose Verhandlungen. Der Sohn erlangte nach einer langen Therapiezeit seine Selbständigkeit. Ich empfand Entlastung nach der kräftezehrenden Überbelastung.

Aus diesem wiedergefundenen Gleichgewicht wurde ich hinauskatapultiert ins Nichts durch eine unverhofft lähmende Nachricht: Berufs- und Wohnortwechsel! Da erschlaffte ich. Ein Würgegriff blockierte den Kehlkopf mit einem Pfropf. Atemnot, Erstickungsangst – ein Schockgespenst! Wie ein Wunder führte die nuklearmedizinische Abklärung des Spezialarztes zur Befreiung. Die furchtbare Beklemmung war eine vegetative Hemmung.

Ein doppelter Regenbogen, der Himmel und Erde berührte, leuchtete über dem See, als mich eine gute Nachbarfee nach Hause führte und ich unendliche Dankbarkeit verspürte.

Da beschlossen wir, uns den Aufwand einer erneuten Familienverpflanzung zu ersparen und Beständigkeit zu bewahren. Die drei intakten, kultivierten, innovativen Produktionsstätten überließ der verantwortliche Geschäftsführer seinem Nachfolger. Der weiterziehende Berufene wurde Direktionspräsident im neuen Wirkungsfeld. Mit dynamischer Energie und klarer Strategie initiierte und begleitete er die Gründung einer bald prosperierenden Unternehmung. Den längeren Arbeitsweg nutzte er für Planung, Organisation, Umstrukturierung. Erstmals stand ein eingebautes Freisprechnatel im Geschäftswagen zur Verfügung, um unterwegs mit Mitarbeitenden, Produzenten und Kunden, mit Verwaltungsräten, Banken, Anwälten und

Behörden zu kommunizieren, aber auch, um die zeitlich in den Hintergrund gerückte Familie zu kontaktieren. Der Telefoncode war geheim. Im Nachhinein – viele Jahre später – fand es seine damalige Assistentin sonderbar, dass die vertrauliche Nummer öffentlich zugänglich war. Mobiltelefone wurden Allgemeingut in der überschwappenden Elektronikflut.

Die Ruhe der Seele, die der griechische Philosoph Epikur als höchste Form der Glückseligkeit bezeichnete, bekam nach dem erlebten Würgegriff meine Aufmerksamkeit. Die körperliche, seelische, geistige und geistliche Gesundheit ist abhängig vom fließenden Lebenshauch, von der Harmonie des Seins. In diesem Sein zu verweilen, konnte meine Blockade heilen. Mit täglichen Besinnungszeiten, morgendlicher Gymnastik, regelmäßigem Wohlfühlbad, entspannenden Kopfmassagen an Coiffeurtagen sorgte ich fortan für Gelassenheit, fürs Nachkommen der Seele in der betriebsamen Welt, im Sinne von Georg Bernhard Shaws Weisheit:

„Das Leben ist wie ein Spiegel.
Lächelt man hinein, lächelt es zurück."[31]

Gelingt mir das Lächeln, spüre ich das Glück.

Andenken

Dass ein weißes Pferd ein Schimmel sei, wusste die Tochter schon mit drei!

Der neue Schimmel aber war ein Flügel, der elegant im Entrée stand. Der Sohn übte mit Talent Sonaten und Fugen und begleitete sich selbst bei den Gesangsetüden. Und ich genoss den täglichen Spielmoment am edlen Instrument und fühlte mich mit den Eltern tief verbunden. Nach und nach milderten sich die psychischen Wunden.

Mein Ehemusikus träumte von virtuosem Pianospiel. Für zwei Franken erteilte ich ihm Stunden. Er kam kaum über die Runden. Der Traum blieb Schaum.

> *„Ein Onkel, der Gutes mitbringt,*
> *ist besser als eine Tante,*
> *die bloß Klavier spielt."*[32]

Mit diesem heiteren Spruch reduzierte Wilhelm Busch des erfolglosen Schülers Anspruch und befreite ihn aus der getrübten Stimmung.

Auch die Silberflöte war eine großelterliche Erinnerung. Darauf übte die Enkelin mit mütterlicher Aufmunterung, erlangte einen warmen Ton und ließ ihn erklingen, auch an ihrer Konfirmation. Sie erklärte – zwanzigjährig –, die Flöte sei amortisiert, und ging hinaus in die Welt, spracheninteressiert.

1991

700 Jahre Eidgenossenschaft: Gedenkplakette.
10 Jahre Schülerensemble: Gedenkkassette.
In der Aula, am schwarzen Flügel, eröffnete ich pünktlich die Probe mit dem Vorspiel des selbst arrangierten Schweizer Volksliederzyklus mit beschwingtem Rhythmus, ergänzt von Musik aus aller Welt. Die Schülergruppe setzte ein – Katzenmusik! Nein! Sie hatte heimlich die Noten vertauscht und spielte „Happy Birthday …". Mit fröhlichem Gelächter gratulierte sie der verdutzten Lehrerin zum Geburtstag mit dem musikalischen Gag. So viel Schalk hatten die mitwirkenden Kinder und Jugendlichen – aber ebenso viel Ernsthaftigkeit und Beflissenheit.

Das Liederpotpourri wurde bereichert mit Theaterspiel, was den jüngeren Kindern gefiel. Ein begeisterter Ersteler mit dunkler Haut wollte die Kuh melken in der Sennentracht und vom Melkstuhl purzeln, dass es kesselt und kracht. Dazu passte doch besser ein Bauernkind! Der enttäuschte Bub musste sich in die Weltmusik einfügen und sich mit dem „Musikanten" begnügen. Als junger Mann starb er bei einem Unfall – ein schockierender, tief schmerzender Todesfall. Zeitlebens werde ich ihn betrauern und bedauern, dass ich ihm den Bühnentraum verwehrte, und mich wundern, dass niemand aufbegehrte. Man sprach auch noch von Mohrenkopf und Negerlein, ohne bös zu sein, von weißen, schwarzen, roten, gelben Rassen, ohne sie zu hassen, aber auch ohne die weltweiten Ungerechtigkeiten zu erfassen. Die Aufführung 1991 an dem vom Verkehrsverein organisierten Ereignis glückte, was das staunende Publikum entzückte.

Ein Radiomoderator bot uns an, die Musik mit Klavier, Flöten und dem Gesang eines jungen Stimmwunders aufzunehmen. Kein Fehler, kein Flüstern, kein Husten, kein Rascheln konnte er hinnehmen. Er forderte höchste Konzentration von der dreißig-

köpfigen Formation. Mit der ganzen Melodienkette bespielten
wir die Musikkassette, die rechtzeitig auf Weihnachten bereit
war, im doppelten Jubiläumsjahr.

Den Erlös überreichten die jungen Leute mit viel Freude den
alten Menschen im Bürgerheim bei Mandarinenduft und Kerzenschein.

Die großen Aufnahmespulen, das zugeschnittene Mutter-
band und die restlichen Tonträger hatten sentimentalen Wert
für mich allein. Ich schmuggelte die Estrichexemplare zur See-
blick-Zügelware.

Auch die im Dachgeschoss aufbewahrten Bücherkisten konnten mich zum Verweilen überlisten. Ich verlor mich in einem ver-
gilbten spanischen Roman von Gerda West und wurde in meine
Jugend zurückversetzt: „Sie kam aus Granada." Die Geschichte
voll Liebe, Glück und Schmerz berührte wie damals mein reifer
gewordenes Herz.

Die Andalusierin

Sie saß schräg vor mir auf der Busreise und faszinierte mich auf besondere Weise. Ich sah sie im Profil, eine spanische Frau mit Stil, plaudernd mit ihrem Schweizer Ehemann. Sie zog mich tagelang in ihren Bann.

Die Fahrt führte durch andalusische Ortschaften und ausgetrocknete Flusslandschaften. Der heimatstolze Begleiter mit Kenntnissen und Erfahrungen gab fundierte Erklärungen über Politik in der Europäischen Gemeinschaft, über Agrarwirtschaft, über EU-finanzierten Straßenbau dank Mitgliedschaft, über den aktuellen Vertrag von Maastricht, über Vor- und Nachteile der Union aus seiner Sicht.

Als Höhepunkt unserer Tour ließ er uns staunen über die maurische Baustruktur, über die filigrane Architektur der auf mächtigen Mauern thronenden Alhambra hoch über Granada. Sie ist umgeben von Prachtgärten mit Wasserspielen, wurde in Auftrag gegeben von damaligen muslimischen Sultanen und erschaffen von deren Untertanen.

Bei der Weiterfahrt war es wiederum das Gesicht der oft auch übersetzenden Andalusierin, das mich berührte. Die Erzählung vom Mädchen aus Granada, die mich so sehr aufwühlte, verwandelte sich auf unserer Exkursion allmählich in eine Filmillusion. In meiner Fantasie wurde ich Teil des Geschehens, erlebte das Schicksal von Dolores zusehends. Buchimpressionen wurden wach, Figuren tauchten auf. Nach und nach umfingen mich Düfte, Farben, Geräusche, Flamencomusik, Tanz, Glück, Unglück.

Je mehr wir uns der Costa del Sol näherten mit den vornehmen weißen Häusern und den von rotviolett blühenden Wunderblumen umschlungenen Gemäuern, desto intensiver wurden meine Gefühle. „Bougainvillea" verstand ich nicht als junge Leserin in der damaligen Winterkühle. Meine Gartenmutter erklärte, dass es eine südländische Kletterpflanze sei, keine Villa, wie ich glaubte. Dass unsere vergnügte Reiseschar in diesem EU-Gründungsjahr in eine von Bougainvillea umrankte weiße Villa eingeladen war, um unter deren Pergola Tapas und Paella zu probieren und Rioja zu degustieren, verdankte sie einheimischer Gastfreundschaft. Pata Negra und Tortilla waren bodenständig, würzig, währschaft.

Auf schwindelerregender Straße erreichten wir Ronda mit der legendären Stierkampfarena. Die Stadt mit der atemberaubenden Aussicht ist zweigeteilt durch eine tiefe Schlucht. Sie wird von der imposanten Puente Nuevo überbrückt.

Den abwechslungsreichen Eindrücken in der südspanischen Region folgte eine kurze Expedition zum Affenfelsen auf British Gibraltar im luxuriösen klimatisierten Reisecar.

Mit der überfüllten Fähre, bedrängt von fremder Körpernähe, von Hitze, Massenpanik, Risiko, erreichten wir Marokko. Wir schleusten uns vorbei an prachtfarbigen Marktständen mit aggressiven Händlern und überlebten, auf Teppichen sitzend, die Safrancouscousration mit lästiger Fliegeninvasion.

Erfüllt von der bunten Mittelmeerimpression, erreichten wir mit dem Flieger die heimatliche Destination mit Muttertagsemotion. Die spanische Frau ging mit ihrem Mann zu den vier Kindern zurück. In der Innerschweiz fand sie vor Jahren ihr Ehe- und Familienglück.

Auch wir begaben uns bald darauf ins Urnerland, wo die diesjährige Wahlfeier stattfand. Wir gratulierten dem neu erkorenen Landammann, der mit Ehren seine Wahl gewann. Bergflanken umringten wie Schutzwände die einheimische Festgemeinde. Majestätisch schlüpfte der Vollmond aus der schroffen, dunklen Felswand.

Demokratie

Die Ferienzeit in Portugal war zu wenig strukturiert. Der Sohn war von den Carros elétricos fasziniert. Der Vater liebte das Gemütlichsein bei hiesigem Wein. Die Tochter drängte an den Badestrand, und die Mutter winkte mit dem Stadtplan in der Hand. Das alles zur selben Zeit! Das provozierte ungewohnten Streit. Der familiäre Missmut vertrieb den friedlichen Umgangston im pastellfarbenen Lissabon, der Wiege der Wehmut mit Fadoklang, dem melancholischen Moll-Gesang.

In dieser Misere wurde beschlossen, für alle Gerechtigkeit walten zu lassen. Erst darauf konnten wir die reizvolle Vielfalt der hügeligen Stadt und der weiteren Umgebung erfassen. Einmütig staunend standen wir auf dem westlichsten Punkt von Europa, dem Cabo da Roca.

Nach dieser demokratischen Erfahrung geschah es, dass auch Sohn und Bahnfreund zusammenkamen, ihre Reise einvernehmlich zu planen, bevor sie mit Interrail den europäischen Kontinent entdeckten, auch auf nostalgischen Ostblockdampfbahnstrecken.

Sie kamen zurück mit einem erweiterten Weltblick, erfüllt von prägenden Eindrücken, mit Andenken und Geschenken: Bücher, Tücher, Kassetten, Lunetten, von den Maturanden für wenige Deutsche Mark erstanden, ganz regulär, in der ehemals totalitären DDR.

Danach tauchten sie wieder ein in den gewohnten, buntgrauen Schulalltag, ins Wechselbad von Freud und Plag, motiviert durch die politische Weisheit:

„Wer in der Demokratie schläft,
wacht in der Diktatur auf!"[33]

USA

Die vierwöchige Traumreise nach Nordamerika war organisiert, Haus und Katze in freundschaftlicher Obhut, die Koffer gepackt. Wir flogen nach New York zu viert. Der Touristenbus führte durch Manhattan. Bald schon standen wir euphorisch vor der Skyline der internationalsten aller Weltstädte mit den beiden Türmen des World Trade Centers und dem Empire State Building, bevor wir einstiegen ins Ausflugsboot, um den Hudson River mit den eindrücklichen Brücken zu entdecken. Wir bewunderten die Georg-Washington- und die Verrazzano-Narrows-Bridges des Schweizer Ingenieurs Othmar Ammann. Ein genialer ausgewanderter Landsmann! An meine mutigen Verwandten dachte ich bei der Freiheitsstatue und bei Ellis Island. Auch sie betraten vor einem halben Jahrhundert das verlockende Neuland. Beschwipst von farbig funkelnden Cocktails im Rockefeller Center, wo das Alkoholverbot für Jugendliche wenig Beachtung fand, besuchten wir das Broadway-Theater. Wir waren zutiefst betroffen von „Miss Saigon", der beklemmenden Geschichte aus dem vernichtenden Krieg in Vietnam. Ein Armeehelikopter brauste mit Getöse auf die Bühne und durchwühlte unsere Gefühle. Wir verließen das Haus und verliefen uns im Gewühle. Ein schwarzer Driver mit touristischem Eifer lotste das gelbe Taxi zum Hotel beim Central Park, dem grünen Paradies, das sich als Erholungsraum erwies. Doch das dramatische Musical klang nach. Immer wieder ertönte Song um Song, gesungen vom jungen Familienbariton.

Der Flug mit American Eagle musste sein – eine turbulente, rüttelnde Pein! Umso mehr waren wir überwältigt von den gigantischen Niagarafällen, diesmal nicht vom Helikopter-, sondern vom Wassergetöse der amerikanisch-kanadischen Naturattraktion mit nächtlicher Illumination.

In Washington, D. C. begegneten wir der Politik auf Schritt und Tritt. Nah beim Holiday Inn grünte der Park mit dem Weißen

Haus mittendrin. Die Tierfreundin posierte im weißen Kleid mit zahmen Streifenhörnchen für ein Bild. Sie hielt Ausschau nach der Präsidentenkatze … Ob sie sich wohl versteckte hinter einem „Bush" oder einer Hecke? Beim Capitol fühlten wir uns in Rom, beim Obelisken im alten Ägypten, beim Lincoln-Denkmal in Griechenland und beim Vietnam Veteran Memorial im Kriegselend. Unvorstellbar viele Männer im Alter unseres Sohnes starben in diesem asiatisch-amerikanischen Trauerspiel. Meine Cousins wurden verschont von solcher Not. Bei einem Militäraufgebot hätten die Doppelbürger die Schweizer Rekrutenschule gewählt und sich dabei weniger gequält. „Die Welt wäre so schön ohne Hass und Streit", philosophierte die Tochter im Friedenskleid. Die Soldaten taten ihr unendlich leid, die damals so jung das Leben verloren. Miss Saigon klagte noch lange in unseren Ohren.

Eine verheerende Jahrhundertüberflutung veränderte unsere sorgsam organisierte Buchung. Mississippi und Missouri überschwemmten die Landschaft, zerstörten Leben, Häuser, Brücken, Verkehrswege, Bahnbetriebe – schicksalhaft. Wir saßen fest in Chicago – ein Fiasko! Das durchkreuzte den Reiseplan und erschütterte den Amtrakfan, sollte die Durchquerung der Staaten doch ein Highlight sein. Angesichts der schwer betroffenen Menschen war unser Schaden verschwindend klein. Abends staunten wir über die aufleuchtende Silhouette des Häusermeers und erholten uns in der offerierten Suite mit goldverziertem WC und mit Sicht über den Michigansee.

Am nächsten Tag überflogen wir das Katastrophengebiet und landeten am Stillen Ozean. Nebelschwaden hüllten San Francisco ein. Wir kauften Seidenjacken in China Town, entdeckten die Funstadt der Weltrekorde, lachten über Straßengaukler, Hippieträumer und über des Kameramannes Fotos, verwackelt und kopflos. Per Cable Cars, die auf- und abwärtsglitten, scheinbar mühelos die Höhenmeter bestritten, erlebten wir Sightseeing inmitten multikultureller, asiatisch angehauchter Bevölkerung. Bei Fisherman's Wharf gab's Fisch mit Blick zur Golden Gate Bridge. West Coast Jazz dröhnte hinüber zur Insel Alcatraz, wo einst die Gefangenen darbten bei kargem Mahl und Folterqual.

Umso mehr genossen wir die Freiheit, mieteten einen Pontiac und brausten mit Sack und Pack über den Highway One, südwärts der Westküste entlang. Wir dampften mit dem Steam Train in Santa Cruz und bestaunten die riesenhaften Big Trees, bevor uns der Infopoint auf weitere Erlebniswelten hinwies.

Wir waren fasziniert vom Aquarium in Monterey mit der unendlichen Schöpfung von Meeresbewohnern – eine paradiesische Spielerei! Die Seeotter und ihre Babys im zischenden Ozean entzückten uns voll und ganz mit ihrer Eleganz beim neckischen Wassertanz. Über Big Sur mit atemberaubendem Blick auf den Pazifik, über Santa Barbara, wo die Leichtigkeit des Seins spürbar war und wo sich mein Lover am liebsten gesettelt hätte in aparter Wohnsituation – eine Traumoption –, erreichten wir Los Angeles, begleitet von den Kassettensongs der kalifornischen Beach Boys – zu des mitsingenden Bruders Gefallen und zum schwesterlichen Missfallen.

Die Geschwister hatten eigenes Taschengeld. Bei der Tochter begannen die Dollars schon in New York zu schwinden. Und hier, im Rodeodrive von Beverly Hills, kaufte sie ein wie Vivian in „Pretty Woman". Sie ließ sich bedienen und ausstaffieren nach dem Vorbild von Julia Roberts im Filmgeschehen, mit neuestem Modechic: Maxirock im Millefleurlook! Für mich war es Großmutters Vintagestil im Generationenspiel. Bei der Kasse war das Model pretty … aber pleite. Papa war Retter in der Not. Hier lernte unsere Tochter, zukünftig zu budgetieren und nie die finanzielle Übersicht zu verlieren, wie es Dagobert Duck verstand im Disneyland. Universal Studios in Hollywood weckten Filmstarträume. Sie erwiesen sich oft als Schäume, auch für unser Hippieblumenkind, denn sie flogen davon mit dem Wind.

Über Baker, der Mojavewüstenstadt mit dem weltgrößten Thermometer – Temperatur bis 57 Grad –, erblickten wir nach langer Fahrt die bunt schillernde Vergnügungsoase, das Eldorado von Illusion und Ekstase. Mit viel Geduld erklärte der Bruder seiner Schwester die Rules des Casinospiels, bis der Glücksprinzessin das Geld aus der Maschine ratterte, womit sie die väterliche Leihgabe zurückerstattete. Brüderchen Pechvogel begnügte sich mit gewinnfreiem Spaß und dem Feeling von Las Vegas.

Nach einem monumentalen Frühstücksbuffet für wenige Dollars bewunderten wir bald den monumentalen Hoover Dam Nevadas. Die kargen Felsformationen mit dem eingepferchten tiefblauen Coloradoriver weckten gigantische Emotionen.

Es war eine mühsame Rallye zurück in unbarmherziger Hitze durchs Death Valley. Wir stiegen nur kurz aus dem klimatisierten Wagen. Die glühenden Dünen des toten Tals weckten Unbehagen. Für eine Schülerin, die Sand sammelte aus aller Welt, war rasch ein Glas gefüllt.

Das kühlende Wasser im Motelpiscine in Lone Pine, die eigenartigen Salzseen, die Lodge am Silbersee, wo wir uns bei Winnetou wähnten, und die gewaltige Natur im Yosemite Park mit den imposanten Wasserfällen beeindruckten uns sehr. Ein Schattenbild ließen wir knipsen vor dem sprudelnden Geysir. Bald standen wir vor dem größten Mammutbaum, dem Grizzly Giant Tree. Ich wurde zurückversetzt in die Schulgeografie. Damals zeigte der Lehrer das Dia mit dem Auto im Wawona-Tunnelbaum. So riesenhaft – wir glaubten es kaum!

„Welcome in the Gold Quartz Inn", hieß es in Sutter Creek mit dem Denkmal zur Erinnerung an den berühmt-berüchtigten einstigen Goldrauschfreak. Vier Plüschhäschen warteten im romantischen Hotel auf Rüschenbetten in den mit Blumentapeten und rosa Vorhängen ausgeschmückten Bedrooms im Queen Anne Style, fein und heil. Unheil waren die Berichte über die indigene Leidensvergangenheit in der Goldgräberzeit.

Wir spürten bald den Spirit of Sacramento, feierten den 1. August 1993 mit Cheddar-Fondue made in America, mit einer Dekoration aus rot-weißen Serviettenkreuzen und flackernden Rechaudkerzen.

Nach der Kutschenfahrt durch die Old-Western-Stadt beschenkten wir uns wehmutsvoll mit Andenken, bevor wir heimwärts flogen, der im Garten aufgezogenen Schweizerfahne entgegen.

Hausgemachte Züpfe, Konfitüre, Honig, Butter und Käse lagen frisch auf dem Familientisch. Wir spürten ein herzliches

„Willkommen zuhause". Nur die Katze hatte ihre trotzige Flause. Wir hatten sie im Stich gelassen. Sie fühlte sich verlassen trotz Futter und Streicheleinheiten von lieben, umsorgenden Leuten.

Die Fotografien vom Trip durch die Vereinigten Staaten wurden ergänzt von Tickets, Booklets, Bills und Welcomebriefen. Sie ergaben ein Buch mit Superlativen.

Vater und Sohn

Wir bewegten uns wieder im Alltag, im rotierenden Hamsterrad. Der junge Lateiner radelte die zwanzig Kilometer Schulweg hin und her und weigerte sich, trotz Wettermarotten und Lastwagenverkehr, in den Bus einzusteigen. Sein brieflicher Einspruch an den zuständigen Bundesrat konnte die Aufhebung des bevorzugten Bahnbetriebs nicht vermeiden. Im Volksmund hieß es: „Die SBB befördern leere Bänke", wenn ein unrentabler „Schüttelbecherzug" unbesetzte Sitzplätze vom Hallwilersee Richtung Beromünster trug. 1992 endete der Personenverkehr. Bald gab es auch den Güterbetrieb nicht mehr. Der Transport des Zirkus Knie blieb legendär, ebenso das dörfliche Vergnügen an den Tierumzügen.

Statt in den Bus stieg der Sohn ein in die Theaterwelt. Er engagierte sich mit Talent, Max Frischs Biedermann ein Gesicht zu geben, den biblischen Jona im Musical singend darzustellen und als Gasparone-Schmuggler in Carl Millöckers Operette auf der Bühne zu stehen. Nebst Gesang, Schauspiel, Regie interessierte er sich für Sprachen, Philosophie, Theologie. Dass er nach der Auszeichnung bei „Schweizer Jugend forscht" sich entschied, die Naturwissenschaft der Geisteswissenschaft vorzuziehen, entsprach kaum der Vorstellung der Dozenten und den mütterlichen Präferenzen. Der fünfzigjährige Lebensmittelingenieur aber freute sich über den zwanzigjährigen, zukünftigen Chemieingenieur.

50/20 wurde gewürdigt mit einer sonnigen Festlichkeit. Zur freudigen Überraschung des jungen Kartonbillettsammlers wurde ein Sonderdruck Edmondsons Schifffahrtskarten an die Gäste verteilt. Auf den Wellen des Vierwaldstättersees wurden Fahnen gehisst mit poetischen und musikalischen Emotionen zu des älteren Jubilars Lebensstationen. Als Krönung flatterte die weiße Lilie auf blauem Grund, das Wappen der Familie.

Nach dem Wettbewerb mit blauweißen Ballonen, die in wind-
bewegten Zonen himmelwärts stiegen mit guten Wünschen in
vielerlei Versionen, erreichten wir den Dampfschiffsteg beim
nostalgischen Hotel mit dem Tiergeheg. Wir wurden empfangen von Drehorgelklängen, genossen Kulinarik, Musik, Wort-
meldungen und schwelgten in Erinnerungen bei der kleinen
Fotoreportage auf der Menukarte.

Die seriöse NZZ 1944 aus dem Archiv und die humoristische
Maturazeitung Daily Terror 1994 frisch ab Press gaben dem Geschehen den fünfzig Jahre umspannenden Rahmen.

Zwischenjahr

Das Vaterland rief. Der Rekrut rückte ein, unfreudig zwar, aber gewillt, die Technik der Übermittlung zu trainieren und das handwerkliche Geschick zu aktivieren. Die Militärwochen eilten dahin – auch ein sozialer Gewinn!

Die Stelle als Barkeeper lockte, und der Flinke verdiente gutes Geld in der Casino-Rondobar zu nächtlicher Zeit. Tagsüber wurden Snowboard oder Skier angeschnallt auf den präparierten Pisten im Bündnerland. Er fand Gefallen am legeren Leben und war versucht, sich der Verführung zu ergeben, als Croupier die Spielbank zu überwachen und mit dem beachtlichen Verdienst sich unabhängig zu machen. Faites vos jeux! Etudes adieu!

Da schritt der Vater ein. Nach einem ersprießlichen Gespräch schrieb der Sohn sich in Lausanne ein: an der École Polytechnique Fédérale.

Der selbst verdiente Trip um die Welt wurde nun real. Er packte sein Reisematerial. Mutterbang, die vielen Gefahren vor Augen, fragte ich vor seinem Weggang: „Was müsste ich denken, wenn ein Unheil geschähe und ich dich nie mehr wiedersähe?"

Mit Bedacht sagte er: „Dann denk an meine zwanzig schönen Jahre."

Diese Worte halfen mir, ihn ziehen zu lassen mit seinem Freund, noch ohne Handy und Skype, mit meinem begleitenden Gebet. Die Sonne, der Mond und die unendlich vielen Sterne leuchteten herab, auch auf die Reisenden in der Ferne.

Weltreise

Sie machten sich auf nach Moskau, ruckelten mit der Transsibirischen Eisenbahn zu den Lichtspiegelungen des Baikal.

„Baikal, zu schön, um es in Worte zu fassen.
Millionen von Blumen in allen Farben
lösen sich ab mit der mystischen Weite des Sees.
Die lichten Wälder an den ansteigenden Ufern
scheinen in den Himmel einzugehen."

So feinsinnig philosophisch schrieb der verklärte reisende, junge Poet. Der Zug führte die Abenteurer weiter durch die Mongolei, ins Reich der aufgehenden Sonne, zur überwältigenden Chinesischen Mauer, bevor sie eintrafen in Beijing, um einzutauchen in die asiatisch wimmelnde, wie von emsigen Ameisen belebte ehemalige Kaiser- und heutige Hauptstadt. Nach unendlich langer Bahnfahrt durch die Volksrepublik bestiegen sie das Boot auf dem Jangtsekiang in Wuhan, auf Chinas größtem Strom, um sich bei den Drei Schluchten vorbeigleiten zu lassen und deren viel bewunderten Landschaftscharakter zu erfassen – kurz vor dem umstrittenen Bau des Staudammes zum Schutz vor Überschwemmung und zur Elektrizitätsgewinnung.

Die Daheimgebliebenen wurden beunruhigt durch aufschreckende Mediennachrichten. Man vernahm in aktuellen Berichten vom wütenden Taifun, vom anschwellenden Fluss, der das Gebiet überflutete und in dem man Wasserleichen vermutete, denen die Schiffsreisenden auch wirklich begegneten.

Da kam endlich, nach angsterfüllter Zeit, aus Shanghai der erlösende Bescheid: Der Jugendtraum der Unversehrten wurde wahr am Ostchinesischen Meer, am pulsierenden Hafen, wo schon vor Jahrhunderten die Welten sich trafen.

Die Exkursion zur ausgewanderten Patin mit Mann, Töchtern und Sohn – sesshaft geworden inmitten neuseeländisch-exotischer Vegetation – war willkommene physisch-psychische Regeneration, bevor die Zweisamen weitere Nervenkitzel in Angriff nahmen. Sie flogen nach Argentinien und erlebten den tiefsten Winter in Patagonien. Die Expedition war hart. Sie mussten sich zurechtfinden mit blockierten, ungeheizten, überfüllten Verkehrsmitteln aller Art. Nach vielen Herausforderungen erreichten sie die Cataratas del Iguaçu, die monumentalen Wasserfälle, zusammen mit einer immensen Touristenmenge, wie es die Rucksacktramper empfanden, die sich sonst vorwiegend bei einheimischer Bevölkerung befanden. Zwar gab es Mühseligkeiten, unvorhergesehene Schwierigkeiten, auch Atemnot im hoch gelegenen Bolivien, aber sie wurden verschont von Handel mit Drogen, Organen und anderen Gefahren.

Zu allseitigem Glück kamen sie gesund und lebensbereichert zurück. Die mütterliche Beklommenheit wich großer Dankbarkeit, obwohl die Söhne zuhause auszogen und eine Studenten-WG in Lausanne bezogen.

Bald schon schritten sie über das wellenförmige EPFL-Learning-Center – 1995, im herbstlich angehauchten September.

Universum

„Du hast mich fröhlich gemacht durch Dein Walten.
Ich frohlocke über das Werk Deiner Hände."

Psalm 92

Mit diesem passenden Geleitwort, ergänzt von Theater- und Querflötenspiel, erlebte die frohmütige Tochter die Konfirmation, eine würdige Feier im Frühlingsblütenschleier. Nach der Apéro-Seerundfahrt und einem raffinierten Mahl nach der Vegetarierin Wahl, ergänzt von Filet und Dessertbuffet, verließ die Gesellschaft das Hotel am Strand, wo sich am Steg das wartende Schiff befand.

Die reich beschenkte Konfirmandin bewegte sich weiter auf ihrem Lebenspfad, nun auch motorisiert, weil es von den Großeltern eine Mopedspende gab. Unbeschwert, mit Wind in den langen Haaren und mit Helm auf dem Gepäckträger, vergnügte sich die Enkelin zusammen mit der ebenso Mofa fahrenden Freundin. Sie sangen zweistimmige Ten-Sing-Songs im Restaurant am See für einen Gratiseistee. Auch waren sie zugegen an Konzerten im Hallenstadion, im Volkshaus und standen zuvorderst beim Podest am Open-Air-Fest. Anderntags waren sie prominent geknipst mit Gianna Nannini im Sonntagsblick. Mit vielen mitternächtlichen Teegesprächen behielten wir das Vertrauen der offenherzigen Teenagerin. Kokain und Heroin blieben fern trotz Gefahr aus Basel, Zürich, Bern. Kollegen ließen sich verleiten und in den Abgrund gleiten. Dank väterlicher Bereitschaft ließen die Partygirls sich chauffieren und mussten keine halbstarken Alkoholfahrten riskieren. Auch warnten Stop-Aids-Plakate die Öffentlichkeit vor der tödlichen Viruskrankheit. Sie richteten sich vor allem an Junge und Schwule, die sich durch Sex und Drogen das bedrohliche Übel zuzogen.

Mit jedem Schritt in die Freiheit wuchsen Verantwortung und Haftbarkeit. Die Tochter begegnete den wesentlichen Dingen des Lebens von Geburt bis Tod. Auf dem Sozial-, Finanz-, Steuer- und Zivilstandsamt erlebte sie Freud und Not. Sie wechselte mit dem erworbenen Diplom und dem selbst finanzierten Auto ganz autonom an die École supérieure de Commerce – eine neue Dimension! Unterkunft bekam sie auf dem schönsten Bauernhof im Welschland, wie meine gastgebende Cousine zu Recht befand. Die Étudiante, die bei Menschen, Hund und Katzen Obhut fand, lernte als Vegetarierin den natürlichen Kreislauf der Nutztiere zu respektieren, französisch zu parlieren und als Reiterin durch die Gegend zu trotten, zu traben, zu galoppieren. „Ich füttere den Fuchs", erklärte die Paysanne nach dem mörderischen Einbruch, „damit er Hühner und Gänse in Ruhe lässt und sie nie wieder so grausam zerfetzt." Im Hofladen verkaufte sie Eier und Backwaren. So konnte sie für ihre Traumreise sparen. „Damit fliege ich zu den Islandpferden!" Sie schwärmte von den robusten Tierherden im hohen Norden.

Der weite Himmel wölbte sich über die Neuenburger Seelandschaft und über die ausgebreitete Erde mit dem von sanfter Brise leicht bewegten Korn, wie Gottfried Keller es beschrieb in lyrischer Form:

„Es wallt das Korn weit in die Runde,
und wie ein Meer dehnt es sich aus ..."[34]

Für den Kometen Hale-Bopp, hoch oben am Sternenzelt, kam 1995 die Erscheinungszeit. Er grüßte herab mit seinem hellen Schweif und berührte das Gemüt der staunenden jungen Frau.

„O Erde, Hüterin des Mondes,
die Kometen vergessen dich nicht.
In unermesslicher Ferne
schwirren sie herum,
und wieder erblicken sie dich."

S. T. Coleridge[35]

Die Sprachschülerin träumte vom seligen Glück, von der fernen, weiten Welt, vom Universum im unendlichen Himmelszelt.

„Nimm dir Zeit zu träumen,
das ist der Weg zu den Sternen."[36]

So rät ein irisches Sprichwort. Und sie träumte weiter von geheimnisvollen Sphären, aber auch von Kanada, vom Land der Bären!

Kanada

Wir landeten in Vancouver und waren angetan von Charme und Chic. Die Stadt an der Strait of Giorgia war Liebe auf den ersten Blick!

Die dreiwöchige Tour durch die unendliche Natur von British Columbia war Erlebnis pur! Mit Heimatgefühl erreichten wir Banff, das uns an Interlaken gemahnte. Niemand ahnte, dass die angehende Tourismusstudentin hinreisen würde als Praktikantin, um einen halbjährigen Einsatz zu absolvieren, sich für Heliskiing zu engagieren, sich für den Piloten zu interessieren und den aus Interlaken in die Rocky Mountains ausgewanderten Bruder des Mundartrockers Polo Hofer zu kontaktieren.

Vor dem nahe gelegenen Emerald Lake, der türkisgrün aus der Wildnis funkelte, schlüpfte ich in meine türkisgrüne Leinenjacke und bat um ein Foto, Ton in Ton, das Licht- und Wasserspiel war reinste Faszination. In Lake Louise schlugen die Herzen höher bei der Besucherinvasion aus der Schweizer Skination. Eine blumenübersäte Berglandschaft umrahmte den spiegelnden See – die Wintersportler fanden keinen Schnee! Columbus Icefields boten doch noch eine weiße Gletscherpracht und ermöglichten eine vergnüglich-kühle Schneeballschlacht, bevor wir vorbeirauschten an tosenden Wasserkaskaden im Jasper-Nationalpark. Kolossale Eisenbahnzüge brausten vorbei an der Lucerne-Station, einer geraniengeschmückten Schweizerimitation. Am Straßenrand sichteten wir Elche, Wapiti, Bison, Ren – und dann kamen die Bären! Ein Jubelschrei der Bärenfrau veranlasste den Driver zu bremsen. Wir alle genossen entzückt das Familienglück der Schwarzbärenmutter mit den neugierigen Jungen bei ihren Erkundungen. Da streikte meine Kamera. Kein neuer Film war da! Das Bärenschauspiel war top – mein Fotogau ein Flop! Und niemand würdigte die letzte Fotografie mit der türkisgrünen Mama statt der Bärensinfonie!

Wir kamen nach Little Switzerland, begegneten den Ksanfischern beim traditionellen Lachsfangen in den Flusswirbeln und im Historical Museum mit den Totempfählen, dem Langhaus und dem indigenen Handwerk: Einbaumkanu, Weberei, Korbflechterei, Specksteinkunst, Skulptur an Skulptur. Eine solch gebückte Figur sei Symbol für das lastentragende Oberhaupt, erklärte der Ehemann und Vater, vornübergebeugt. Er kaufte die krumme Gestalt für den heimischen Haushalt.

Wir waren irritiert von der Vielzahl der Red-Cedar-Trucks, die riesengroße Holzstämme über den Highway transportierten und zu Canada's Forest Industry führten, nicht zur Freude der Natives, deren Ahnen schon philosophierten: „Die Erde gehört nicht den Menschen – die Menschen gehören zur Erde." Der einheimische Stamm war nicht im Besitztum gefangen, und jetzt musste er ums Ökosystem bangen.

Wir bewegten uns mit den Lastwagen auf den North Pacific zu. Schon bald erblickten wir die Kleinstadt Prince Rupert auf Kaien Island, wo sich das Swiss Team nahe bei der Grenze zu Alaska befand. Die Besichtigung einer musealen Lachsfabrik verdarb uns den Appetit. Umso größer war die Freude unseres Reise- und Speiseführers am goldenen Besteck, das er frühmorgens erstand, als sonst noch kein Familienmensch aufstand. Ich schaute abwertend aufs Etikett und bemerkte: „Made in China." Er fand das gar nicht nett und erklärte, ich dürfe nie vergoldet essen, das könne ich gleich vergessen!

Dann rollten wir friedlich hinein in den Bauch der Queen of the North, wurden unfreundlich geschüttelt von Fjord zu Fjord, litten an Seekrankheit beim groben Wellengang, verspürten Bedürfnis nach häufigem Toilettengang, verpassten fast die zerklüfteten Klippen und den Tanz der Flipper im salzigen Element. Wir Frauen staunten über die Männerwelt. Ein stillgelegtes Steuerrad befand sich beim Klosett. Kein einziges männliches Wesen, ob jung oder alt, ging daran vorbei, ohne es zu bewegen – die weiblichen ließ es kalt.

Wir wurden begrüßt von Weißkopfseeadlern auf Vancouver Island, betraten in Port Hardy festes Land, spürten, wie die Übelkeit entschwand, und genossen das Dining mit Feuerwerk am Strand.

Im feuchtwarmen Regenwalddunst erreichten wir mit Fähren die Sunshine Coast, beobachteten das brummende Wasserflugzeug und bestaunten die Naturwunder der Inselwelt. Der violette Seestern, der Purple Star, leuchtete so kostbar, dass er Sujet für unsere Kartengrüße war.

Wir kamen heim, beseelt vom Erlebten, dankbar, gesund und froh, mit vollgeschriebenem Tagebuch und kiloweise Material für ein Album ohne Bären – dem fotografischen Skandal.

Vater und Tochter

Die lebensfrohe Tochter wurde zwanzigjährig, feierte im Familien- und Freundeskreise. Eine große US-Sprachschulreise wurde organisiert, denn London-School war längst schon absolviert, und als Flight Attendant war sie noch zu jung. San Diego gab ihr neuen Schwung! Ein Ziel, das im Kalender näher kam. Der Mut entschwand und wurde lahm. Der Abschied von Mensch und Tier fiel schwer und belastete das erwachsen gewordene Mädchen sehr. Da schmiegte es sich bei Papa an, der sich über Nacht besann, spontan ein Ticket buchen ließ, den geschäftlichen Alltag hinter sich ließ, miteinstieg, umstieg, Turbulenzen ertrug und in Kalifornien landete, wo das Flugabenteuer endete.

Er blieb in der Stadt für Sightseeing, Zoobesuch und Strandfeeling, auch um die Schule anzuschauen und das Girl der Gastfamilie anzuvertrauen.

Die Vater-Tochter-Liaison bekam eine vertiefte Dimension.

Carpe Diem

Da saß ich nun allein daheim, die Zimmer aufgeräumt, der Haushalt schön gestreichelt. Ruhe erfüllte Raum um Raum wie stille Luft, unsichtbar, unhörbar, untastbar. Es war die geliebte Ruhe, nach der ich mich oft sehnte, da sie mir im Alltag zur Vertiefung mancherlei Wahrnehmungen immer wieder fehlte, die die Entwicklung eigener Ideen erst möglich machte und die latente Kreativität entfachte.

Es war dieses Beimirsein, das mich nun umfing und in dem ich jetzt verloren ging!

Wir versuchten, den Kindern das Leben mit dem Licht der Liebe zu erhellen, ihnen Wurzeln wachsen zu lassen, ihnen Nestwärme und Geborgenheit, Grenzen und Freiheit, Ausbildung und Herzensbildung zu geben, ihnen damit Flügel zu verleihen für die Reifezeit, für den Wegflug hin zu einer respektvollen Spurensuche durch ihre eigene Welt.

Jahrelang übten beide die Kunst des Judosports, die Stärkung der körperlichen Kraft, die Entfaltung der Selbstbeherrschung und der Verteidigung nach dem Motto: „Siegen durch Nachgeben". Nun lagen sie da, die reißfesten Kampfgewänder, naturfarben mit den Schritt für Schritt erworbenen Gürteln – in Weiß, Gelb, Orange, Grün, Blau –, gewaschen und gebügelt, bereit fürs Abgeben an den Klub zum Weitertragen.

Unsere Judokas waren ausgezogen. So musste es sein, sagte mir die Vernunft, und die Einsicht belehrte mich, dass das Leben stets im Wandel sei.

Da raffte ich mich auf, deckte schön den Tisch für mich allein, kochte etwas Gutes und genoss es bei warmem Kerzenschein.

„Carpe Diem – genieße den Tag."[37]

Und ich freute mich über das Geschwisterpaar, das fotografiert im Silberrahmen bei mir war – zart umhüllt mit Stille.

„In der Stille
geschehen die großen Dinge ...
Die leisen Kräfte sind es,
die das Leben tragen."[38]

Dies verkündete der Theologe Romano Guardini mit Demut und warnte vor wachsender Lärmflut.

Das Böse

Der Zug fuhr ein. Eine Quintettfreundin winkte aus dem Wagen. Ich eilte hin, mit Kleider- und Flötenkoffer beladen. „He, was soll das!?", rief sie rückwärts mit Unbehagen. Ein Mann stand hinter ihr, schlaff und angelehnt – cerebral gelähmt. „Oh, Entschuldigung!", sagte sie beschämt, „kann ich Ihnen helfen?" Sie stützte ihn oben auf der Treppe, ich empfing ihn unten beim Abstieg. Ich sah seine verkrampfte Gestalt und spürte seinen schwachen Halt. Plötzlich riss er sich los, rannte davon wie ein Reh. Der Freundin fehlte das Portemonnaie.

Nun begann der Ärger mit dem bürokratischen Aufwand auf der Reise ins Bündnerland.

Dort spielten wir Purcel, Byrd und Dowland in den Kirchen von Pany und Luzein, genossen Maienfelder Rotwein und Gerstensuppe extrafein. Bei Nusstorte, Kaffee und Tee pflegten wir unsere langjährige Freundschaft und philosophierten, wie Wilhelm Busch, über Gutes und Böses in der Gesellschaft.

> *„Das Gute – dieser Satz steht fest –*
> *ist das Böse, was man lässt."*[39]

Tags darauf ließen wir Eberhard Werdins fünfstimmige „Jugoslawische Tanzsuite" erklingen mit viel Herzblut – wohl wissend, dass es Jugoslawien nicht mehr gab und dass wegen des blutigen Massakers 1995 in Srebrenica die Herzen der Überlebenden weiterbluten – trotz lebenslanger Inhaftierung der Kriegsverbrecher. Als das Böse bleiben sie in Erinnerung, als bestialische Volksmörder und Gesetzesbrecher, die Angst und Schrecken einflößten und Flüchtlingsströme – auch Richtung Schweiz – auslösten.

„Der Krieg hat einen langen Arm.
Noch lange, nachdem er vorbei ist,
holt er sich seine Opfer."

Martin Kessel[40]

50

Stundenlang setzte ich mich ins Studio im Dachgeschoss des Moderators vom Zürcher Lokalradio zu den riesigen Tonspulen, Mischpulten, Lautsprecheranlagen mit meinen Notenunterlagen. Das Musikprogramm des fünfzehnköpfigen Ensembles wurde über ein Jahr während der Probezeiten in Kirchen auf Band gespeichert und mit Sonaten, Suiten, Partiten des Quintetts bereichert.

Das Engagement der Musizierenden war beachtlich, und der respektable finanzielle Kulturbeitrag förderte die Motivation zusätzlich. Zu zweit wurden die Bänder abgehört, die Musik ausgewählt, zusammengesetzt und auf eine Stunde in Feinstarbeit zurechtgeschnitten. Wie hatten wir dabei unter der gestauten Sommerhitze gelitten!

Im Luzerner Tonstudio ging es anschließend um Schliff und Finessen, wobei man die einzelnen Töne in wählbaren Anteilen zu einem Klang mit mehr oder weniger Hall nuancierte und ausbalancierte.

Das fertige Musterband wurde zum Produzenten weitergeleitet und nochmals gemeinsam vor Ort überarbeitet. Auch das Booklet musste gestaltet sein. Mit meinem Privatfotografen schlenderte ich im Novembersonnenschein durch die herbstbunten Flussauen, um nach einem Sujet auszuschauen für ein Dia entsprechend meiner kleinen Poesia:

> *„Musik, dem lebendigen Wasser gleich –*
> *facettenreich –*
> *eine Quelle schöpferischer Kraft."*

Wir feierten fünfzehn Jahre Ensemblespiel, zusammen mit dem Quintett, und luden ein mit dem neu gestalteten Künstlersignet zum Jubiläumskonzert:

Im Anschluss an die CD-Taufe stießen wir an auf den fünfzigsten Geburtstag – auf ein halbes Jahrhundert durchlebter, erfüllter Zeit. Ich empfand Glück und Zufriedenheit. Die Tonträger wurden verschenkt und in Musikhäusern aufgelegt. Positive Rezensionen hatten den Verkauf angeregt:

> *„Die vielfältig registrierte, subtil herausgearbeitete,*
> *reizvolle akustische Collage aus drei Stilepochen ist ein feines,*
> *faszinierendes Fest des Wohlklangs."*[41]

Ein anderes Musikmagazin betitelte die Kritik in heiterer Tonart:

> *„Ohrwürmer vom Mittelalter bis zur Gegenwart."*[42]

Wir freuten uns über die Nachfragen in den adventlichen Tagen. Von tausend Exemplaren verblieben nur fünfzig zum Aufbewahren.

In einem Gebinde auf der fast fertig durchstöberten Winde fand ich sie – zusammen mit dem Datenträger der CD. Auch diese Andenken legte ich zur Zügelware und spürte die damalige Energie und eine Prise Nostalgie.

Das Heilige Land

Wir kurvten eine geraume Zeit mit Swissair über Tel Aviv am Versöhnungstag Jom Kippur, blicken vom Fensterplatz aus über saftig grüne Täler und goldene Wüsten, übers schneebedeckte Hermongebirge und übers glitzernde Meer, bis der geduldige Pilot am Ende des gesetzlich verankerten Feiertags die Landeerlaubnis bekam.

Am Flughafen Ben Gurion betraten wir Israels Territorium und gingen in der imposanten Shoppingmall auf verwaltungsrätliche Inspektion. Die Sachverständigen verweilten bei den koscher hergestellten Eigenfabrikaten mit den jüdischen Zertifikaten. Alle Regeln mussten eingehalten und von Rabbinern abgesegnet sein. Auch die Handelsbeziehungen waren kompliziert und verursachten etliche Pein: Mentalität, Politik, Sicherheit. Diese Faktoren erschwerten die Zusammenarbeit.

Der Besuch eines Kibbuz gab Einblick in eine kluge Art der Lebensgemeinschaft mitten in tröpfchenbewässerter Oasenlandschaft. Viele ausländische Jugendliche mit Lust auf ein Volontariat waren fürs Kommunenabenteuer parat. Die Kibbuzidee wurde in Galiläa entwickelt, weltweit beachtet, bewundert, beneidet. Israels Wüste lebt! Sie verwandelte sich über Jahrzehnte in fruchtbares Gebiet. Israel – ein Land mit einer gewaltigen, biblisch-prophetischen Vergangenheit und einer instabilen militärisch-politisch-religiösen Neuzeit. Nirgendwo sonst berühren sich die drei monotheistischen Glaubenslehren so extrem wie in Jerusalem. Juden, Christen, Muslime beanspruchen den heiligsten Ort der Welt – den Tempelberg. Jerusalem, dieser ewig umstrittene Brennpunkt der Kulturen, gab uns Unterkunft in den edlen King-David-Hotel-Strukturen.

Wir erfühlten die Passion Jesu auf dessen Spuren, durchwanderten den Garten Gethsemane am Westhang des Ölbergs, lasen still das Pater Noster in verschiedensten Sprachen, aufgeschrieben auf verzierten Kacheln in der Hoffnung auf Versöhnung. Wir schritten die Via Dolorosa hinauf bis Golgatha, von Leidensstation zu Leidensstation, durchdrungen von tiefer Emotion. Ich erschauderte in der Grabeskirche, wurde zweitausend Jahre zurückversetzt – auch zurück in die heimische Kirche, wo am vergangenen Karfreitag die Kantate von Heinrich Schütz „Die sieben letzten Worte am Kreuz" zur Aufführung kam, wundersam gesungen vom Gesangsquartett, begleitet vom Flötenquintett, von Viola da Gamba und Cembalo.

Auf unserer Reise wagten wir mit dem jüdischen Begleiter den Ausflug nach Betlehem, von Soldaten bewacht. Wir erkundeten den palästinensischen, von Hamas kontrollierten Geburtsort des Heilands mit Respekt und Andacht. Auch eine äthiopische Christengruppe besuchte die Stätte, um innigst zu beten und vielerlei Naturalgaben hinzulegen.

Übers Hirtenfeld zurück, erlebten wir die Wüste Judäa, passierten den Ort der Herberge des barmherzigen Samariters und warfen aufs nah gelegene Tote Meer einen kurzen Blick. Hier stolperte ein Ziegenhirt über die Rollen von Qumran mit dem ältesten hebräischen Manuskript. Das geschah 1947, in meinem Geburtsjahr, was für mich von besonderer Bedeutung war.

Wir erreichten das Jordantal mit der Taufstelle des Johannes und bald auch Jericho, eine der ältesten Städte der Welt, mehrmals in der Bibel erwähnt. Nach der Fahrt durchs Palästinensische Autonomiegebiet, durchs fruchtbare Tal, wo Milch und Honig fließen und wir uns alt- und neutestamentlich inspirieren ließen, trafen wir ein in Nazareth und besuchten die Verkündigungsbasilika mit der Grotte der Maria. Der Verklärungsberg Tabor, wo Jesu im Lichtglanz stand, versetzte auch mich in einen verklärten Zustand.

Der schlichte Berg der Seligpreisungen machte mich selig. Der ästhetische Ehemann fand die Kapelle eher armselig, verglichen mit Siena, wo er das Göttliche spürte im majestätischen Duomo mit Gold, Marmor und mit dem Fenster zum Cielo.

Wir blickten über den geschichtsträchtigen See Genezareth Richtung Libanon zu den israelisch besetzten Höhen des Golan mit den militärischen Stützpunkten der islamisch-schiitischen Hisbollah, der Terrorpartei für Allah.

Israel ist umgeben von arabischen, muslimisch unaufgeklärten Ländern, die den westlich orientierten, innovativen jüdischen Staat bekämpfen und keinesfalls anerkennen. Beim unüberwindbaren Nahostkonflikt mit immer wiederkehrender Waffengewalt scheint nur die biblische Weisheit die Lösung zu kennen.

Unter Dattelpalmen bei Kapernaum saßen wir bald zu Tisch. Die Apérofrüchte purzelten herab, süß und frisch. Dann gab's im St. Peters Restaurant den viel gepriesenen Petersfisch.

Das weckte Erinnerung an die Erzählung vom großen Fischfang, wo das Netz zu reißen begann, und Simon Petrus spürte – das Wunder traf ihn tief –, dass Jesus ihn zur Jüngerschaft berief. Hier war auch mein rationales Ehegeleit bewegt von meiner Ergriffenheit.

Das Traumpaar

Vom Naturell her war mein Gatte schon in jungen Jahren Kosmopolit, Wissenschafter, Analytiker, der dynamische Energien hatte, der nach konkreten Lösungen suchte, sie ausführte und als Schnelldenker, trotz dem Drive eines Ferraris, sie in ruhigem Umgangston kommunizierte als Mentor mit angeborenem emilesken Humor.

So wurden für mich Begriffe aus der Unternehmenswelt alltagstauglich und zunehmend verständlich. Ordner füllten sich mit „Argus"-Medienberichten. Als Comic-Superstar flog er mit anderen Wirtschaftsführern durch die „Bilanz". Die „Cash"-Oskarverleihung und die Marketing-Preisverleihung sorgten für Firmenglanz. Werbekampagnen mit Jungstars aus den Show- und Sportwelten hingen an Plakatwänden, füllten ganze Zeitungsseiten oder flimmerten über die Mattscheiben. Radio- und Fernsehauftritte gab es offiziell, und im heimischen Garten schlich unsere Katze als TV-Diva durch die „Schweiz aktuell". Unvergessen bleibt das persönliche Interview in der Sonntagspresse am 31. August 1997, am Tag des Pariser Unfalltodes der englischen Prinzessin Diana – ein fatales Drama! Die Menschen waren geschockt, eilten zum Zeitungskiosk – eine Zweitauflage wurde nachgedruckt. Die Stimmung war weltweit tief bedrückt.

Im kontinuierlich wachsenden Konzern legte der Patron Wert auf ein Miteinander, auf eine gemeinsame Kultur in der klar definierten Firmenstruktur.

„Was bedeutet Macht?", fragte einst ein Journalist. Der geschäftsführende Generalist antwortete mit Bedacht:

„Macht ist Verantwortung."

Nach dieser einfachen Erklärung im damaligen Interview teilte er die Macht weiterhin mit einer verantwortungsbewussten Crew.

Als wesentlicher Schlüssel zum Erfolg erwies sich sein Credo: Fordern durch Vorleben, womit das Wir-Gefühl der Lernenden, Mitarbeitenden, Pensionierten im In- und Ausland Beachtung fand. Kommunikation und Wertschätzung motivierten bei alltäglicher Begegnung, bei allerlei Anlässen und Geschäftsessen, bei Besichtigungsreisen mit Kontakten zu Tochtergesellschaften, mit Informationen durch verschiedensprachige Hauszeitungen und bei Fabrikeinweihungen mit feierlichen Segnungen.

Auch die Kundenpflege verdiente Aufmerksamkeit. Die Internationalen Musikfestwochen boten Gelegenheit. Die berühmtesten Maestros waren mir Vorbild: Pierre Boulez ohne Taktstock am Pult, weil sich die Intuition direkt aus dem Körper ergießt und so das Dirigieren am besten fließt. Jedes Mal saß ich beeindruckt im viel gepriesenen KKL von Jean Nouvel, wo Orchesterklang und Gesang reflektiert wurden bei optimaler Akustik und wo Architektur und Musik verschmolzen zu geheimnisvoller Mystik.

Ich genoss das Ohren- und Augenlabsal im renommierten Saal. Mein angetrauter Gastgeber, müde von des Tages Last, sah verstohlen auf die Uhrzeit und kämpfte gegen Schläfrigkeit. Eine kurze Schifffahrt danach führte zum Hotel, wo Köche feinste Speisen zusammenstellten und wir uns mit den Gästen zu den Musikern, zu den Persönlichkeiten aus Wirtschaft und Politik gesellten, wobei eine bundesrätliche Hand mein verlorenes Taschentuch fand mit den abgewischten Tränen meiner sinfonischen Emotionen.

Im Lebensgefüge des vielbewegten Unternehmers nahm das private Umfeld einen zeitlich beschränkten, doch stets einen fürsorglich-wichtigen Platz ein. Meinerseits bemühte ich mich, aktiv zu sein, bei seinem vitalen Rhythmus mitzuschwingen und dabei Familie und Beruf unter einen Hut zu bringen.

Auch für die jährlichen Weinkulturreisen mit Freund war der Genießer gern bereit. Kreuz und quer durch Europa gab es Degustationen in besonnten Regionen. Auf der Krim, so schwärmten die beiden, hätten sie prickelnden Sekt und schöne Frauen entdeckt!

Diesmal kosteten sie Rhein- und Moselwein. Mein Mann kehrte heim mit quälenden Rückenschmerzen und einem riesengroßen Lebkuchenherzen.

Er nahm Hammer und Nagel zur Hand und hängte es an die Eingangswand. Darauf stand: „Wir sind ein Traumpaar", mit Zuckerguss geschrieben, und es war nicht übertrieben! Denn es folgten Arztvisiten, Röntgendiagnosen, Infusionen, Therapien, Bäder, Massagen, Diäten zur Heilung der Diskushernieleiden. Der Physiotherapeut warnte eindringlich: „Plag deinen Körper, sonst plagt er dich!" So begann das frühmorgendliche Training bergaufwärts. Oben wartete die Traumfrau und chauffierte den Traummann abwärts. Dank eiserner Disziplin wurde die muskelgestärkte Wirbelsäule stabil. Doch bei der Sitzhaltung auf beruflichen Fahrten war sie noch fragil. Wie eine gute Fee kam die Tochter angeflogen aus Übersee, gereift, weltgewandt und bronzegebrannt von der Sonne Kaliforniens, beelendet vom Armutschaos der Grenzorte Mexikos und berauscht von der Hawaii-Exotik im Pazifik.

Sie steuerte den Geschäftswagen von Termin zu Termin, bis sie als Rezeptionistin sich in die Hotelwelt einfügte, bevor sie das Studium an der École Suisse de Tourisme absolvierte. Ob ihr Fremdsprachenwissen wohl genügte?

Das Lebkuchenherz beim Hauseingang begrüßte die Leute jahrelang, bis es zu Boden fiel. Eine herzige, kleine, verschleckte Schülerin knübelte und grübelte an den süßen Worten, bis die Seidenmasche aus dem Backwerk glitt. Das Dream-Team lag am Boden, havariert, kaputt. Gute Freunde sorgten für ein neues Stück, ein Porzellansymbol fürs Traumpaarglück.

Das singende Haus

„Da vendere" stand auf dem Affisso, als der Reha-Mann im Kurhaus weilte bei den Palmen im Ticino.

Die Vision vom toskanischen Weingut, von dem er träumte, entschwebte, seitdem das Rückenleiden quälte. Die Ersatzversion, eine Kunstgalerie zu kuratieren, begannen wir ernsthaft zu studieren.

Kauf und Renovation der singenden, freskenbemalten, vierhundertjährigen Casa waren erste Handlungen im belebten touristischen Künstlerort am Lago. Mit Freundschaftshilfe gelang die Umstrukturierung noch vor der geplanten vorzeitigen Pensionierung.

Mobility

Die erste Prüfung des Deutschschweizer Studenten im Welschland war bestanden. Es folgte ein US-Jahr in Atlanta, der Coca-Cola-City, am Giorgia Institute of Technology. Auch seine ebenso gut benotete Copine weilte in den Staaten während zwölf Monaten.

Der alte, erworbene Car mit Schiebedach diente der Mobility nur mit Ach und Krach. Das Flugbrevet könnte nützlich sein für Ausflüge ohne Frust und Pein. Um keinen mütterlichen Angsteinspruch zu riskieren, finanzierte es der Vater, ohne zu diskutieren. Das Studienjahr mit dem Südstaatenfeeling „Vom Winde verweht" – das Filmgeschehen war schon auf der Piazza Locarno zu sehen – wurde angeregt durch Besuche vom Businessvater, von der reiselustigen Schwester und von weltoffenen Freunden. Es kamen Grüße in meine Kartensammlung von den Jazzbegeisterten aus New Orleans, aus Louisville, wo unsere Auslandschweizer den American Way of Life mit oder ohne Rollerskates auslebten, und von überallher, wo die Travellers sich hinbewegten.

Nach Abschluss der beiden Semester verließ der Gaststudent das muffige, katzenlastige Small Apartment. Er reiste zurück an den Lac Léman, um sich wieder einzugliedern als fortgeschrittener technischer, singender, pilotierender Étudiant, zusammen mit seiner Amie Étudiante. Eine Weile verstrich, da kamen die glücklich Heimgekehrten mit Champagner und mit der Verlobungsbotschaft. Sie planten eine baldige Wohngemeinschaft. Auch wir waren beglückt, und meine Mütterlichkeit fragte, ob sie Hilfe bräuchten beim Wechsel ins neue Domizil. Der Jungverlobte antwortete ganz subtil: „Wenn du uns Vorhänge nähen möchtest?"

Ich war perplex, sprach ich doch beim letzten Umzug Klartext: „Nie wieder werde ich Stunden an der Nähmaschine erdulden mit unendlichem Gardinenstoff!" Das wusste er doch! Er wusste es genau und genoss mein Verstummen.

„Geht in ein Fachgeschäft!", war meine erlösende Reaktion. Der fein provozierende Sohn ergötzte sich an der gelungenen Irritation – und über das edle Geschenk zur freudigen Liaison. Die Studentenzeit verlief in zwischenmenschlicher, chemischer, fliegender, musizierender Harmonie. Wir bekamen Einladungen zu kulinarischen Höhenflügen in der erlesenen Vorhangwelt, wo sich die großelterliche Angst entfaltete vor Enkelsucht in Anbetracht der immensen Bar mit Alkohol, vom Zwetschgenbrand bis Aperol. Auf der Terrasse, mit Blick über die ockerfarbigen Rebhänge des Lavaux, sagte der Sohn: „Schau dort die zwei Berge!" Ich freute mich schon auf die geografische Information, erstmals keine mütterliche Lektion! Der Pilot erklärte verschmitzt: „Zwischen diesen beiden Zacken bin ich durchgeflitzt!" Zeitgleich war die Swissair abgestürzt, 1998 bei Halifax. Ich war bestürzt.

In der Adventszeit lauschten wir in der gotischen Cathédrale des passionierten Sängers Ensemble vocal – Renaissance sacral!

Nach Abschluss der Studien folgte die Organisation der würdevollen Feier zum Diplom.

Die Schwiegertochter kam mit ihren in Genf ansässigen belgischen Eltern in den luxuriösen, voll besetzten Palacesaal. Die Ansprache hielt der Sohn en langue française als Begrüßung vor dem exquisiten Mahl. Auch die Familiensprache wurde Französisch – für die Bilingues eine Bereicherung –, für mich eine Überforderung. „Eine Horizonterweiterung!", korrigierte mein Ehecommandant, stets bereit fürs Changement.

Millennium

Das Geburtstagsfest des achtzigjährigen Jubilars wurde ge-
feiert in der Wirtschaft nah bei seiner Alp, den beiden Hütten,
den Wäldern und Matten. Er kannte die Gebirge, die Laub- und
Nadelbäume, die Hecken, Bäche, Steine. Er war vertraut mit der
Pächterfamilie, den Ferienleuten, den Förstern, Jägern und als
Imker mit den Bienen und Blumen. Auch mit Kühen, Rindern,
Kälbern, Geißen, ebenso mit Reh, Hirsch, Fuchs, Luchs und
anderen Wildtieren konnte er sich arrangieren. Nun musste
er es weitergeben, sein Paradies, da die Kraft ihn verließ. Nach
Absprache mit den Geschwistern erwarb es mein Gatte, obwohl
er längst eine Vorliebe für Palmen hatte. Wir durchwanderten
Vaters Burg, bewunderten sein Wissen, seine Naturverbunden-
heit im heimatlichen Voralpengebiet, wo schon der nun nachfolgende Sohn als Bub z' Alp ging mit Tieren und Lasten, über
Stock, Stein und Fluss, ohne zu rasten, aber mit Herzensfreude
in der Brust. Das weckte Lust aufs Älplermahl als Tageslohn.

Während der Wanderung mit den Schwiegereltern fotografierte ich die von der Bergarena umrahmte Landschaft im
Winterweiß, später im sprießenden Frühling, im satten Sommer und im bunten Herbst. Den Jahreszeitenkalender schenkte
ich ihnen zum Weihnachtsfest mit Bildern vom Weideland und
vom tief verwurzelten Wald.

In der darauf folgenden Nacht zum Stephanstag, am 26.12.1999,
wütete Lothar desaströs mit brachialer, stürmender Wucht und
fegte mit entfesselter Naturgewalt die prächtigen Hölzer nieder.

Auch wir lagen seelisch darnieder nach der verheerenden
Verwüstung durch den tobenden Orkan.

Wir gingen nochmals hoch zum Mahnmal in der Zeit der
Jahrtausendwende, um die Wunden zu betrauern und den Wald-
arbeitern zuzuschauen beim Aufräumen des Forstes mit den ge-
knickten Bäumen. Ein versehrtes Territorium zum Millennium!

Der Verkaufspreis des Lotharholzes war nichtig – kein Ertrag für den neuen Besitzer. Für den Unterhalt der Alp wäre Einkommen wichtig! Ein gnädiger Nachwuchs heilte nach und nach die tiefe Verletzung. Der Pächter erwarb den genesenden Berg zur eigenen Nutzung.

Was uns blieb, waren die Bilder mit den gesunden Baumidyllen, mit Viehweiden und Wasserquellen – dazu die übrigen Familienandenken, womit wir der später verstorbenen Eltern gedenken.

Auch diese Erinnerungsstücke mögen uns begleiten in die neuen Seeblick-Räumlichkeiten.

Irland

Wir landeten in Dublin bei Nieselregen, tauchten ein in die Stadt von Oscar Wilde, kauften Schirme im Irish Design, flüchteten in die Trinity College Library, bestaunten das Buch von Kells, um 800 von Mönchen geschrieben, suchten das James Joyce Museum bei Nieselregen und machten eine Odyssee bei „Ulysses" auf verschlungenen, über Zürich führenden Romanumwegen. Wir erholten uns bei Livemusik, Pub Food, Guinness-Bier, Irish Tea und Whiskey Coffee.

Wir fanden Obdach im Bus bei Nieselregen, bewunderten die Grüne Insel mit den Blumengärten und dem Gemüsesegen, erlebten Gastfreundschaft in der Landwirtschaft, fieberten mit beim keltischen Hurling Match und erreichten die Cliffs of Moher bei Nebelnieselregen. Wir verpassten die imposante Aussicht vom Atlantikfelsen und trösteten uns, nach hoffnungslosem Warten, mit spektakulären Bildern auf Ansichtskarten.

Im Dunguaire Castle wurde unsere Gruppe empfangen von Folk Music mit Harfe, Whistle Flöte, Irish Dance, dem traditionellen Stepptanz. Das königliche Schlossspiel begann. King and Queen wurden bekleidet mit Purpurmantel und Krone. Prachtvoll ausstaffiert, nahmen wir Platz auf dem Throne. Der König regierte mit Wohlwollen die kostümierte Reisegesellschaft in den verschiedenen Rollen. Die Dienerschaft brachte Met, den vergärten Honigsaft, zu trinken aus einem Keramiknapf. Suppe aus Krügen wurde in Steingutschalen verteilt. Die Tafelrunde war zum Schlürfen bereit. Irish Stew und flambierter Kapaun wurden mittelalterlich kredenzt als Fingerfood. Das Mahl war nourishing and very good! Ein „Red Prince" als krönender Abschluss war ein Muss:

„An apple a day keeps the doctor away!"[43]

Wir durchquerten die fruchtbare Insel zurück auf anderen Wegen und flogen übers Irische Meer hinweg bei Nieselregen, begleitet von irischem Segen:

„Der gesegnete Regen,
der köstlich sanfte Regen
ströme auf dich herab.
Die kleinen Blumen mögen
zu blühen beginnen
und ihren Duft ausbringen,
wo immer du gehst."[44]

Phänomen des Zufalls

Es war Juni, als wir mit leichtem Sommergepäck am Flughafen eintrafen. Eine Menschenmenge schlängelte sich durch die Absperrungen dem Check-in zu. Da rief jemand: „Bonjour!" Es war die Cousine aus Neuchâtel auf der Suche nach Iceland Air. Die Paysanne war für Island winterlich eingehüllt und völlig aufgewühlt. Ihr erster Flug stand bevor. Dank der begleitenden Tierärztin behielt sie ihren Reisehumor. Die Islandpferde waren das Traumziel, dem sie lange schon verfiel. Ich stand vor ihr. Sie war wie eine Halluzination, ein irrationales Phänomen, eine zufällige Sensation! Ergriffen von der surrealen Begegnung, verabschiedeten wir uns und flogen je zur gebuchten Destination.

Das kriegsversehrte Dresden bot uns die rekonstruierte Altstadt, die im Wiederaufbau sich befindende Frauenkirche, die Semperoper mit Richard Strauss' schwerer Kost „Eine Frau ohne Schatten". Auch das politische Kabarett, das wir uns zugemutet hatten, wirkte verletzt. In Pfunds Molkerei, die der weltschönste Milchladen sei, flüchteten wir vor der Wetterplag. Es war kalt, es regnete Tag für Tag, und in sternenloser Nacht hatte ich frierend über die wärmenden Islandkleider nachgedacht.

In Meißen staunten wir über das berühmte Porzellan, goldverziert, blau, bunt, filigran.

Auch Leipzig war eine Reise wert, nicht nur als Messestadt. Die Nikolaikirche war Ort der Friedlichen Revolution, die den Sturz der DDR-Diktatur beeinflusste mit einer intensiven Gebetsaktion. In der Thomaskirche komponierte und musizierte einst Johann Sebastian Bach. Seine barocken Werke klingen nach, von Kirche zu Kirche, von Haus zu Haus, in alle Welt hinaus. Der Thomaner-Knabenchor jubelt mit geschulten Stimmen seit Jahrhunderten in Gottesdiensten und Konzerten. Kinderchöre waren mir Leitbild fürs instrumentale Zusammenspiel. Ältere kümmern sich verständnisvoll um Jüngere mit einem gemeinsamen musikalischen Ziel.

Beeindruckt und unterkühlt, kehrten wir nach Hause zurück. Meine Cousine berichtete mit Freudentränen vom milden Wetter, von den heiß sprudelnden Geysiren, besonders aber von den herben Islandpferden mit den Wuschelmähnen und den robusten Zähnen. Die beiden Nordlandreisenden wurden begleitet von wundersamen Glückssträhnen und vielen wärmenden Sonnenstrahlen.

Fazit, frei nach Friedrich Dürrenmatt:

„Das Unplanbare lässt sich nicht planen."[45]

Rondo 2001

Seit zwanzig Jahren schon musizierte das Schülerensemble.
Die Rondo-Casinobar, wo einst der Sohn als Kellner tätig war,
wurde Input fürs Logo. Mit speziell gestalteten Notenschlüs-
seln, schwarz auf weiß bedruckt, wirkten Shirt und Schal grup-
pendynamisch optimal. Auch wurden sie hinausgetragen in die
Umgebung. So machten die Rondo-Kinder fröhlich Werbung.

Rondo, ein Kreis, mal größer, mal kleiner! Wie beim berühmten
Thomanerchor in Leipzig, wo mir Gesang, Methode, Disziplin
imponierten, durften auch die Kleinen mit Flöte, Geige, Gitarre,
Klarinette, Trompete, mit Cornett, Harfe, Akkordeon, Saxofon
und Percussion sich einfügen, mussten aber über stabile Grund-
kenntnisse verfügen. Sie wuchsen heran, halfen mit Verständnis
den Jüngeren und blieben als Erwachsene oft dabei. Instrumente
sind stimmbruchfrei! Fortgeschrittene brauchten Herausforde-

rung, Anfänger benötigten Vereinfachung. Der Rondo-Sound variierte, je nach Besetzung und Registrierung. Die Eltern gaben verpflichtend ihr Einverständnis fürs jeweilige Projektereignis.

Die Jubiläumsvorstellung mit fast vierzig Mitspielenden gab Einblick in frühere Programme von Musikschulkonzerten, oft im Teamwork mit anderen Gruppen: „Hänsel und Gretel" von Engelbert Humperdinck, „Karneval der Tiere" von Camille Saint-Saëns, „Wasser- und Feuerwerksmusik" von Georg Friedrich Händel. Auch pickten wir Melodien heraus von kirchlichen Anlässen, von Vernissagen, Geburtstagen, Hochzeitsfeiern, von Straßenmusik zugunsten von obdachlosen Kindern, von klingenden, wackeligen Sternenbahnfahrten mit Geschichten zu Weihnachten.

Eine Stunde aufgewärmter Vergangenheit, die so herrlich schmeckte in den Kulissen der Operettenbühne! Eine Augenweide waren die aus gefärbten alten Leintüchern meiner Mütter kreierten Kostüme! Bei den zwölf Feenkleidern für „Dornröschen" bockte die Nähmaschine und fuhr nur noch rückwärts. War das eine Aufregung kurz vor der Aufführung! Da rettete uns die Mutter der blauen und der gelben Fee, so dass die farbenfrohe Garderobe rechtzeitig genäht und gebügelt war fürs Bühnenarrivée. Und die eifersüchtige Dreizehnte konnte Dornröschens Tod androhen in schwarzer, düsterer Aufmachung – wenn da die rettende Weiße, auch mit spitzem Schleierhut, nicht noch einen Wunsch frei gehabt hätte für seine Erlösung!

Eine Videoaufnahme entstand vom herzerfrischenden Rondo-Aufwand, die nun auch den Weg zu den zügelbereiten Tonträgern fand – als filmischer Nachklang von Spiel und Gesang.

Tourismus

Das Nachtessen im Hotel war salzig. Ich war durstig. In der Dunkelheit schlich ich zum Kühlschrank, leise und sacht. In der Hoffnung, dass die Tochter nicht aufwacht, suchte ich nach Wasser, öffnete die Flasche und trank. Es war Bier – ein von mir verschmähtes Elixier! Die Tochter erwachte, fand es witzig und lachte hinein in den Morgen. In dieser Heiterkeit gelang ihr die Tourismusprüfung ohne Sorgen!

Vor Studienbeginn besuchte sie die Sprachschule in Ravenna in der Region Emilia-Romagna, bestaunte die bunte Mosaikkunst und genoss das Strandleben mit jugendlicher Inbrunst. Bald richtete sie sich ein in ihrem rosa Daheim mit Weitblick übers Rhonetal und absolvierte das Studium im Wallis bilingual.

In besonderer Erinnerung bleibt die Exkursion ins Lötschental, umgeben von furchterregenden Larven und bizarren Arven. Plötzlich entlud sich ein tobendes Gewitter, Flüsse strömten über die Ufer, und ein Bergsturz donnerte auf Gondo hinab, 2000, im herbstlichen Regenmonat.

Auch das Praktikum im Ticino war ein nasses Szenario. Wir reisten zur Tochter ins Hotel Origlio. Wir suchten Schutz in der Chiesa di Sant'Ambrogio in Ponte Capriasca. Da standen wir vor der Kopie von Leonardo da Vincis „Ultima Cena". Ich war tief berührt und hatte in diesem Moment den Wunsch gespürt, „Das letzte Abendmahl" in Milano zu sehen – im Original. Er wurde mir viel später, dank digitaler Buchung meiner Tochter, erfüllt. Der unkontrollierte Touristenansturm hatte den berühmten Kirchenraum jahrelang überfüllt.

Aufbruch

Nach dreijähriger Ausbildung mit Praktika, auch beim Heliskiing in den kanadischen Rocky Mountains, und nach einem Diplomsegelturn in der Karibik, stand die mehrsprachige Tochter mit ihrer Klasse auf der mittelalterlichen Festung und freute sich über die Diplomierung. Das Studio wurde geräumt und shiny geputzt, wie sie es gelernt hatte als Staff in der Canadian Mountain Lodge. Die Utensilien wurden zuhause deponiert, der Rucksack für die Weltentdeckung ausstaffiert. Am Flughafen wurde mir flau zumute. Wir wünschten als Elternpaar, zusammen mit einer winkenden Schar, Tochter und Freundin alles Liebe und Gute. Ein Wiedersehen war geplant bei der Patenfamilie in Neuseeland.

Die Tourismusfachfrauen froren im südafrikanischen Winter, übten das Linksdriving und fuhren durchs multikulturelle Land mit der Apartheid-Vergangenheit. Nelson Mandela kämpfte mit Diplomatie für die Vision einer gleichberechtigten Nation. Seine Präsidentschaft, nach langjähriger Haft, stand ganz im Dienste der Demokratie. Als Friedensnobelpreisträger und als Symbolfigur für Freiheit und Unbestechlichkeit empfing er weltweit Achtung und Würdigung, vor allem am Kap der Guten Hoffnung.

Die hoffnungsfrohen freien Schweizerinnen entdeckten das landschaftliche Paradies, das so viele unauslöschliche Eindrücke hinterließ. Sie waren fasziniert von der Garden Route, vom Meeresbrausen, von den Felsformationen, von der imposanten Natur und von der grandiosen Tierwelt auf der Krüger-Safaritour.

In Asien begeisterten sie sich für die spicy Küche der Thais, speziell für Gemüse-Curry-Reis. Sie reagierten zutiefst emotional bei Beat Richners Kinderspital. Kantha Bopha in Kambodscha ist gelebte Menschlichkeit. Die dankerfüllten Weiterreisenden spürten Herzlichkeit von der in Kargheit lebenden Bevölkerung in Laos am Mekongfluss. Die vegetarische Feinschmeckerin überwand die Unlust auf die Eintopfmahlzeiten. Sie erweiterte mit Fisch nachhaltig die tierlosen Essgewohnheiten. Die romantischen Frauen staunten über das Lichterfest von Hội An in Vietnam. Sie hüpften mit Qantas Airways nach Australien zu den Kängurus, Emus, Koalas, Wombats und schnorchelten im Great Barrier Reef, dem Unterwasserwunderland, wo sich bunt schillerndes Meergetier durch die wegen Umweltverschmutzung gefährdeten Korallenriffe wand.

Zusammenbruch

Mit meinem Pianoliebhaber war ich unterwegs im Chopinhaus, als auf dem biografischen Spaziergang Musik des Komponisten erklang. Sie war nicht vom Guide initiiert. Mein erstes Handy hatte die Melodie intoniert! Der Minutenwalzer ertönte auf die Minute genau am richtigen Posten – dort, wo der Flügel stand des längst entschlafenen Pianisten, zur Erheiterung der Kulturtouristen!

Bald darauf lauschte unsere Agrarreisegesellschaft der Ausführung im Warschauer Ministerium für Landwirtschaft über die veränderte Marktstruktur nach der Befreiung von der kommunistischen Parteidiktatur. Wir besichtigten aufblühende Molkereien und Käsereien, auch vom Westen aufgepfropfte Einkaufszentren, und erlebten Agrotourismus bei einem Berater Lech Wałęsas, des ehemaligen Staatspräsidenten. Abends bestaunten wir den präzisen Chorgesang, den Trachtentanz, die sorgsam gepflegte ländliche Eleganz.

Nun kannten wir das Brauchtum und die Kühe Polens, nachdem wir in all den Jahren dem Bauernstand halb Europas begegnet waren, der nicht immer dem Schweizer Standard entsprach. Das bemerkten die Mitreisenden vom Fach.

Wir flogen nach Wien zurück mit einem stinkenden Käsestück in Nachbars Gepäck und wunderten uns über die Nervosität am Flughafen. In die Lauda Air stiegen wir um und landeten auf heimatlichem Boden. Ein aufgeregtes Treiben irritierte uns auch in Kloten. Wir blickten in entsetzte Gesichter und begriffen: Die USA wurden angegriffen und von al-Qaida wie im Krieg getroffen. Die Twin Towers des World Trade Centers in New York lagen in Trümmern. Islamistisch terroristische Flieger hatten sie attackiert und 2791 Menschenleben ausradiert. Die Zerstörung war apokalyptisch an diesem 11.09.2001.

Das brutale Ereignis nahm mir jeglichen Mut fürs Wagnis, bald wieder in ein Flugzeug zu steigen. Ich war unfähig, mir die Furcht davor zu vertreiben. Es brauchte viel beruhigende Gelassenheit des Waagemannes, meine Balance wiederzufinden und die Angst um unsere fliegenden Töchter zu überwinden.

Flying – Grounding

Nachdem mich drei Todesfälle in der Nachbarschaft erneut aus dem Gleichgewicht gebracht hatten, ging ich besonnen, mit viel Gottvertrauen das Risiko ein, mit meinem Abenteurer die Reise auf die andere Seite der Erdkugel anzutreten. Mit einer Orchideenpracht wurden wir empfangen am Airport Singapur: Augenweide pur! Hunderte von Blüten in faszinierender Vielfalt betörten uns im Orchid Garden der saubersten Stadt der Welt. Wunderschöne Arrangements dekorierten üppig das Oriental Hotel mit Palmenpool auf der Dachterrasse, mit Blick über City, Hafen, Meer mit dem regen Schiffsverkehr. Im goldverzierten Baderaum, einem Wellnesstraum, entzückte mich das zur Spitze gefaltete Toilettenpapier. Ich kopierte die Idee daheim – als asiatisches Souvenir.

Als es Abend war, kam der Anruf vom Freundespaar, das sich nicht in Auckland, sondern am Zürichsee befand. Eine schreckliche Tat habe ihr Bruder begangen: Er habe seiner Frau, seinen Kindern und sich selbst das Leben genommen. Wir hatten ihn gekannt, gemocht. Die Familientragödie wühlte auf und hielt uns wach, die ganze Nacht. In diesen Stunden des Grauens kritzelte ich in mein Tagebuch, beruhigte mich mit dem Zeichenstift und entwarf durch die Düsternis hindurch das Signet der zukünftigen Casa d'Arte und den Prototyp der dreifach gefalteten Vernissagekarte.

Am Morgen flogen wir mit dumpfem Gefühl weiter nach Down Under. Das geplante Programm absolvierten wir. Im berühmten Sidney Opera House, im mörderischen Musical „Sweeney Todd" mit dem teuflischen Barbier, hatten wir erneut makabre Schauerlichkeiten zu erleiden. Da brauchten wir Erholung, flüchteten in die Blue Mountains und atmeten uns frei von der Barbarei bei den „Three Sisters", den gigantischen Felsformationen, bevor wir Australien verließen und uns bald darauf die Freundeskinder – „Three Sisters with Brother" – und die weltreisenden

Töchter willkommen hießen. Die Wiedersehensfreude war groß nach langer Trennungszeit, jedoch überschattet von Familienleid und Fassungslosigkeit.

Die Einzigartigkeit des üppig-fruchtbaren, vom Meer umspülten Kiwi-Country wirkte wohltuend auf die getrübten Gemüter. Wir würdigten die einheimischen Kulturgüter, besuchten die Schule unserer unterrichtenden Patentochter, die sich mit einem stämmigen Maorimann trauen ließ, der sich später als Retter erwies. Noch immer spüre ich ihn als Bodyguard. Er hatte mich – im Urlaub am Lago Maggiore – schützend bewacht in meiner Unfallohnmacht, als ein Storenpfosten kippte und mich verletzte an Auge, Nase, Lippe. Als Ehemann und Vater wurde er Beschützer seiner Familie mit zwei Traditionen und weckte immer wieder meine dankbaren Emotionen. Auf unserer damaligen Inseltour mit den Jungen tanzten die Mutigen mit Delfinen und wagten den Sprung durch die Luft mit Fallschirmen. Die schwer geprüften Trauernden kamen zurück aus dem kühlen Schweizerland in ihr wärmendes Neuseeland. Beim Süßkartoffelschmaus – einer erstmaligen Degustation – besprachen wir die unfassbare Situation. Das tragische Geschehnis erzeugte Nachwehen. Trotz einiger Tage in Weingebieten und Erdbeerplantagen an besten Lagen blieben viele offene Fragen. Wir verabschiedeten uns von allen, auch von den nach der Südsee weiterziehenden Reisedamen.

In Brisbane sichteten wir verwundert, ungläubig, schockiert und heimatwund die auf australischem Boden ruhenden Maschinen mit weißem Kreuz auf rotem Grund: Swissair Grounding 2001. British Airways flog uns heim in die Schweiz mit dem verlorenen aviatischen Stolz.

Crossairabsturz, Attentat in Zug, Inferno am Gotthard, Terror, Amok, Horror, Katastrophenballung, Erschütterung, Verunsicherung. „Hört das denn nie mehr auf?", fragte der Bundespräsident voll Verzweiflung. Eine schwarze Zeit für die Welt. Sie war verwundbar. Überall lauerte Gefahr!

Himmel und Meer

Die Globetrotterinnen waren berauscht von der bunten Cook-Inselwelt und wurden vom berührenden Gottesdienst der Einheimischen aufgestellt. Sie reisten weiter nach Florida, besuchten Verwandte und landeten bald in Südamerika. Sie erlebten Brasiliens Fröhlichkeit und die unbeschränkte Mannigfaltigkeit: Amazonas, Pantanal, Natal, Salvador de Bahia, Rio de Janeiro. Trotz Favela-Armut begegneten sie vergnügter Anmut. Beschwingt tanzte die Jugend am weißen Sandstrand der Copacabana, mit Samba im Blut, in der gleißenden Sonnenglut.

„Eine Badehose.
Den Tag verbummeln.
Ein Meer, das kein Ende kennt.
Sanftmütig reden
mit edlem Caipirinha
und mit unvergesslichem Betrachten.
Beim Treffen von Himmel und Meer
umherschweifen und hören,
wie die Erde sich dreht."

Vinicius de Moraes[46]

Die Tochter fühlte sich wie eine Brasilianerin: Temperamentvoll, lebenslustig, sanftmütig, strahlend.

„Strahlende Augen erblicken eine strahlende Welt!", philosophierte der südländische Schuhmacher, der die lädierten Sapatos robustos der heimgekehrten Weltenbummlerin wieder gangbar machte.

Die von uns Familienmitgliedern bewunderten Morgenglühen, die wir auf Fotos vermuteten, seien Sonnenuntergänge! Die Tramperinnen verschliefen nach durchfeierten, durchträumten Nächten die Sonnenaufgänge im Schutze der Moskitovorhänge.

Auf dem Weg zur Kunst

Innovation, Akquisition, Börsengang gehörten zur beruflichen Betätigung in der Konzernunternehmung. Diesmal erfolgte die Gründung einer Aktiengesellschaft für den Eigenbedarf. Zu dritt saßen wir beim patrizialen Avvocato und unterschrieben die Dokumente für die Casa d'Arte. Je eine Aktie wurde Frauenbesitz. Die restlichen behielt der zukünftige Galerist.

Mein Singapur-Logo zierte Briefpapier, Formulare, Zertifikate. Die adressierten Kuverts waren handschriftliche Unikate. Die Vernissagekarten wurden farbig gedruckt, die Einladungsbriefe rechtzeitig verschickt.

Der Künstlerfreund, ein feinsinniger Humorist und „Nebelspalter"-Karikaturist, brachte sein umfangreiches Œuvre in den südländischen Louvre. Alle packten an bei der Gestaltung der facettenreichen Ausstellung. „Dieses Bild hängen wir nicht auf! Die vielen Augen kauft kein Mensch!", erklärte ich dezidiert.

„Das ist eines meiner Besten!", wehrte sich der Maler, leicht konsterniert.

Der Inhaber, lösungsorientiert, fixierte es an eine unscheinbare Wand, die Küche und WC verband.

Die Vernissage wurde inszeniert, Getränke organisiert, eine attraktive Spiegelplatte kulinarisch ausgarniert.

Die Gäste kamen, wandelten auf vier Etagen durch die Räume und betrachteten die experimentellen Kunstträume. Etwas versteckt duckte sich das Augenbild, wurde entdeckt und erstanden – von einer Ärztin für Augen.

Kunstgeschichten

Den Musikunterricht verdichtete ich auf vier Tage. Freitags war ich südwärts unterwegs zum restaurierten, mit Bildern und Skulpturen ausgestatteten rustikalen Haus an bester Lage. Kunstinteressierte, Familie und Freundeskreis würdigten die Exponate.

Die Galleria wurde besichtigt von einem Mann, der mit Tränen in den Augen die Treppe runterkam. Das Aquarell mit dem Violinspieler möchte er haben. Es erinnere ihn an seinen geigespielenden verstorbenen Knaben.

Auf der Staffelei stand eine abstrakte Collage, ein Atomkraftwerk, so deutete ich die künstlerische Aussage. Vater und Sohn schauten mit anderen Augen: „Da sind zwei Tauben!", jubelte der kleine Vogelfreund. Der Vater schenkte sie dem Kind zu dessen großer Freud.

Ein Ehepaar suchte Ölgemälde für die neuen Wände. Die beiden waren sich nicht einig. Er sagte mit nachgiebigem Humor: „Sie setzt sich durch wie immer!" Die Frau kam wieder. Noch hing des Mannes Favorit. Sie kaufte den „Marché" und nahm ihn mit.

Der Kunstvermittler lieferte eine verspielte Malerei, die schlecht zur Geltung kam. Diplomatisch bestätigte er der Frau, das angrenzende Regal sei nicht ganz optimal. „Siehst du", bedrängte sie den Ehemann, „wir brauchen eine neue Küche!" Die Kunst durfte bleiben, die Küche musste weichen.

Eine Provence-Idylle auf Zement, aufzubohren auf Beton, erforderte Vitalität und Professionalität. Der dienstleistende Galerist rannte mehrmals ins Eisenwarengeschäft, das Hemd von oben bis unten schweißdurchnässt, bis das Ölbild endlich hing – assortiert zum mediterranen Wohnstyling.

Das Triptychon war ein Traum, ausgewählt für einen noblen Raum. Die Corbusierwand war zart und fein, die perfekte Platzierung eine Pein. Sie gelang. Die Kunst war mit der Ambiance im Einklang. Wir feierten in froher Gesellschaft und stießen an auf die begeisterte Dame mit edler Tranksame.

Die Kastanienbäume schmückten monatelang die Räume, wurden verschoben von Ort zu Ort. Plötzlich waren sie fort. Ich fühlte meine Trauer, als das Bild entschwunden war. Doch der Besitzer brachte es zurück nach unerklärlich schlafgestörter Zeit – zu meinem Glück! Nun hängt es beim weißen Flügel neben dem Fenster mit Blick auf See und Hügel.

Eine Löwenfamilie auf Zirkuszelt wurde herangeschafft, nicht wie im Künstleratelier gesehen, sondern mit mächtigem Rahmen versehen. Nirgends fand sie Platz im Haus, blieb am Boden stehen. Passanten ließen sich spontan berühren, erwarben die Raubtierpracht. Die schwere Fracht wurde zurückgetragen in den Lieferwagen.

Ein imposanter Schimpanse auf Chapiteau wurde in der Galerie symbolisch verköstigt, bis nach Monaten ein Käufer kam und sein Ebenbild mitnahm, wie er schalkhaft selbst bemerkte. Die Banknoten hatte er dabei, im Kittelsack, so nebenbei. Seine kleine Komödie steckte an. Eine heitere Silvesterparty begann!

Ein asiatisches Paar wählte eine Skulptur. Der Hund war von lang gezogener Statur: spitze Schnauze, gestreckter Körper, gedehnter Schwanz, filigrane Pfoten – abzugeben am Flughafen Kloten. Wir suchten Packmaterial. Keine Schachtel war ideal. Kein Fachhandelgebinde war genügend groß, keines entsprach dem Maß. So umhüllten wir den Dackel mit Folien, Schicht um Schicht, damit er bestimmt nicht bricht, legten ihn in unseren geräumigsten Reisekoffer, polsterten ihn aus mit Füllmaterial und fuhren damit zum Terminal. Beeindruckt empfingen die chinesischen Kunden das stattliche Gepäck und luden uns ein zu einem Drink mit Salzgebäck. Bald schon kam ein E-Mail aus Hongkong: „The tail broke off!" Telefonate, Kundendienst, Reparaturservice, Klebstoff: Ein Großaufwand für den gebrochenen Schwanz in 9000 Kilometern Distanz!

Vier Bilder wurden ausgesucht fürs Ferienparadies über der Bucht. Eine Freundschaft begann und entwickelte sich zu einem Stamm mit weiteren Gästen am Begegnungsort mit Charme, am ovalen Tisch aus Glas mit je einem Proseccoglas unter dem Leuchter aus Muranoglas. Auch freuten sich alle über den Gedankenaustausch beim samstäglich-unverbindlich-kulinarischen Schmaus.

Der Metzgermaler und Wirt erwarb Schuhe zu hohem Wert. Der Preis war übertrieben und auf der Packung angeschrieben. Der Künstler nahm Pinsel und Spachtel, verzierte die Schachtel und verkaufte sie teuer – finanziert war das Schuhabenteuer!

In den Gästebüchern der Casa d'Arte, umhüllt von solch gespachtelter Metzgerkunst, wurde fortlaufend die Fotochronik festgehalten, Jahr für Jahr. Alle konnten mitgestalten, bunt, poetisch, unverwechselbar!

Noch hatten Konzern und Schule Priorität. Mit guten Gefühlen konnten wir kunstbeflissenen Frauen die Galleria anvertrauen, getrost die Buchhaltung weitergeben, Revision und Informatik Sachverständigen übergeben.

Wir genossen das inspirierende Pendlerleben, auch den ehefreien Donnerstag! Durchstrukturiert und gut organisiert, so funktionierte der bewegte Alltag schon von Anfang an. Doch brauchte es Elan fürs Wechselspiel – Woche für Woche – mit südlichem und nördlichem Ziel.

Happyville

Ein Unterschriftenbogen kursierte durch die Via commerciale zwecks Verhinderung eines geplanten Locale. Die katholische Kirche besaß ein angrenzendes Objekt. Sie störte sich am Nachtklubprojekt. Der Galerist zögerte, ihm war es suspekt. Die Galeristin animierte ihn zur Signatur. Das Formular kam von der Advokatur. Er unterschrieb – widerwillig nur. Wochen verstrichen. Da wurde das Lokal frisch gestrichen. Poster mit freizügigen Damen in glitzernden Rahmen dekorierten die Fenster des „Happyville" im Dancingstil, vis-à-vis der Gemäldegalerie. Da kam eine beachtliche Faktura von der Avvocatura. Der verdutzte Empfänger erkundigte sich nach der hohen Somma dovuta. Der Notar bestätigte sein Honorar. Des Kunsthändlers Autogramm war das einzige auf dem Zirkular. Die Diskussion ergab eine gnädige Freude: „Bezahlen Sie die Hälfte – und wir bleiben Freunde!", beendete der Dottore die Angelegenheit zu beider Zufriedenheit. Denn diese Freundschaft hatte ihre Wertigkeit! Unsere männlichen Kunstgäste genossen die doppelsinnige Aussicht mit Heiterkeit: Bei dem einen Fenster blickte man auf die Madonna, beim anderen auf eine frivole Donna.

Mandelblüten

Ein lang gehegter Wunsch ging in Erfüllung im provenzalischen Frühling, als ich die Mandelbäume blühen sah – zartrosa –, ausgebreitet wie ein Flaumteppich. Eine Augenweide, weich wie Seide, bezauberte mich. Die pastellfarbenen Dörfer, bewacht von Kirchtürmen mit Glockenkäfigen aus Schmiedeeisen, klebten an sanften Hügeln mit Olivenbäumen und Zypressenriesen.

Der Kunstmaler begleitete uns durch Baumalleen und Gässchen zu Straßencafés im Städtchen, denen wir oft schon auf seinen von Licht und Schatten umspielten Ölbildern begegnet waren und in denen man verführt wurde von Nougat, Calissons, Zuckermandeln und anderen regionalen Süßwaren.

Die südfranzösischen Kunstimpressionen entstanden weitgehend im altehrwürdigen Pfarrhausatelier „L'Ombre et Lumière". Allumfassend wurde das Anwesen betreut von der gastgebenden Galeriste et Institutrice. Typische Kulinarik wurde serviert – Tournedos, mit Gemüse und Kräutern reich garniert, dazu Wein aus dem hiesigen Rebgebiet. Ein rosa Mandelblütenzweig schmückte die südländische Räumlichkeit – eine sympathische Aufmerksamkeit!

Draußen vor der Pfarrhaustür verabschiedete uns eine nackte Frauenskulptur, rückwärts sitzend auf dem Podest. Anfänglich gab es Dorfprotest. Des Meisters Objekt aber war zementfixiert, wurde bald schon als Kunst akzeptiert und oftmals von Passanten fotografiert.

Mallorca

Mit dem Mietwagen schlängelten wir der zerklüfteten Westküste entlang, bestaunten den vom tiefblauen Meer umspülten felsigen Abhang und erreichten Valdemossa in der Tramuntana. Im Kartäuserkloster komponierte einst Frédéric Chopin und residierte dort frierend und krank mit der Schriftstellerin George Sand.

Bald darauf entdeckten wir Sóller, umgeben von Meer, ebenso von Zitrushainen, attraktiv erschlossen von Tram-Oldtimern. Wir genossen Fisch im Salzteig, mallorquinisches Mandeleis mit Gató de Almendra in Alcúdia mit Sicht auf die Bahia in froher Compañia.

Dann staunten wir über die Salzberge in Sant Jordi und trafen ein Freundespaar an der Tapasbar.

Auch besuchten wir Manacors Kunstperlenfabrik und kauften Echte aus dem Pazifik.

Wir ließen uns von den Phönixpalmen in Palma bezaubern und überließen Ballermann den bierseligen Urlaubern. Stattdessen labten wir uns am frisch gepressten Saft von süßen Orangen, genossen Wein aus den Plantagen und kosteten geröstete, mit Meersalz aromatisierte Mandeln in unserem Hoteltraum. Der lag hoch über dem Jachthafen und über dem rauschenden Meer mit dem Wellenschaum, der bei Flut sich vorwärtsdrängte und abends den Sandstrand überschwemmte. Wir schliefen unter Michelangelos Adam-Wandkopie, bis die Morgensonne uns Frühstückslust verlieh.

In diesem Paradies schrieb ich einen Geburtstagsgruß auf Schreibpapier des edlen Resorts, verwechselte die Kuverts von Brief und Faktura und machte eine schlechte Figura, denn die Hotelrechnung mutierte zur blamablen Festtagsüberraschung.

Höhepunkt des Aufenthalts war jedes Jahr die Bilderschau beim vielseitig Kunstschaffenden und seiner artistischen Frau. Zusammen mit Akrobaten, Bauchrednern, Clowns, Musikern, Ballkünstlern, Journalisten aus der bunten Zirkus-, Kunst-,

Sport- und Reporterwelt genossen wir Spaghetti mit besten Tomaten aus dem mit Skulpturen reich geschmückten, mediterran blühenden Fincagarten. Unter dem Glaspodest, das unsere Tafelrunde trug, entzückten uns die Kois mit all ihren Eigenarten.

Wir gingen heim mit einer Liste außergewöhnlicher Originale auf Zeltplane für unsere herbstliche Kunstbiennale.

Vin – Vino

Die Dissertation des Bräutigams war in Buchform bereit. Diejenige der Braut brauchte noch etwas Zeit.

Dreihundertdreißig Seiten Chemie, Mikrobiologie, Weintechnologie auf Französisch – das war für mich fremder als Chinesisch!

Der Weinfachmann reiste mit seiner Épouse nach Italien, den passenden Hochzeitstropfen auszusuchen und ihn in reichlichem Quantum vom Festbudget abzubuchen. Er feilschte um Mengenrabatt. Die Weinbäuerin blieb hart, schenkte aber eine Magnum zum Ehestart. Er bezahlte die hohe Euro-Rechnung nach der kürzlich erfolgten Lira-Abschaffung. Das Brautpaar passierte die Grenze mit dem exquisiten Rebensaft. Das Kistenschleppen durch die engen Gassen erforderte jugendliche Kraft. Nun lagerte der kostbare Vino im Gewölbekeller des Castello im Ticino. Der große Frust folgte im Nachhinein: Den teuren italienischen Wein gab's zum tieferen Preis in der nördlichen Schweiz!

Um die geplante Tessiner Feier zu gestalten, flog der Sohn mit seiner Liebsten mehrmals vom Waadtland über die Alpen. Bei jedem Flug bekam ich weiche Knie. Gelassenheit empfand ich nie! Das pünktlich erwartete „just landed" des Piloten kam diesmal nicht. Erst viel später erlöste er mich. Die Erklärung war Toilettennot über Sitten. Er musste um eine Landung bitten.

Hochzeit – Mariage – Matrimonio

Die Braut erlebte das „Enterrement de Vie de jeune Fille" und zeigte ihre wahren Eigenschaften mit den tiefgründigen Leidenschaften. Der Bräutigam litt beim Poltern an der Fritteuse bei McDonald, seinem Antirestaurant. Er sang Elvis-Presley-Rock statt Musik aus dem Barock und erlebte als Kinderzuglokführer den Traum von früher.

Die Junihitze ließ das Brautbouquet taumeln am Tag der zivilen Trauung, nicht aber die Liebenden:

„Liebt einander, doch macht die Liebe nicht zur Fessel!"[47]

Das lasen die bezeugenden Geschwister in französischer und deutscher Sprache am Lac Léman, dazu die weiteren Eheratschläge des Propheten Khalil Gibran. Die Brauteltern luden zum Buffet riche ein, zu belgischem Bier, zu erquickendem Wasser aus Evian und zu kühlendem Wein im glühend heißen Sonnenschein.

Der Hitzesommer 2003 dauerte an bis zum Matrimonio im Ticino. Mit meinem schmucken Auto fuhr ich zum Juwelier, das Geschenk des Bräutigamvaters abzuholen – zu Bräutigammutters Zier. Ein Rotlicht ließ mich bremsen. Hinter mir krachte es mit Wucht. Ein Motorradfahrer flog durch die Luft. Eine Krankenschwester eilte herzu und half behänd im entsetzlichen Schreckmoment. Die Polizei rückte an. Mein Mann – telefonalarmiert – brachte Ruhe ins hektische Getue. Der glücklicherweise nur leicht Verletzte wurde medizinisch betreut, mein herausgeputztes Auto war verbeult, meine geschminkten Augen blickten verheult. Beinahe hätte ich die Musikprobe versäumt. Doch auch der Organist erschien außer Atem und schusselte sich hastig durch die Noten. Mit zittrigen Händen spielte ich Bass im mich tragenden Quartett, und der Bräutigambariton verschmolz mit des Soprans hell leuchtendem Ton.

„Muss das sein?", stöhnte der Sohn in der Mittagsglut beim Knöpfen des steifen Hemdes und beim Schlüpfen in den Kittel aus changierender kupferfarbener Seide, entsprechend dem Braun des Mantels eines Heiligen auf dem Chorbild in der Chiesa dei Santi Pietro e Paolo. Zu pünktlicher Zeit schritten wir zu zweit durch die in den blumengeschmückten Bänken sitzende Gästeschar. Die reformierte Pfarrerin und der katholische Priester – der zukünftige Bischof – empfingen den Bräutigam vorne beim Altar. Dann erschien sie, die glückliche Braut, in einem Traum von Kleid mit Hut, vom gerührten Vater durch den Kirchenraum geführt. Die Trauzeremonie verinnerlichten die beseelt Vereinten in vier Sprachvarianten. Die Musik von Händel und Bach, dazwischen lateinischer Taizé-Gesang, erfüllten das Gewölbe mit feierlichem Klang. Die Programmbüchlein fächelten Kühle hinein in die gestaute Schwüle.

Draußen prallten Sonnenglut und Kirchengeläute auf die hinausströmenden Leute. Ein Spalier mit weißen Gladiolen umspielte die überraschten Frischgetrauten. Der Fotograf erhaschte die Szenen, und die Gesellschaft posierte elegant am exotischen Palmenstrand. Der Classic Buick glitt lautlos mit Oleanderschmuck und mit den Freudestrahlenden im Glück über die Promenade. Winkende Zaungäste bestaunten die stimmungsvolle Parade.

Die Apérohäppchen schmolzen dahin im edlen Hotelgarten. Das bekränzte kleine Boot und sein nobler Kapitän warteten auf die frisch Verheirateten. Sie gingen von Land bei tiefstem Wasserstand und ließen sich gleiten über die Wellen bis zur einsamen Insel mit tropischen Bäumen, Schmetterlingen und Libellen. Nach der Ankunft der Geladenen per Extraschiff musste die Stille fliehen. Die Gesellschaft begann, ein swingendes, kulinarisch exklusives Ereignis zu kreieren. Die Inselbilder, die Reden der Väter, die Tischgarnitur und die Hochzeitsliteratur der Mütter, die Spiel- und Tanzproduktion der Jungen ließen das Fest gelingen.

Als stimmungsvoller Höhepunkt leuchteten viele bunte Papierseerosen auf dem Wasserspiegel des römischen Bades. Ein Lichterfest, vietnaminspiriert, von Schwester-Schwägerin inszeniert.

In dunkler Nacht wurden die Bräutigameltern vom Freundespaar über den See zurückgebracht mit dem kleinen, schaukelnden Hochzeitsboot, als ein Gewitter sich heftig entlud und der Motor zu stottern begann. Uns wurde angst und bang. Stürmisch peitschender Wind bescherte uns eine Stunde der Not, bis das Festland Rettung bot. Der Smoking färbte ab aufs weiße Hemd – auf der Haut klebte das himmelblaue Seidenkleid.

Es verstrich eine geraume Zeit, da fanden die Jungvermählten paradiesische Kartengrüße im heimischen Postbriefkasten mit Herzenswünschen von den Hochzeitsgästen.

Großväter

Für den kunstmalenden, ortsgebundenen Großvater wurde ein Hochzeitsfest in Belgien organisiert, und wir wurden in Brüssel einquartiert. Wir freuten uns mit den ansässigen Verwandten über die jungen zivil und kirchlich Vermählten.

Wir labten uns an den währschaften Gerichten, den originalen Pommes frites und den typischen Waffeln und wetteiferten über belgische und schweizerische Schokoladequalitäten. Wir genossen die Spezialitäten – nur die Moules und das berühmte Bier ersparte ich mir!

Nach einer Sightseeing-Tour durch die Residenzstadt – Manneken Pis, Grote Markt, Musikinstrumentenmuseum, Windmühle, Königspalast, Atomium – erreichten wir das Europäische Parlament und das Parlamentarium. Die Flaggen mit den zwölf goldenen Sternen auf blauem Grund wehten sanft im Wind.

„In Vielfalt geeint."[48]

So lautet der Wahlspruch der EU. 1992 wurde der Vertrag unterzeichnet mit einer vielversprechenden Vision. Aus der Europäischen Gemeinschaft entstand die Europäische Union. Die Eidgenossenschaft blieb ein souveränes Territorium. Ich erinnerte mich an den damaligen Landwirtschaftskongress im holländisch-limburgischen Maastricht im Universitätsdistrikt. Die männliche Schweizerdelegation mit Damenbegleitung war ein nicht stimmberechtigtes Gremium.

Nun, im Hochzeitsjahr 2003, flogen wir aus Bruxelles nach Hause zurück – vom Glück ins Unglück.

Es gab eine Trauerfeier für den Großvater in der Schweiz. In tiefem Schmerz, eingehüllt in herbstliche Nebeldüsterkeit, nahmen wir Abschied von einer geliebten, fürsorglichen, politisch geschätzten Persönlichkeit. Wir spürten Zusammengehörigkeit mit einem großen, anteilnehmenden Gemeindegeleit, fanden Trost bei Andacht, Gebet und Segen. Besorgt um die verlassene Mutter, gingen wir weiter auf den verschiedenen Lebenswegen.

Hochzeit – Trauerzeit
Leben – Sterben

Verlassen

Es war eine traurige, einsame Zeit für die Ehefrau, Mutter, Schwiegermutter, Großmutter. Ihr Lebenssinn zerrann mit dem verstorbenen geliebten Mann. An der Landesausstellung 1939 feierten die beiden Verlobung. Sie litten unter der bedrückenden Kriegsbedrohung und unter der Trennung während der militärischen und geistigen Landesverteidigung. Im jetzigen großen Leid machte das Kochen, Backen, Putzen, Waschen, Gärtnern keine Freude mehr. Die Depression bedrückte ihre Seele schwer. Resigniert zog sie sich zurück ins Altersheim, in umsorgtes, behütetes, stilles Sein.

> *„Wer kein Heim mehr hat,*
> *geht in ein Heim.*
> *Was tut er dort?*
> *Wartet auf seinen Heimgang."*[49]

So schrieb der ebenso verlassene Dichterpfarrer Kurt Marti.

Aus der aktiven wurde eine passive Frau. Ein Dämmer legte sich über sie. Nur eine Gabe mochte sie noch pflegen: Sie liebte es, Mundartbücher vorzulesen. Familie, Verwandte, Freunde, Bekannte kamen auf Besuch, auch ins Spital, nach dem Unfall mit der Oberschenkelqual. Wir luden sie ein zum Essen, lenkten sie ab in der nahen Stadt, machten Einkaufs- und Ausflugstouren auf ihren vertrauten Spuren. Als wir zum Grabe fuhren, sprach sie zum entschlafenen Liebsten: „Du hast mich alleingelassen, aber bald komme auch ich über die Brücke zum Himmelstor – ohne Rollator."

Einmal umkreisten wir zu zweit den Thunersee. An einem Sonnenhang blühten wilde Primeln. Sie erinnerten mich an meine Kindheit, wie ich mit meiner Mutter blümelte zur Frühlingszeit. Bei den Beatushöhlen über der Felsenstraße dachte ich an meinen Vater, wie wir Stechpalmen mit roten Beeren holten, uns stachen an den Dornen und zuhause die Zweige einsteckten in die Weihnachtsdekorationen.

Mit diesen nostalgischen Emotionen begleitete ich die lebenssatte Schwiegermutter ins Wohnheim zurück, besann mich einen Augenblick und machte einen Umweg zum Friedhof meiner Eltern. Ich war enttäuscht von den Gärtnern, die zum Palmsonntag nichts arrangiert hatten. Ich putzte Mutters Grab und vermisste Vaters Beet, das es nicht mehr gab.

Da blinzelte ein sonnengelbes Primelchen hervor – und auf der anderen Seite des Gedenksteins wuchs ein Stechpalmenspross empor, ein Fremdling hier!

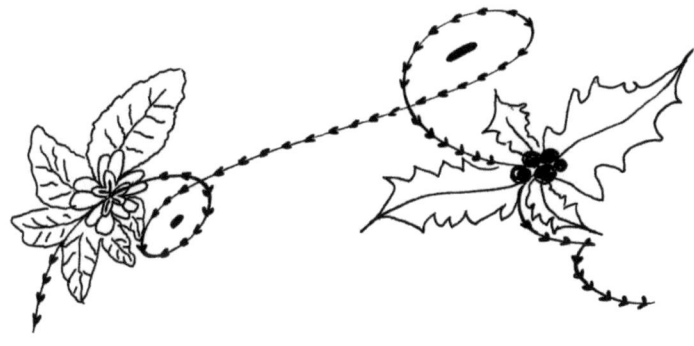

„Mutter und Vater sind vereint", deutete ich das Osterwunder, tränenverweint. Ich verweilte eine lange Zeit und gedachte des Todes:

„*Memento mori.*"

Im Auferstehungslicht fand ich Zuversicht.

Musical

Die katholische Kirche feierte Jubiläum. Vierzig Jahre stand sie da mit ihrem Legoturm, der zum Himmel weist. Dem Heiligen Martin ist sie geweiht. Seine Legende wurde in der Musicalwerkstatt zum Festspiel verdichtet und passende Musik fürs Rondo eingerichtet.

Jugendliche der Oberstufe und junge Erwachsene erzeugten mit ihren Instrumenten den modernen Sound: Keyboard, Klarinette, Percussion, Saxofon, Akkordeon, Gitarre, Flöten und Geigen. Chor- und Sologesang mischten sich ein in den Blues, den Rap, den Pop. Der Erfolg war top!

Die Eltern des Schülers am Sax waren perplex. Sie hätten ihn nie spielen gehört! Ich glaubte es sofort. Der begabte Saxofonist war Minimalist. Er übte mit Schlauheit, ausschließlich in der Unterrichtszeit und wurde beklatscht als Musicalheld!

Der Überraschte

„Viele gute Gedanken
eilen hin zu dir.
Sie mögen dich umranken
zu deiner schönsten Zier.
Deine Lebenskraft zu hegen,
sprießen sie wie wilder Wein.
Der Ernte reicher Segen
sei ein gesundes, frohes Sein."

2004

Sechzig Jahre! Der Jubilar organisierte keine Festlichkeit. So taten es Frau und Tochter unter dem Mantel der Verschwiegenheit. Die Einladung ging an den südlichen Freundesstamm. Der kam und hielt sich an die Heimlichkeit.

Aperitivo in der Galleria.

Festa in der Trattoria.

Die Gäste folgten der Regie, erschienen wie zufällig, nach diskreter Strategie. Schaumweine flossen. Das Jubiläum wurde begossen und vom Gefeierten genossen. Die Gratulanten verabschiedeten sich gestaffelt – nach und nach.

Wir entführten den Ehemann und Vater bald danach und betraten zu dritt sein bevorzugtes Speiselokal. Die vertrauten Geladenen saßen an weiß gedeckten Tafeln im dekorierten Saal und empfingen singend den Überraschten, bevor sie am Antipastibuffet naschten. Das Menu ticinese war fantastisch – nur die Minestrone schmeckte zu lauchlastig.

Tief durchschliefen wir die Nacht. Früh schon gab's Tagwacht, um den Cisalpino zu besteigen, uns mit dem Neigezug zu neigen, von Kurve zu Kurve, von Süden nach Norden. Fast wurde uns übel! Endlich kamen wir an auf Luzerns Gleis sieben. Da standen die nördlichen Lieben, wie geplant, mit Gläsern in der

Hand und begrüßten den Überwältigten froh und heiter. Mit Käse- und Dessertbuffet ging die Feier lustvoll weiter. Nur die vom Sechzigjährigen einzig erwarteten Kubareisenden konnten ihn nicht empfangen. Sohn und Schwiegertochter waren im September 2004 auf der vom Hurrikan Ivan verwüsteten Karibikinsel gefangen.

Verona

Ein Luxusautomobil schenkte sich der grau melierte Mann als Jungbrunnen anstelle einer taufrischen Frau.

Auch Italiens Staatspräsident orderte das neu lancierte italienische Modell – gemäß Bildreportage – ganz offiziell. Signor Ciampi begegneten wir bald! Mit seiner Entourage saß er in der Arena von Verona an unserer geschäftlichen Festspielgala. Giuseppe Verdis „Il trovatore" wurde aufgeführt, von Placido Domingo dirigiert vor filigranem Bühnenbild. Die Fahnen bewegten sich sanft im nächtlichen Wind. Der Vollmond zauberte sein Lichtspiel hinter den transparenten Kulissen. Die Kostüme der Akteure belebten die Szenen mit warm-bunten Erdtönen, und wundersame Stimmen fügten sich ein ins Orchesterspiel.

Auf einmal wurde es pausenstill. Ungezählte Flammen flackerten auf. Ein Brautpaar schritt durchs Amphitheater, gefolgt von Gästen und dem Pater. Spumante Ferrari wurde gereicht, auch uns auf den vorderen Plätzen. Der Hochzeitsmarsch erklang zu Ehren des Bräutigamcellisten und seiner bildschönen Frau.

Nach diesem Intermezzo und dem Umbau ging das Operndrama weiter auf Schauplätzen, wo Natur, Kampf, Kultur sich berührten, bis der Mond entschwand und das Freilichtspiel sein Ende fand.

Wir bewegten uns durch die Menge der Trattoria „Tre Corona" zu. Auch Signore Ciampi genoss das Mahl zu Mitternacht – streng bewacht. Die Polizeieskorte geleitete ihn nach dem musikalisch-kulinarischen Spiel über die Piazza hinweg zu später Stunde. Fast gleichzeitig verließen wir die gesellige Runde, erfüllt vom vielseitig Erlebten im mittelalterlichen Ort, wo Romeo und Julia lebten und unerfüllt bis zum Tod sich liebten.

Nach der eindrücklichen Abschiedsreise hielt der sechzigjährige Stratege Wort, gab nach Plan die operative Konzernführung ab, verblieb in der Firma als Präsident und war künftig vermehrt in der Casa d'Arte präsent.

Und er freute sich mit seinem Freund über die eleganten Automobilzwillinge. Die Meisterwerke des italienischen Designs waren eine Kraftquelle für reifer gewordene Jünglinge – und ich empfing ein zwiespältiges Kompliment vom Jüngsten im Verwaltungsrat. Er bemerkte ganz charmant, auch seine Mutter dufte fein nach „L'air du temps". Von nun an ließ ich mich verjüngen mit meiner Tochter Wohlgeruch von Occitane, fühlte mich aber nirgendwo älter als zur Sommerzeit, wenn ich sie sah als Strandschönheit.

Immer schneller drehte sich das Rad der Generationen und verscheuchte männliche und weibliche Ewige-Jugend-llusionen.

Venezia

„Ich melde uns an für einen Italienischkurs!", bestimmte der Marito.

„Ich habe keine Zeit!", erwiderte die Moglie.

„Dann gehe ich mit einer Anderen!"

Der Dialog führte dazu, dass ich mein Leben umdisponierte, Haus und Hof delegierte, Musikproben umorganisierte und den Kofferinhalt arrangierte.

„Scuole Dante Alighieri" gab's an manchen Orten. So saß ich diesmal nicht in Siena, sondern mit einer jugendlich-internationalen Kameradschaft im Istituto Venezia – mit Beklemmung.

Ich war dreimal älter, spürte Hemmung. Doch die Japaner baten bei kniffligen grammatikalischen Fragen um Hilfeleistung. Die von ihrem Bräutigam betrogene Leipzigerin suchte Ermutigung. Die Holländerbuben übten fürs sizilianische Servicepraktikum. Der eine erlitt eine Hirnblutung und benötigte eine Notfallrettung. Der andere blieb verzweifelt zurück im großen Unglück. Wir gaben ihm Geborgenheit in seiner Verlassenheit.

Ein Traumhotel mussten wir zeichnen im Unterricht. Darüber gab es einen italienischen Bericht. Die Jungen, die in Familien, in einfachen Herbergen oder im Kloster wohnten, schufen Bilder von futuristischen Resorts mit Unterwasserbungalows, Sechs-Stern-Variationen, Luxushotels in allen Versionen. Im Gegensatz dazu malte ich eine heimelige Chaletpension in den Bergen mit Geranien und Schweizerfahne im Garten. Ich erzählte nichts von meiner noblen Suite im restaurierten Palazzo am Canal Grande mit Blick auf San Marco.

Mein fortgeschrittener Ehestudent auf höherem Niveau feierte mit mir den Hochzeitstag gut gelaunt, frisch und froh. Zusammen mit den verwunderten Singles stießen wir an aufs Fest an der Bar beim Istituto.

Nach der Scuola glitten wir zu zweit in einer mit Gold verzierten Gondel durch die Wirrnis der Wasserstraßen – Mercato, Rialto, Teatro, Museo. „O sole mio ..."

Wir genossen eine auserlesene Abendspeise, offeriert vom Direttore auf charmante Weise, denn beim Champagnerfrühstück wurde er aufmerksam auf unser langjähriges Glück. Der Kellner reichte nur mir die Dessertkarte und bemerkte mit Blick auf den Ehemann: „Sie haben eine süße Ehefrau!", was meinen Geliebten irritierte und ihn für den Käseteller motivierte.

Die freien Zeiten verbrachten wir in der außergewöhnlichen Stadt auf den Spuren von Monteverdi, Gabrieli, Vivaldi, bewunderten die Instrumente von Amati, Guarneri, Stradivari, bestaunten die Malereien von Tintoretto, Tiziano, Capriolo – und ermittelten mit dem gut angezogenen, einfühlsamen Commissario Brunetti. Das Filmpaar in den Krimis von Donna Leon war längst schon unser Eheidol! Wir schlenderten muschelsuchend dem Sandstrand entlang, am Grand Hotel vorbei, wo Thomas Mann seine Choleranovelle vom „Tod in Venedig" ersann.

Wir schritten vorbei am goldenen Löwen des Festival del Cinema di Venezia, ritten mit dem Vaporetto über die Wellen zur Friedhofinsel, suchten im Cimitero die Grabstätten des Komponisten Igor Strawinsky und des Literaten Joseph Brodsky, dessen Werk „Die Ufer der Verlorenen" in Venedig spielt. Das Titelbild des Buches zeigt den grauen Winterfrost, und man hört beim Betrachten mit etwas Fantasie die Nebelhörner der Schiffe heulen – eine düster-dunkle Melodie!

In solch einer Stimmung kuschelten wir uns ein in den Plüsch des Palazzo Barbarigo und ließen uns verführen von Verdis Oper „La Traviata". Wir saßen in der ersten Reihe, als Violetta den Brief an Alfredo entwarf, die Erstfassung zerknüllte und sie mir zu Füßen warf. Ein Andenken spezieller Art mit emotionalem Wert!

Im Teatro La Fenice erlebten wir Gaetano Donizettis „Lucia di Lammermoor", wo die Verzweifelte die Wahnsinnsarie mit ihrem filigranen Sopran tirilierte, auf dem gedeckten Tisch füßelte und mit dem Finger über die Gläser strich, präzis übereinstimmend mit der Glasharmonika im Orchestergraben.

Im Jahre 1996 nahm das Opernhaus durch Feuersbrunst einen großen Schaden. Ein benachbarter Glasbläser, so wird berichtet, beobachtete den Brand, ging am Morgen danach auf die Insel Murano und schuf ein Glaskunstwerk in Rosso, den roten Feuerzungen nachempfunden. Damit hatte er den Weg zur modernen Glasbläserei gefunden, die aufzublühen begann, nebst dem Traditionellen, bunt und filigran.

Tradition ist überall. Verzaubert wurden wir vom Karneval mit den poetischen, maskierten Kostümfiguren, die schleichend die Calle belebten und über die Ponti schwebten. Sich zu ihnen ins Caffè Florian zu gesellen, Espresso, Cappuccino, Biscotti zu bestellen im Ambiente der Vergangenheit – dabei vergaßen wir die Hektik unserer Zeit.

Venezia: Arte, Cultura, Musica! Eingeprägt hatten sich die mehrchörigen geistlichen Gesänge, die von den Emporen der Markuskirche herab die gläubigen Menschen berührten – auch uns, die wir zudem die Kraft der erzbischöflichen Worte spürten.

Umso mehr entsetzten wir uns über die Ungetüme, die bis ins venezianische Herz vordrangen, eine Menschenmasse ausspuckten, die die Stadt überspülte wie das immer wiederkehrende Hochwasser, die Acqua alta. Venedig ist gefährdet, auch durch diese Kreuzfahrtriesen, den touristischen Paradiesen.

Das langwierige Großprojekt „Mose", eine Schutzbarriere gegen Überflutung, möge das Meer teilen und die Lagune abschirmen vor verheerender Überschwemmung in Anlehnung an die biblische Mose-Erzählung.

Mögen die Einheimischen, die Fischer und Muschelpflücker, die Salz- und Gemüsebauern verbleiben können in ihrer einzigartigen autofreien Inselwelt. Und möge die italienische Sprache mit dem typischen Dialekt weiterklingen wie die Lieder des Lehrers, der in der Mußezeit sich mit der Muse der Musica verband und als Komponist und Sänger seine Erfüllung fand.

Viele Wochen nach dem Sprachaufenthalt erreichte uns das ausgewählte, behutsam gepolsterte Paket mit kostbarem Inhalt. Die acht Muranoschwenker mit dem geätzten Weißgoldrand präsentierten sich edel und elegant. Der Cognac funkelte im exklusiven Souvenir. Glasbläserkunst für Genuss und Zier!

Weinreisen mit Frauen

Ein Novum nach der Pensionierung! Wir genossen auserlesene Weine am Genfersee, erwanderten den Rebweg von Sierre nach Salgesch, begegneten dem Schloss Muzot, wo Rainer Maria Rilke seine letzte Liebesbeziehung pflegte mit Baladine Klossowska, der Mutter des berühmten Malers Balthus, des verstorbenen Ehemannes unserer kunstschaffenden japanischen Freundin im Tessin.

Auch Rousseau besuchten wir auf der St. Petersinsel. Hier fand er seine sechswöchige Ruhe abseits der Unruhe, die er auslöste mit den kirchen- und gesellschaftspolitischen Werken, womit er den geistigen Weg zur Französischen Revolution ebnete: Liberté, Égalité, Fraternité. Die Schwesterlichkeit fehlte, von der ich auch nichts spürte, als ich aufgewühlt am Gestade des Bielersees stand, wo eine junge Frau einen brutalen Tod fand. Medienempörung über das unbrüderliche Bootsdrama erfasste tagelang das ganze Land.

Die Dreiseenlandschaft, von gepflegten Reben geprägt, von einer Vogelscheucheninvasion bewacht, passe gut zur Damenexkursion. Das war das Fazit männlicher Reflexion.

Mit diesen Männern begaben wir uns ein Jahr darauf in die Bündner Herrschaft, wo wir ein Freundespaar trafen, mit der Älplibahn nach oben glitten und über die Weinhänge des Rheintals blickten. Eine Fotografie entstand mit den drei gereiften Studenten, einer lebenserfahrenen Herrschaft, noch voll im Saft, mit erhobenen Gläsern mit gereiftem Rebensaft. Bad Ragaz, Taminaschlucht, Werdenberg, Vaduz gaben den kulturellen Inhalt zur kulinarischen Vielfalt.

Auch Italien lockte: Toscana mit blumigen Weinen und silberschimmernden Olivenhainen, Carrara mit weißen Marmorsteinen! Wir labten uns am Lardo Bianco di Colonnata, dem weißen Speck für die hart arbeitenden Bergleute. Die kostbare Gesteinsausbeute war von jeher gefragt in der weiten Welt.

Umweltschützer hatten sich lange schon dagegengestellt. Wir entflohen dem sintflutartigen Regen in den weißen Bergen und fuhren der Cinqueterre entgegen. Die pittoresken Felsendörfer boten mit Trofie al Pesto und Vino rosso aus Monterosso Augenweiden und Gaumenfreuden vor dem Abschied vom Golfo dei Poeti.

Später tauchten wir ein in die Stille der Insel Giulio im Lago d'Orta, pilgerten durch den Klostergarten und ließen uns inspirieren von den Wegrandpoesien:

„Stille ist Wahrheit und Gebet."[50]

Wir verließen den malerischen Ort und ließen uns hinaufgondeln auf den Sacre Monte in Varallo. So viel Heiligkeit und Besinnlichkeit erlaubte auch ein bisschen Weinseligkeit am Abend, vor der Schlafenszeit.

Auch Torino war eine Reise wert, nicht nur wegen der Vini nobili, auch wegen des trockenen Martini. Bicerin, das Schokolade-Kaffeegetränk, mit Wermut angereichert – ein Traum mit einem kleinen Schaum! Wir genossen ihn im Caffé Torino, wo man auf dem Toro im Bodenpflaster ringsherum sich dreht, damit durch die Kraft des Stiers das erträumte Glück einkehrt. Wir staunten im Museo della Sindone über die Geschichte des Leinentuchs mit dem Abbild des toten Christus. Eine unendliche Menschenschlange wartete vor dem Dom, das echte anzuschauen, noch vor dem erwarteten Besuch vom Papst aus Rom. Wir machten einen Abstecher zu Agnellis Museen, wo wir nach Kunstgenuss unseren italienischen Automobilen begegneten: Topolino und allen weiteren Fiat-Modellen, ebenso Lancia, Alfa Romeo, Maserati – und als „Stradivari" der Formel 1: dem Ferrari. Die Teststrecke auf dem Dach wirkte atemberaubend mit Blick über die Ebene des Po – ein eindrückliches Szenario! Mit der Architektur von Renzo Piano belebte sich der marode Automobilstadtteil Lingotto mit Hotel und Mercato. Wir wunderten uns bei Eataly über das Schlaraffenland von Italy: Pasta, Olio d'Oliva, Grissini torinesi, Biscotti di Meliga, Grappa e Vino. „Alla salute, Belpaese, e buon appetito!"

Ukraine

In kulturinteressierter Gemeinschaft bestiegen wir die Boeing der Ukrainischen Fluggesellschaft und landeten in Lemberg, der einstigen Habsburgerresidenz mit den musealen Häuserzeilen, die sich ins Unesco-Weltkulturerbe einreihen. Gepflästerte Straßen führen zum Marktplatz in der historischen Altstadt mit der Wiener Kaffeestube und dem kaiserlich-königlichen Opernhaus. Dort erlebten wir einen musikalischen Ohrenschmaus des International New Symphony Orchestra Lwiw – exklusiv organisiert und formiert vom mitgereisten Schweizer Dirigenten und Intendanten. Mit viel Begeisterung gab er den Jungen den nötigen Schwung und fand dabei seine kreative und karitative Erfüllung. Wir beteiligten uns am Sponsoring, um die wenig begüterten Musikstudierenden mit entsprechenden Instrumenten und einer internationalen Plattform zu unterstützen. Besonders berührend war die Genesung des an Leukämie erkrankten Violinisten dank der gespendeten medizinischen Betreuung bei einem Spezialisten. Nach dem beeindruckenden Konzert im opulenten Saal für Orchester, Oper und Ballett erwartete uns im Spiegelfoyer ein Stehbuffet: Kulinarik auf ukrainische Weise. Es gab allerlei Gurkenspeise, Russischen Salat mit Mayonnaise, Schweinefleischhäppchen, Knoblauch- und Zwiebeldelikatessen zum festlichen Essen und Wodka zum Trinken, um tief in den Hotelschlaf zu sinken.

Der Morgen erwachte, die goldene Sonne lachte. Auch Julia Timoschenko, die Galionsfigur der Orangen Revolution mit dem goldenen Haarkranz, lachte auf den Titelseiten und sorgte für Pressebrisanz. Sie mischte die Politik auf mit frischem, zwiespältigem, erfolglosem Wind. Die unbeschwerte Jugend blickte frohgestimmt in ihre ungewisse Zukunft, wagte oft eine Neuorientierung aus Liebe oder aus Vernunft – wie die junge Frau, die ihr Herz verlor an den Liebsten aus dem Aargau, sich entführen ließ und der Ehe wegen Familie, Katzen und Odessa verließ. Mit Mann und Kindern konnte sie in der Schweiz eine neue Heimat finden.

In Czernowitz, der multikulturellen Stadt in der Bukowina, erlebten wir die Intensität der Literaturgeschichte im Marmorsaal der Universität. Die jüdische, deutsch- und englischsprachige Lyrikerin Rose Ausländer schrieb berühmt gewordene Dichtungen, auch während der Zeit der nationalsozialistischen Judenvernichtungen.

> *„Ich schreibe mich ins Nichts.*
> *Es wird mich ewig aufbewahren."*[51]

Von einem Rabbiner wurden wir durch das jüdische Viertel weitergeführt, hinein in die Synagoge – Männer und Frauen streng separiert. Wir lauschten den Texten der Thora, ebenso der Aufklärung über die Shoa, über den Genozid durch Kugeln, über die grausame ethnische Säuberung und Abschlachtung. Wir wanderten vorbei an Kriegsmassengräbern und an verwitterten, von Efeu umschlungenen ewigen Gedenksteinen. Der Gottesacker verharrt als Mahnmal zum Weinen.

„Die Todesfuge" ist der Titel eines Gedichts von Paul Celan. Der in Czernowitz geborene Literat wurde 1941 ins örtliche Ghetto gesperrt. Er überstand die Qualen mit dem Trauma der Überlebensschuld. Angehörige wurden deportiert und erlagen der Nazibestialität, der gnadenlosen Brutalität.

Ein roter Borschtsch – eine Suppe aus Randen, Gemüse, Fleisch – holte uns in die Gegenwart zurück. Wir ließen uns betören von der nach dem Holocaust wieder aufklingenden jiddischen, klagenden und lachenden Klezmermusik, mischten uns unter die Trachtenleute und spürten ihre befreite Lebensfreude.

> *„Was vorüber ist,*
> *ist nicht vorüber.*
> *Es wächst weiter*
> *in deinen Zellen.*
> *Ein Baum aus Tränen*
> *oder vergangenem Glück.“*

> *Rose Ausländer[52]*

Die Wegweiser mit kyrillischer Schrift zeigten auf für uns unverständliche Weise den Weg Richtung Süden auf der nun folgenden Busreise.

Auf dem Markt im Dorf handelten verarmte Bauersleute. Sie verkauften Setzlinge, Waldbeeren, Pilze, Jagdbeute. Bei der Begegnung mit alten, zahnlosen, bettelnden Straßensängerinnen und greisen Musikanten realisierten wir: Hier mangelt es an AHV, IV, Krankenversicherungen und an hygienischen Einrichtungen. Auch da wäre Sponsoring vonnöten. In unseren Nöten fanden wir statt Toiletten widerliche Kloaken – husch, husch, husch –, wir bevorzugten einen Busch im weitläufig tarnenden Wald. Jemand befand: „Auch wir hatten früher WC-Hüsli, waren aber keine solchen Grüsli!"

Bald blickten wir über die Grenze nach Moldawien, wohin sich ein Jahr darauf die vertrauten Weinfreunde getrauten zur Inspektion der noch kaum besuchten Region. Es war eine kühne Expedition mit geschmacklich ungewohnter Degustation, auch mit einem instinktiv verhinderten Aufenthalt auf der Polizeistation! Eine kleine Korruption stellte das Verkehrsdelikt in Chisinau in ein neutrales Licht gemäß männlichem Abenteuerbericht.

Unsere Ukrainedelegation kehrte zurück nach Czernowitz und genoss als Krönung der Exkursion aufschlussreiche Gastfreundschaft in der Schweizer Botschaft. Wir wurden informiert über Politik und Wirtschaft, über bedenkliche Gesundheitsstrukturen, über soziale Unruhen, über Drogenszenen mit vielen Problemen, über Bestechlichkeiten, über die Folgen der Nuklearkatastrophe in Tschernobyl mit nachhaltigen Krankheiten, über die Emigration von berufstätigen Leuten – aber auch über das wunderschön-weite, fruchtbare Getreideland mit alter Tradition und mit freiheitlicher Vision. Nach einer Vergangenheit der Unterdrückung, nach Stalins Hungerausrottung, nach Hitlers Judenerschießung, nach sowjetischer Abriegelung erträumte das Volk die Utopie einer westlich geprägten Demokratie.

Zum Abschluss unseres Aufenthaltes tauchten wir ein in den viel gepriesenen Chorgesang zum feierlich-frohen Ausklang. Mit rotbackigen Matroschkas im Gepäck, den bunt bemalten Schachtelpuppen, fanden wir auf dem Luftweg in die Schweiz zurück.

KulinariKultur

In der Lebensmittelbranche fand Fortbildung oftmals statt auf
Erlebnistouren zu Ess- und Trinkkulturen: Lyon mit Paul Bocuse
als Gastronom, Beaune und Dijon, Elsass mit Strassburg, ebenso
Kaiserstuhl in Baden-Württemberg. Auch lockten die Wachau
mit Marillen- und Weinanbau, das lukullische Burgenland mit
dem Neusiedler Steppensee und den Rebgärten von Hannes
Reeh, die Steiermark mit Graz, der grazilen Stadt an der Mur. Der
Schlossberg gewährt Aussicht über alte und neue Architektur.

Südlich der Karawanken entdeckten wir die slowenische Perle
Bled, ließen uns auf Holzbooten mit bunten Markisen über den See
wanken bis zur Kircheninsel, wo ein frecher Vogel meine Seiden-
bluse kotbefleckte, was meine Eitelkeit aufschreckte. Nach einer
geruhsamen Umkleidefrist labten wir uns an einheimischer Kost –
Knödel und Krainerwurst –, und für den Genussdurst wurde ein
edler Tropfen aus Maribor serviert, dem weltältesten Rebgebiet. Der
slowenische Wein war Animation zum Schunkeln und Fröhlichsein
mit den Oberkrainer Musikanten und den volkstanzenden Leuten.

Mit schönsten Eindrücken in Hülle und Fülle verließen wir, aus
den Busfenstern blickend, die liebliche Idylle, den berggeschützten
Ort, mit dem Ehepatienten an Bord. Knall auf Fall packte ihn ein
Rückfall. Das höllische Rückenelend verhinderte seinen Besuch in
Postojna, bei der Königin der Unterwelt, der mysteriösen, attrak-
tivsten Karsthöhle der Welt. Mit der kleinen Eisenbahn tuckerten
wir vorbei an Tropfsteinskulpturen, Stalaktiten und Stalagmiten.
Nach märchenhafter Fahrt prangte weiß glänzend der „Brillant".
Die Gesellschaft stieg aus dem Zug, spazierte durchs beleuchtete
Wunderland zu den Grottenolmen, den drachenartigen unterir-
dischen Urbewohnern. Abrupt erlosch das Licht. Ein Schock! Die
tiefe Finsternis war ein Höllenschrecknis. Ich packte die nächste
Gestalt, suchte Halt, krallte mich an sie in Panik – da kam das
Licht zurück. Ein erlösendes Glück! Der Retter schmunzelte über
meine heftige Umklammerung in der großen Not kurz vor dem

vermeintlichen grausamen Tod. Ich erschauderte folgenschwer vor einem Wachsein in tiefschwarzer, kalter, gottferner Nacht und erbat nach einem erfüllten Leben ein gnadenvolles Sterben hinein in ein warmes, helles Licht.

Wir reisten weiter und staunten über die landschaftlich unversehrte Aussicht. Das Vogelschutzgebiet mit dem Zirknitzersee, der periodisch versickert und flutet, war ein erstmalig erlebtes Phänomen. Bald danach gab's einen strahlenden Empfang in Piran. Die blau glänzende Adria zog uns in ihren Bann. Das Städtchen mit dem venezianischen Flair berührt dasselbe Meer. Ein Degustationsmenu mit vielerlei frischem Fisch kam auf den langen, mit Muscheln geschmückten Tisch. Slowenien – ein faszinierendes Paradies für abwechslungsreiche Ferien!

Vielfältig präsentierte sich auch Lettland, das ebenso im Jahre 2004 beigetretene nördliche EU-Land. Dort bewunderten wir Riga, die baltische Kulturstadt an der Mündung der in die Ostsee fließenden Düna. Mit Blick auf den Fluss kosteten wir Sauerampfersuppe, Heringauflauf, Preiselbeertorte, mit Rahm garniert. Dem Koch wurde herzlich applaudiert.

Schmerzlich berührt schritten wir danach durchs Judenghetto mit der Dokumentation der Massenmordorganisation der kaltblütigen Nationalsozialisten und verstummten vor den unendlichen Todeslisten. Wir passierten die Gedenkstätte für jüdische Bürger, für politische Häftlinge und für sowjetische Kriegsgefangene in der dunkelsten Hitlerzeit. Der skrupellose elitäre Wahn führte bei der Wannseekonferenz mit SS-Obersturmbannführer Adolf Eichmann als Protokollant zu abgrundtiefer Grausamkeit. Die Philosophin Hannah Arendt sah darin die „Banalität des Bösen". Gute Menschen, Ehemänner, Familienväter, politische Gruppierungen, Behördenmitglieder, Führungskräfte, Bürger und Bürgerinnen können in ihrer Verblendung Gräueltaten auslösen. Darin liegt der Horror des Bösen und zugleich seine Banalität. Eine These, die zum Nachdenken einlädt.

Wir fuhren weiter durch den Birkenwald und sahen bald schon den Jurmala-Strand. Wir waren frei. Der Wind wirkte wie erfrischende Arznei.

Rom

Die Mutter erlitt einen Oberschenkelhalsbruch – der Sohn einen Blinddarmdurchbruch – die Frau eine Venenoperation. Alle drei in beschwerlicher Situation, zu gleicher Zeit. Der Besuchsweg war weit, je zu einem Land-, Stadt-, Privatspital, alles auf einmal! Sohn, Vater, Ehemann in Personalunion reiste mit Blumen von Destination zu Destination und erfuhr im jeweiligen Krankenhaus Herzlichkeit, Unpersönlichkeit, Gediegenheit.

An diesem 19. April 2005 begab ich mich nach Rom – per Kliniktelevision. Der Nachfolgepapst des verstorbenen Johannes Paul II. wurde von den Kardinälen erkoren in der abgeschotteten Konklave. Es erklang Händelmusik mit Harfe, als aus der Sixtinischen Kapelle langsam ein weißer Rauch hochkam.

„Habemus papam."

„Wir haben einen Papst", wurde verkündet. Joseph Kardinal Ratzinger sprach als Papst Benedikt XVI., weißgold gekleidet, umringt von männlichen Würdenträgern, aus dem Petersdom

„urbi et orbi"

hinaus in die heilige Stadt Rom und über den ganzen Erdkreis. Er winkte von der Loggia mit segnender Hand und entschwand, begleitet von Menschenjubel und Glockenklang. Sein Pontifikat begann. Möge er Brückenbauer werden zwischen Himmel und Erden!

Ein Jahr danach standen wir real im vatikanischen Areal, auf dem Petersplatz, und erwarteten den Papst, zusammen mit Gläubigen, Kulturchristen und Touristen. Einen mächtigen Eindruck hinterließ das österliche Geschehen. Wir wurden belohnt fürs lange, gedrängte Stehen. Doch Pfarrer Kurt Martis Gedanken lassen den römischen Brunnen wanken:

„Heiliger Geist?
Kein römischer Brunnen,
wo Wasser sich
über Stufen und Schalen
hierarchisch
von oben nach unten
ergießen.
Heiliger Geist:
Quellen,
aufstoßend, aufbrechend
von unten ...
unauffällig, heimlich zunächst,
erzwingbar nie ...“[53]

Rom zeigte sich von seinen vielfältigen Seiten. Wir begegneten
den Aposteln Petrus und Paulus und besichtigten die antiken
Sehenswürdigkeiten: Via Appia Antica, Kolosseum, Pantheon,
Forum Romanum. Auch standen wir auf der Spanischen Treppe
und bestaunten den Trevibrunnen mit den hineingeworfenen
Geldsummen. Dabei erwachten „Dolce vita"-Filmerinnerungen.
Auch lauschten wir vertrauter Flötenmusik in der Chiesa San Car-
lino alle Quattro Fontane, vom Tessiner Architekten Francesco
Borromini aus Bissone erbaut. Das Konzert, bei dem barocker
Musik- und Baustil sich vereinten, erzeugte ein Kribbeln auf
der Haut. Dieses ergreifende Ereignis blieb aufbewahrt im mu-
sischen Gedächtnis, zusammen mit dem gesamten Romerlebnis.

Für den Umzug bereit war nun das bunt gestaltete Album der
„Ewigen Stadt" wie auch die vielen anderen Fotoreisebücher aus
der vergangenen unternehmungsreichen Zeit – jedes für mich
eine persönliche Kostbarkeit!

Achterbahn der Gefühle

Die Ankündigung des ersten Großkindes war ein berührender Moment. Eine weitere Generation wuchs heran, kaum fassbar, geheimnisvoll und doch existent. Termingerecht kam das Büblein zur Welt. Das Mobiltelefon blinkte auf und übermittelte lautlos das frohe Ereignis, hinein in die Feier zum Erntedank. Ich saß auf der Kirchenbank und dankte innigst fürs geschenkte Großmutterglück. Beseelt widmete ich mich der festlichen Rondo-Musik.

In sonntäglicher Aufmachung fuhren wir hin in westlicher Richtung, das neugeborene Bébé mit den begnadeten Eltern zu sehen, zu gratulieren und zu fotografieren mit der ersten Digitalkamera zum Auftakt einer sich entfaltenden Familienära. Es war ein überwältigendes Gefühl, das uns umfing am herbstlich besonnten Genfersee mit Blick auf den Mont Blanc im ewigen Schnee.

Umso mehr tat es weh, als sie sich entschlossen, mit dem winzigen Wesen die Heimat zu verlassen, um sich im tropischen Malaysia niederzulassen. Diese Tatsache traf mich hart, widersprach sie doch meiner verwurzelten Art. Die Trauer versteckte ich im Zauberflötenprojekt. Das Singspiel eignete sich perfekt für ein Rondo-Arrangement! Es wurde verwirklicht mit großem Engagement. Die zauberhaften Melodien verzauberten die vierzig Spielenden. Kostüme und Bühne weckten Fantasien. Schauspielerischer Einsatz war angesagt. Utensilien, Tipps und Tricks waren gefragt. Der Vogelkäfig, kreiert vom angetrauten Bastelkönig, beflügelte den Vogelfänger als fröhlichen Sänger! Eine bezaubernde Märchenoper entstand, inszeniert und gefilmt im heimischen Theaterland.

250 Jahre Mozart
25 Jahre Rondo

Ein Höhepunkt der vielseitigen Musikschultätigkeit! Eine Gastspieltournee mit dem ballongeschmückten Car war Belohnung für die vergnügte, musizierende Schar. Mit einer bunten Jubiläumsrevue bedankte ich mich bei den aktiven und ehemaligen 250 Spielleuten und deren Eltern, bei Gemeinde, Schule, Kirchen, Vereinen und Heimen fürs Mitwirken, für Infrastruktur und Vertrauenskultur, besonders aber für die Pionierfreiheit während der langjährigen pädagogischen Zeit.

Ich kündigte mit Wehmut und Ergriffenheit und gewann eine neue Unabhängigkeit. Priorität bekamen Famiglia, Asia, Galleria.

„Man muss aufhören,
wenn es am schönsten ist,
und den Mut haben,
dem Leben eine Wende zu geben."[54]

Das sagt der weise Volksmund, wohl aus gutem Grund.

Über Jahrzehnte beflügelte mich die schöpferische Inspiration. Ich spürte berufliche Passion, war Lehrerin mit Leib und Seele, motiviert bis zur letzten Lektion.

Doch es erfolgte eine einschneidende Bildungsreorganisation mit einer wuchernden Schuladministration und einer veränderten strukturellen Situation in der ganzen Region. Das alles erleichterte meine vorzeitige Demission.

Die vielfältigen Requisiten von unzähligen Bühnenauftritten lebten weiter auf umzugsbereiten Fotos, Kassetten, Videos. Und was mir an Verkleidung am besten gefiel, war vorgesehen fürs Enkelspiel.

Das persönliche, mit Herzblut bearbeitete Notenmaterial durfte einen separaten Seeblickschrank erhalten. Der Schreiner konnte ihn nach Maß gestalten.

60

Apéro auf dem Kirchplatz, mitten in der frühlingsbesonnten Altstadt!

Bei der anschließenden festlichen Aufführung spielte das Ensemble der Erwachsenen in drei Flötenchören von den Emporen hinab Giovanni Gabrielis zwölfstimmige venezianische Canzone, dazu weitere Programmpunkte aus dem Barock und der Moderne. Bereichert wurde das Konzert von Gesang, Viola da Gamba, Cembalo, Orgel und vom Turmbläserquartett. Mit der Zugabe „Telemann mit Frauen" verdankten die Spielenden den brausenden Applaus, ebenso die Edelrosen meines Ehekavaliers – und ich freute mich über den Wundertulpenstrauß. Goldene Schoggiherzchen waren Danksymbol für gefüllte Kollektenkörbchen.

Beim Jubiläumsbankett nach dem öffentlichen Auftritt feierten die Musi-

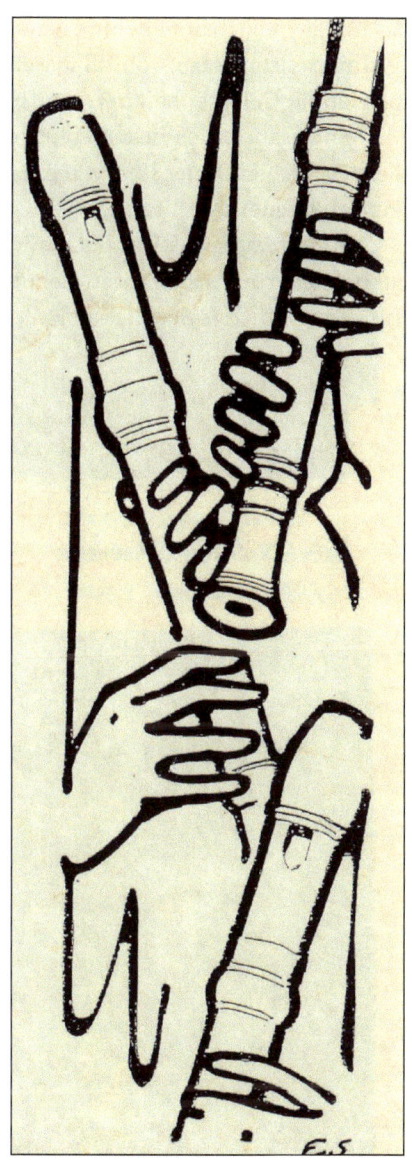

zierenden inmitten verwandter und befreundeter Familien mit Kulinarik, Poesie und heiteren Szenen, mit Vogelferienhäuschen und Tessiner Kamelien.

Unzählige gute Wünsche begleiteten mich weiter ins Ungewisse, hinein in noch unbekannte Lebensgeheimnisse. Genussvolle Wellnesserlebnisse in Wohlfühloasen sorgten in strengen Alltagsphasen für Gelassenheit in freundschaftlicher Gemeinsamkeit.

Renaissance, die Wiedergeburt in eine neue Wirklichkeit mit der asiatischen Dimension, war ein wehmutvolles Wechselspiel, eine abenteuerliche Vision.

Nun war auch das Fotobuch mit CD von der damaligen musikbereicherten, sechzigsten Geburtstagsfestivität zügelbereit für die zukünftige Seeblick-Lokalität.

Malaysia – Thailand

Fast ein Jahr war vergangen seit dem Abschied von den drei Lieben. Den Enkelblick vergesse ich nie, den ich erhaschte vor dem Abflug in die Ferne – aus der Winterkälte in die Tropenwärme. Drei Monate alt war das Kind, als es beim Zoll verschwand – und jetzt saß es aufrecht, mit Urgroßmutters Lebkuchen in der Hand, vor dem künstlichen Tannenbaum im fremden Land. Wir feierten mit Minikrippe und Weihnachtsgeschichte, gemeinsam mit der zugereisten Familie, hoch oben im 38. und 39. Stock des Condominiums, im Wolkenheim mit Piscine und mit Weitsicht über die ausufernde Skyline. Das asiatische Essen, von der philippinisch-katholischen Nanny bereitet, und die dazugekommenen Expatfreunde gaben der festlichen Zeit in Kuala Lumpur die internationale Struktur.

Unsere Kirche war nur schwach vertreten in der aus dem Urwald hochgeschossenen, muslimisch regierten Stadt. Wir begegneten den Weltreligionen, auch den Hindutempeln in den Regionen. Und ich wurde aufmerksam auf die buddhistischen „Fünf Tibeter". Diese fernöstlich-meditativen, allumfassenden Körperübungen passen ebenso zum Rhythmus des „Unser Vater". Damit erdete ich mich nun täglich, ergänzend zur morgendlichen Gymnastik. Das brachte mich ins Lot entsprechend dem Senkblei, das zuhause hängt als Symbol fürs stabile Wohl.

In Selangor besuchten wir Darul Ehsan, die monumentale islamische Moschee, eine Prachtsanlage, weiß wie Schnee. Die Frauen bekleideten sich mit langem Rock und buntem Hijab. Die Sonne blendete herab, unbarmherzig grell, gleißend hell. In meinem Auge blitzte und flackerte es wild. Ich rieb mit dem Finger – kein Haar, kein Tuch, kein Wind! Die Unruh im Auge blieb – irritierend, beängstigend, gravierend.

Ein chinesischer Arzt im Augenzentrum laserte meine Netzhautablösung. Seine Ausbildung absolvierte er in England. Die eingeborenen Malaien haben Vorrang an den Universitäten im

315

Inland. Die malaysischen Chinesen studieren mehrheitlich im Ausland. Nun gab der Spezialist grünes Licht für die geplante Weiterreise nach Thailand.

Wir flogen nach Norden und dachten an die Tsunamikatastrophe im Golf von Bengalen vor drei Jahren, wo monströse Flutwellen Inseln und Küsten verwüsteten und 230 000 Menschen ihr Leben einbüßten. Dem Schocktrauma entrannen auch Schweizer Touristen. Etliche aber kamen auf die Vermisstenlisten oder wurden tot aufgefunden. Das Drama hinterließ tiefe Wunden.

Wir landeten auf Koh Samui, einem Inseljuwel im Golf von Siam, und wurden empfangen vom Liebreiz der Menschen, von Blüten in allen Farben und Formen, vom Wasserspiel der schwänzelnden, schwarz-weiß-orange gesprenkelten Kois im Gartenteich, vom Muschelmeer, das zum Bade lud bei Ebbe und Flut. Thaimassagen lockerten Blockaden, Elefanten vollführten ihr Schauspiel beim Spritzen in den Wellen. Wir genossen frisch gemixte Säfte ohne stinkende Durian, schwelgten beim Anblick der tropischen Früchteschalen auf dem morgendlichen Speiseplan und kosteten das mit Kokosmilch verfeinerte Curryreis – die Vegetarierin liebte es heiß!

Nach berauschenden Tagen im Land des Lächelns, in fernöstlichem Familienglück, wackelten wir mit Bangkok Airways zurück. Vom Fernsehturm in Kuala Lumpur überblickten wir bei malaysischer Buffetkultur die explodierende Millionenstadt mit den Petronastowers, der markanten, weltbekannten Architektur. Wir besuchten Aquarium, Birdpark, Chinatown, kauften einheimische Souvenirs und degustierten Tee im Boh-Paradies. Wir schwitzten in der feuchten Wärme, zückten bei Wolkenbruch die Schirme, flüchteten in klimatisierte, musikberieselte, duftbeströmte Malls und waren froh um wärmende Kaschmirschals. Herzerwärmend war auch der Musikgarten, wo unser Großkind den ersten Unterricht empfing mit Liedern auf Malaysisch, Englisch, Mandarin.

Bald darauf flogen wir per Business Class heimwärts, nach beängstigenden Terrorattacken im Süden Thailands, und landeten dankerfüllt in unserem unversehrten busy Alltag.

Einige Zeit später bekam ich den Auftrag, die Liturgie der malaysisch-christlichen Frauen zum Weltgebetstag vertieft anzuschauen. Ich war motiviert, einen Bildervortrag zu gestalten, ihn zu bereichern mit südostasiatisch anmutenden Flötenklängen und Gemeindegesängen. Dazu gab es ethnische Handwerkskunst zu inspizieren, Tee aus den Highlands und exotisches Obst zu probieren, Rezepte von Satai-Spießen, Fried Noodles, Nasi Goreng und Momos zu studieren wie im fernen Kuala Lumpur – inmitten der helvetischen Kirchenkultur!

Der finstere Weg

Als Letzte trat ich aus dem Kirchenraum – allein – hinaus in die sternenlose, regenfeuchte Nacht. Der Bewegungsmelder wirkte nicht. Im weiten Umfeld gab's kein Licht. Aber ich kannte genau des Weges Verlauf. Mit Vorsicht machte ich mich auf, schlich der Mauer nah entlang, erahnte die Abzweigung, bog ab nach links und – polterte hinab in einen tiefen Schlund. Ich hatte die Treppe ignoriert, die über vierzehn Tritte in den Keller führt. Eine gnädige Ohnmacht hüllte mich ein. Ich erwachte am Boden auf hartem Stein, konnte mich kaum regen, sah nur dunkle Schatten auf den graunassen Platten. Nach und nach testete ich Körper und Geist. Ich war nur wenig verletzt, aber blutend, gerädert, geschlagen. Ich kroch die Stufen hoch, suchte den Weg nach oben und weiter zum Wagen, wo Pflaster und Handy lagen für Erste Hilfe und um das Elend meinem fernen Liebsten zu klagen. Ich fuhr heim, ganz sacht. Es war fast Mitternacht. In zwölf Stunden war Fototermin im frühlingsblühenden Tessin.

Anlässlich seiner Pensionierung gab der Verwaltungsratspräsident sein Amt bald ab, auch die weiteren Mandate, die Industrie- und Handelskammer und die Stiftung „Kultur Urschweiz". Das alles musste in einer Revue dokumentiert werden in der Firma und in der Casa d'Arte, wo man erklärte, dass der Fotograf auch mich erwarte. Es wurde Morgen. Ich übertünchte die Schäden im Gesicht mit Make-up und reiste Richtung Süden ab.

Der Kameramann machte eine Reportage auf der Piazza, vor der Galleria und drinnen, von Etage zu Etage. Es war eine schmerzvolle Session mit Freunden, welche, zusammen mit Kaderleuten, die Abschiedszeitung planten:

„Von der Milchkuh zur Kunstkuh"

Die Fotos gelangen wunderbar. Aber bald schon war mein Anblick schauderbar. Gesicht und Körper wurden blau. Ich fühlte mich schwach und flau. Die Schweinegrippe setzte Menschenscharen außer Gefecht. Ich fror, hatte Fieber, war verkrampft, blockiert, geschwächt. Es ging mir schlecht, die Glieder taten weh, und ich trank literweise Tee.

Schweinegrippe war es nicht. Im Kantonsspital gab es einen klärenden Bericht: Polymyalgia rheumatica. Da halfen Pharmazeutica. Ich erlebte körperliche Heilung, auch seelische Befreiung und bewegte mich mit wiedergefundener Leichtigkeit in großer Dankbarkeit.

Doch der Rückfall kam mit Schüttelfrost im Baskenland und forderte einen weiteren medizinischen Aufwand.

Ritrovo – Begegnung im Ticino

Eine Kamelienskulptur markierte samstags die Tafel für Gastrokultur, fünf Jahre schon! Ungezählte Begebenheiten im Laufe der Jahreszeiten ergänzten den wöchentlichen Stamm ohne Statutenzwang.

Neujahrsfondue mit Feuerwerk über der Platanenbucht! In der Villa mit bester Aussicht gab's Zuflucht und einen Buffettraum beim glitzernden Swarovski-Tannenbaum.

In dicke Wintermäntel eingehüllt, dennoch schleichend unterkühlt, genossen die Kühnen eine Tavolata auf der mit rotem Teppich belegten Passeggiata. Raclette und Merlotwein wärmten auf im Dreikönigssonnenschein.

Wir spürten den Frühling mit Akazienblüten im Gourmetgarten: „Buonanotte!", wünschte mein Marito dem versammelten Ritrovo. „Morgen feiern wir Hochzeitstag am Orangenfest in Cannero!"

Tags darauf betraten wir zu zweit das Hotel in Italia. Am großen Tisch überraschten uns die Amici dalla Svizzera. Wir ließen uns mit Zitruskost verwöhnen, frohgelaunt, inmitten von Kamelien in Rot-Weiß-Rosa-Tönen.

Bald darauf erlebten wir einen „Momento magico" in Mendrisio bei der Karfreitagsprozession mit einer Inszenierung der Jesu Passion.

Der Sommer schmückte sich mit Oleanderblüten, und wir brausten bei Bootsausflügen mit dem Amico als Capitano zur Isola und weiter bis Pallanza in Verbania.

Wir besuchten Mailands Teatro alla Scala, eines der bedeutendsten Opernhäuser der Welt, wo wir, mit Ricardo Chailly als Dirigent, Puccinis „Il trittico" durchlitten.

Auch die Weltexpo Milano wurde bestritten. „Den Planeten ernähren": Bei diesem Motto konnten sich die Aussteller politisch, wissenschaftlich, architektonisch, futuristisch bewähren.

Im blühenden Landhausgarten in Bayern konnten wir ein freundschaftlich-kulinarisches Wiedersehen feiern. Bald schon, auf dem heiligen Klosterberg hoch über dem Ammersee, kosteten wir das berühmte Weißbier und würdigten die Grabstätte Carl Orffs in der Wallfahrtskirche Andechs. Der Komponist entwickelte ein pädagogisches Konzept mit einer Instrumentensammlung zu lustvoller musikalischer Förderung – auch für mich eine berufliche Bereicherung! Am Starnberger See bewunderten wir das Buchheim Museum mit dem Slogan „Kunst, Genuss und Erholung am See". Auch besuchten wir König Ludwig II., der, verwirrt und entmündigt, rätselhaft im Wasser zu Tode kam. Eine Kapelle und ein Kreuz im See erinnern daran. Eine ominöse adelige Tragödie! Bald schon erinnerten wir uns an die Komödie „Gruß und Kuss vom Tegernsee" mit viel Herzensfreud und Seelenweh. Traumhaft schön, wie gemalte Kulissen, lag uns das Filmidyll zu Füßen.

Ein weiteres Ausflugsziel war das Oberammergauer Festspiel. Die Aufführung der Leidensgeschichte Christi ist alle zehn Jahre ein tief berührendes Ereignis, ein bayrisches Pestgelöbnis. Auch meine amerikanischen Verwandten mischten sich unter die internationalen Besucherscharen, die die Hitze wegfächerten mit kunstvollen asiatischen Exemplaren.

Bayrische Weißwürste mit süßem Senf, Brezen und Bier gab es auch hier im Tessiner Strandcafé oder auf Terrassen und Gärten am Langensee.

„Ohne Senf!", war der Befehl bei St. Galler Bratwürsten. Wir schlemmten am Nationalfeiertag wie die Fürsten im üppig blühenden Chaletgarten. Kind und Kegel mochten das nächtliche Lichtspektakel über dem Lago Maggiore kaum erwarten.

Mit kreativen Kunstschaffenden organisierten wir mannigfaltige Vernissagen auf den vier Etagen. Die Wirtsleute bereicherten mit einer lukullisch auserlesenen Sinfonie das rege Geschehen in der Bilder- und Skulpturengalerie. Der anschließende Risotto im ausgehöhlten Parmigiano wurde Tradition am Gestade des Verbano.

Der farbenfrohe Herbst mit dem röstduftenden Maronifest, den Kaminfegern und den Trachtenleuten im Corteo wich dem Inverno, dem erholsamen Winter im Ticino. Die Einheimischen, die leisen Passanten, die geschlossenen Lokale, die fehlenden Akrobaten und Musikanten verwandelten den Ferienort in einen verträumten, stillen Hort. Nur Francesco musizierte weiter mit Feingefühl im Spielmannskostüm auf seinem reich verzierten Akkordeon und sang die südländische Liederrhapsodie mit einer Prise Melancholie. Die Umwelt schlief in leisem Zauber, in friedlich zarter Schönheit, schöpfte Kraft für die nächste Blütezeit:

> *„Alles still! Es tanzt der Reigen*
> *Mondenstrahl in Wald und Flur.*
> *Und darüber thront das Schweigen*
> *und der Winterhimmel nur ..."*[55]

So verklärte Theodor Fontane die ruhende Natur.

Viele kleine Lichter schmückten die Platanen, bekränzten Palmen, Mauern, Gebäude und verbreiteten eine Atmosphäre weihnächtlicher Vorfreude.

Eine andere Vorfreude jedoch ging nicht in Erfüllung: im Frühling nochmals die rosa Kirschblütenallee zu sehen. Der Ritrovo-Gründerfreund musste vorher endgültig von uns gehen.

Vielerlei Freuden- und Traueranlässe fügten sich ein in die Lebensprozesse durch all die Jahre – sprichwörtlich „von der Wiege bis zur Bahre".

Abschied – Benvenuto – Abschied

Der fünfundsechzigjährige Jubilar empfing Gratulationen und beste Wünsche für die zukünftigen Lebensstationen. Das persönlich gestaltete Journal präsentierte sich edel und international. Als malaysisches Werbekind posierte Enkel Maxime maximal. Im Norden wurde der Firmengründer mit Standing Ovations und mit einer Filmdokumentation entlassen. Später wurde für ihn das Ehrenpräsidium geschaffen. Der Konzern mit der fünftausendköpfigen Besatzung wurde weitergesteuert von einer verantwortungsbewussten Führungscrew auf neue Ziele zu.

Im Süden gab es ein freundschaftliches Benvenuto vom Ritrovo für den Gallerista mit einem Blumenumzug und einem mitgetragenen Transparent zum besonderen Event, angeführt von der Bandella mit Mandoline und Harmonika durch die Via Borgo, ergänzt von einem italienisch gesprochenen Augurio und einem Aperitivo mit kühlem weißem Vino.

Auch die nördlich Mitfeiernden kamen zusammen – ein letztes Mal mit der neunundachtzigjährigen Mutter, bevor sie friedlich, in vollendeter Reife, ohne Rollator über die Brücke zum Himmel ging und – ihrem Glauben entsprechend – die Seele ihres geliebten Ehemannes im hellen Lichte sie empfing.

Zwei junge Menschen verließen uns zu gleicher Zeit. Auch sie entwichen in die Ewigkeit und hinterließen tiefes Leid.

Der Lyriker Emanuel Geibel philosophierte mit Gottergebenheit:

> *„Ein ewig Rätsel ist das Leben*
> *und ein Geheimnis bleibt der Tod.“*[56]

Über die Verlassenen legte sich ein Schleier der Traurigkeit, 2009, zur Sankt-Martins-Zeit.

Rückblick

Beim endgültigen urgroßmütterlichen Abschied begann dieses schriftlich festgehaltene, verdichtete Lebensgeflecht. Es ist ein Buch mit Erzählungen von früher, von jetzt, von morgen, ein hundertfünfzig Jahre umspannender Schreibversuch. Die Gedanken- und Wortspielereien im Zeitgeschehen fingen an, sich zu verweben zu einer lockeren Chronik mit aufgefrischten Erinnerungen, auch mit zuversichtlichen Visionen für zukünftige Generationen.

Am Dreikönigstag 2010 kauften wir das im Rohbau gestandene Terrassenhaus und verkauften bald darauf das Familienhaus. Seither sortierte und fotografierte ich das Sammelsurium auf dem Estrich, in Schränken und Schubladen, ordnete Kellergestelle, Garage, Balkone, Terrassen, säuberte den Pavillon und das eisenbahnvernetzte Bubengartenland – mit Kopf, Herz und Hand.

„Das Leben ist Wandel."[57]

Das sagte der Volksmund zu meinem Verstand mit dem Umzugswiderstand.

Inzwischen zauberte der Herbst ein buntes, reifes Land, während ein Kistenberg im entrümpelten Umfeld stand. Insgeheim spürte ich, dass meine Seele die Reduktion der Dinge auch als Erleichterung empfand.

Labyrinth

Für das neue Domizil wählten wir Küche, Bäder, Böden. Einen Weinkeller würde es nicht mehr geben. Der Weinliebhaber drängte, die Weinausstellung zu besuchen und einen Weinschrank auszusuchen. Es eilte! Wir fuhren vom Süden nach Norden in die Messestadt, dorthin, wo unsere Tochter mit neuem Partner weilte. Wir erzählten nichts von unserer Dringlichkeit, wollten sie nicht stören in der Zweisamkeit. Das Auto stellten wir ab im überfüllten Parking, zwängten uns durch Menschenmassen der Halle zu, befanden uns im Labyrinth der Stände auf verschlungenen Wegen – und da kamen Tochter und Freund entgegen. Wir schauten uns an, glaubten es kaum und lachten befreit über die Unmöglichkeit. Bei einem Nachtessen wurden wir vertraut mit unserem Schwiegersohn in spe dank der Expo-Odyssee.

Noch einmal besuchte er den Familienhort hoch über dem See, kostete dreifarbige Spätzli – eine weiß-rot-grüne Harmonie –, die vielgepriesene Geburtstagsnostalgie. Auch Mandarinen fehlten nie, die das Kindergartenkind sich einst erbat, da es nach Mutternorm hätte warten müssen bis zum Samiklausentag. Sogar die geliebten weißen Truffes mussten sein, ein Säcklein für sich allein, weil der Bruder damals aus der Pralinenschachtel flink die von der Schwester geliebte einzig weiße Kugel schnappte, sie verschlang und sagte, sie sei gruusig. Dazu kamen Rosen für jedes Altersjahr. Speziell fürs Liebespaar gab's einen Orang-Utan aus Plüsch. Die beiden wollten nach Borneo reisen zu den Menschenaffen im Urwaldgebüsch. Dorthin, wo der verschollene Bruno Manser gekämpft hatte für das bedrängte Volk der Penan, für Tiere, Pflanzen, Regenwaldstrukturen – gegen Holzindustrie und Palmölmonokulturen.

Die Erholungszeit nach der Inselbeschwerlichkeit war eingeplant in der malaysischen Familienvertraulichkeit mit dem jährigen Thibaud-Patenbüblein und seinem drei Jahre älteren Brüderlein. Die Vorfreude war groß. Bald schon ging das Abenteuer los!

Umzug 2010

Viele Gäste strömten ins Abschiedshaus hoch über dem See zu
Speis und Trank, zu Kuchen und Tee. Auch der runde Hochzeitstag wurde gefeiert mit Trauzeugen, vierzig Kerzen und einem
Menu voll Herzen. Und bald schon bedrückten mich die endgültigen Trennungsschmerzen. Die Nachbarn kamen vorbei zur
Austrinkete kurz vor der definitiven Züglete. Schinkengebäck
und Torten wurden mitgebracht, dazu ein Ovomaltine-Riesen-
guetzlipack zur Stärkung der Muskelkraft.

Kisten, Koffern, Schachteln, Truhen waren gepackt und angeschrieben für die richtigen Plätze an der neuen Adresse.

Es flockte, stürmte, hützte. Die Möbel wurden über die
glitschige Treppe geschleust, hinein in die mächtigen Bäuche
von Camion und Anhänger, beide weiß bedeckt mit Schnee.
Der weiße Flügel bekam ein Séparée – zu heikel war das Instrument! Lieblingsmenschen engagierten sich behänd. Wir
schufteten den ganzen Tag mit den Umzugsleuten bei wid-
rigster Wetterplag. Ein Schopf diente als Zwischenlager zur
Verhinderung von Eheärger. Es gab Meinungsdifferenzen,
denn beim Aussortieren stieß ich an meine Grenzen. Abends
kam ich ins neue Appartement, staunte über den Hausherrn
im Element, der zuständig war fürs ankommende Equipment.
Die Gegenstände fanden die vorgesehenen Räume und Wände.
Einen Ehrenplatz erhielt meine persönliche Sammlung in der
Vitrine der Erinnerung.

Erschöpft von der pflotschig-kalten Pein, genossen wir Käse,
Brot und Wein. Wir fühlten uns geborgen im neuen Daheim.

Die Familie aus nah und fern vereinte sich bald im geschmückten „Stall von Bethlehem". Ein Jahr war es her, dass der Stern
auf dem Baukran darauf hinwies und das Erstbesitzerpaar ihn
uns zum Kauf überließ.

Der Weihnachtsstern als Symbol! In kunsthandwerklicher
Form wurde er von Gästen ausgedacht und nach unserem Einzug

mitgebracht. Von nun an bereicherte er in vielfältiger Gestalt unseren neuen Haushalt. Beim Rundlauf durchs „Schneckenhaus", mit Keller und Bastelzimmer, fanden die Kinder zum Ausgangspunkt zurück – ein sportliches Glück!

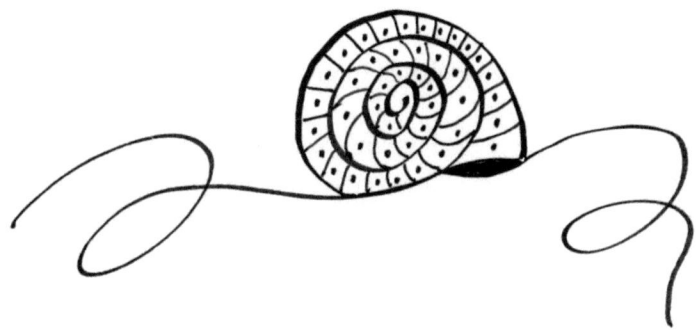

Alle hatten Platz zum Wohnen, Essen, Spielen, Pflegen, Schlafen, Träumen in den modernen Räumen. Weiterhin konnte ich Familienfrau, Gastgeberin, Musiklehrerin sein mit genügend Infrastruktur in wohldurchdachter Architektur, umgeben von einer Nachbarschaft mit sympathischer Kultur.

Beim Blick über die weiten Terrassen konnte ich zufrieden die Schicksalsfügung erfassen, ebenso beim Betrachten der von Kindheit an vertrauten grau-weißen, zierenden Stockhornsteine, die sich mit den bunten Trockenpflanzen symbiotisch vereinen. Als Balsam fürs Gemüt erwies sich die Aussicht über die unversehrte Landschaft mit Kuhwiesen und Vogelparadiesen, über den näher gerückten See mit den gleitenden Schiffen, dem Wellenspiel, den Kräuselungen und Spiegelungen.

„Und jedem Anfang wohnt ein Zauber inne,
der uns beschützt und der uns hilft zu leben."

Hermann Hesse[58]

Vereinte Nationen

Im neuen Briefkasten befand sich Post, adressiert an den Ehrenpräsidenten, gesandt vom neugewählten UNO-Präsidenten. Der international vernetzte Altbundesrat und Verwaltungsratskollege gab Input zu globalen Informationen am Hauptsitz der Vereinten Nationen.

Auch begegnete die Firmendelegation der Schweizer Tradition beim Besuch der florierenden Niederlassung in Wisconsin – sowohl ein geschäftlicher als auch ein zwischenmenschlicher Gewinn!

Aufwühlend war die New-York-Memorial-Tour zu der aus den Trümmern emporwachsenden, zukunftsweisenden Architektur. Zwei Wasserbecken auf dem Ground Zero erinnern ans Attentat. Dreitausend Menschen überraschte ein grausamer Tod.

Dabei blieb die St. Paul's Chapel auf der anderen Straßenseite wie durch ein Wunder unversehrt. Sie war Zufluchtsort für verzweifelte Helfer in großer Not.

„It stood. Not a window broken.
Not a stone dislodget.
It stood, when nothing else did.
It stood, when terrorists brought
September down.
It stood among myths.
It stood among ruins.“

J. Chester Johnson[59]

Mehrere Selbstmordattacken von radikalisierten IS-Extremisten geschahen während der Präsidentschaft von Georg W. Bush. Zehn Jahre später, unter der Ägide des ersten schwarzen Präsidenten Barack Obama, starb der Führer der Terrorgruppe al-Qaida. Der US-Militäreinsatz vernichtete den Dschihadprediger Osama Bin Laden – nicht aber dessen Glaubenssatz für die Weltherrschaft.

Beim Dinner in der Swiss Consulate Residence saß ich zwischen Ehemann und Generalkonsul, dessen Tochter zur Zeit als Sängerin auf der Bühne stand beim heimischen Schloss Hallwyl im tragisch-komischen Opernspiel. Zurück in der Schweiz – nach vertieften Einblicken in bilaterale Handelsbeziehungen, Sicherheitsrat, UNO –, lauschten wir in Rossinis „Barbier von Sevilla" der Sopranistin Gesang. Ein wunderbar anschmiegsamer Klang! Wir saßen im ersten Rang. Beim Anblick der lieblichen Rosina auf der blumenumrankten Loggia dachte ich an ihren Botschaftsvater auf dem weit entfernten Kontinent. Mit seinem diplomatischen Talent bewegte er sich auf der politischen Bühne ebenso feinsinnig-dezent.

Vier Ereignisse

Der kleine Bub zeigte aufgeregt sein Gebiss:

„Erstens ist mir ein Zahn herausgefallen.
Zweitens ist Mubarak gefallen!"

Eine große Freude war die zweite Nachricht für den hübschen Lockenkopf mit dem strahlenden Gesicht, vor allem auch für seinen ägyptischen Vater und für seine mitjubelnde Schweizer Mutter, als das autoritäre Regime am Nil in die Knie fiel. So weit war es noch nie! Der Weg war frei für Demokratie!

„Ein Weg entsteht, wenn man ihn geht"[60],

lehrt uns die Lebensweisheit, und die aufgewachte Jugend wollte den Weg gehen mit Klugheit, wollte ihre Welt verstehen und beseelen. Dank Smartphone konnte sie sich informieren, sich für eine Revolution formieren und eine gerechte Regierung anvisieren. Ein Hoffnungslicht mit Zuversicht! Doch verlöschte es bald unter der Militärgewalt. Von Freiheit keine Spur in der neuen Diktatur. Der Arabische Frühling war Traum. Er wurde Albtraum für die Menschen in Nordafrika, wurde zu giftig-explosivem Schaum, entfacht von IS-Dschihadisten und weiteren skrupellosen Terroristen. Horrorattacken erschütterten einheimische Muslime und Christen, aber auch Touristen. Die geplante geschäftliche Reise zur tunesischen Tochtergesellschaft – einer aufstrebenden Errungenschaft – wurde organisiert, aber nur teilweise absolviert. Angst lag in der Luft: Anschlag auf Museum und Hotelunterkunft! Tunesien, ein Land mit fragiler Zukunft.

Das dritte Ereignis war der wachsende Migrationszustrom über das Mittelmeer nach Europa. Die Bootsflüchtlinge versuchten mithilfe von korrupten Schleppern, den unterdrückenden, kriegerischen Despotien zu entfliehen – ein Asyltrauma! Es steigerte sich zu einem gesellschaftlich ausweglosen moralischen Dilemma.

Ein viertes Ereignis, das in Japan passierte und die Welt schockierte, war die vom Tsunami ausgelöste Nuklearkatastrophe in Fukushima. Die Wende zu atomkraftfreien, erneuerbaren Energien wurde Thema. Womit würde man Stromlücken überbrücken? Ein Zukunftsziel mit technischen Tücken! Ein wissenschaftliches Forschungsspiel – möge es glücken! Das erste Schweizer Kernkraftwerk in Mühleberg wurde nach siebenundvierzig Jahren stillgelegt.

Musica – Concordia

Mit einer Jubiläumstournee in der nördlichen und südlichen Heimat endete mein dreißigjähriges Dirigat.

Gefüllte Kirchenbänke, verschmelzendes Zusammenspiel mit Instrumenten und Gesang verliehen eine sakrale Atmosphäre bei Gounods „Messe brève".

Eindrucksvoll war auch die Harmonie in allen drei Kirchen während der Vorbereitung für die musikalische Darbietung. Nie werde ich vergessen, wie San Michele auf dem Hügel über dem Lago Maggiore wachgeküsst wurde vom Sakristan mit dem mächtigen barocken Schlüssel, mit Putzlappen und Besen, und wie fleißige Heinzelwesen Leuchtkörper und Stühle transportierten und arrangierten, dazu die Kapelle mit Blumen und Kerzen dekorierten.

Bei Apérowein, bei Risotto und gemütlichem Beisammensein feierten wir das gemeinsame Gelingen. Lange noch konnten die Melodien weiterklingen.

Im akustisch viel gepriesenen Seetaler Gotteshaus fand das letzte Konzert regen Anklang – ein erfüllender, denkwürdiger Ausklang mit einem gefüllten Kollektenkorb und manch anerkennendem Wort.

Ein einzigartiger Abschiedsanlass überraschte mich im mittelalterlichen, von freundschaftlichen Renaissanceklängen beschallten Habsburgpalas. Die edel geschmückte Tafel mit Ritterschmaus, ergänzt um Gabenkorb und Schnitzelbank, war ein einmalig kreativer Dank mit Herz und Schalk. Ein Unikat als Lohn war das künstlerisch gestaltete Diplom. Zusammen mit der entsprechend umhüllten CD blieb es eine nostalgische Begleitung zum Andenken an die facettenreiche Zeit der Ensembleleitung.

Mit einer zusammenfassenden Chronik der Aufführungen, mit Berichterstattungen, Programm- und Fotosammlungen zeigte auch ich mich erkenntlich für die vielseitigen musikalischen Experimente und Glücksmomente.

In veränderter Position, aber in eingespielter Harmonie, musizierte ich weiter in der vertrauten Kompanie. Für den Lebenshauch sorgten nachfolgende Dirigierende und Organisierende.

Musica – Concordia
Musik – Harmonie

Und ab und zu eine aufweckende kleine Disharmonie!

Chiesa

Der Kastanienbaum bekränzt die Kirche zu jeder Jahreszeit. Im Frühling steht er da im altrosa Blütenkleid – eine Augenweid, eine Einheit mit der Freskenmalerei im strahlenden Mai.

Wir besichtigten den renovierten Innenraum – ein Traum! Da flüsterte mein Mann in die Stille hinein: „Das ist wie bei uns daheim: Dort, wo man geht, hats Platten. Dort, wo man schläft, hats Holzparkett."

Das klänge in des Priesters Ohren gar nicht nett!

Wir zündeten eine Kerze an für unsere Lieben und für die weitherum blessierte Welt.

Familienbande

Wir freuten uns mit vielen Geladenen über die sonnenüberflute-
te Trauung von Tochter und Schwiegersohn, über die feierliche
Grundsteinlegung ihrer Ehe, über die Oldtimer-Hochzeitsfahrt
durch die malerische Stadt bis zum reich geschmückten, mit
Sonnenblumen und Ballonen markierten Aussichtsort.

Der Bruder-Schwager widmete den Neuvermählten in seiner
gehaltvollen Rede das verheißungsvolle Wort:

„Alles, was ihr tut, geschehe in Liebe."

1. Kor. 16, 14

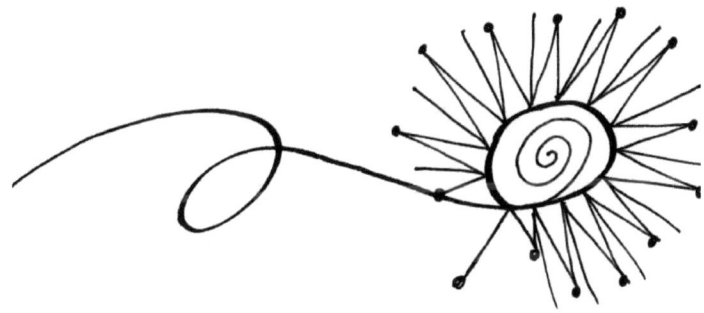

Auch waren wir berührt von den emotionalen Geburten und
Taufen von zwei weiteren Enkelbüblein. Wir konnten von Beginn weg im nahen Umfeld Großeltern sein. Diese Rolle übten
wir Schritt für Schritt. Wir wurden gefordert, deutlich und laut,
wurden alltagsvertraut und reich beschenkt mit kindlicher Zunei-
gung und fröhlicher Begeisterung. Wir spielten und spazierten,
lernten winzige Dinge beachten – Katzenäugli, Seidelbast und
Zaubernuss –, gingen die Zootiere beobachten, schliefen mit den
Löwen und bestaunten des kleinen Tierpflegers Enthusiasmus.

Ebenso wurden wir strapaziert von diversen Schockmomenten und konfrontiert mit Krankheiten der leidenden kleinen Patienten. Wenn da der Bauplatz beim Spital nicht abgelenkt hätte von Infusionen und anderer Doktorqual! Lastwagen, Bagger, Kran – der geplagte Helikoptermann war Fan –, und die lange Zeit verrann. Auch bei der Mandeloperation war Abwechslung eine gute Heilungsoption!

Manchmal kam die seltsame Tante Eifersucht auf Besuch wie bei Andi im Kinderbuch. Da gab's Zank und Geschrei im Alltagseinerlei. Teilen und Verzeihen, ein immerwährender Lernprozess, ein herausfordernder Bubenstress!

Wir reisten ins Engadin, wurden erleuchtet von Segantinis Magie des gemalten Winterlichts, entdeckten den Ursprungsort des Schwiegersohns, philosophierten mit dem Philosophen, feierten Chalandamarz mit Schellenursli am Geburtstag des Jüngsten. Spaghetti Carbonara und Schoggikuchen schmeckten am besten!

Mit Schneefamilien, Schneeengeln, Schneebällen erlebten wir eine vielfältige Winterspielerei. Auch bewunderten wir die Eiskletterei, wo die Mutigen sich hochzogen mit Pickel und Steigeisen im glitschig-glänzenden Felsen. Wir brachten die Snowlis in den Snowgarden, freuten uns über die ersten Skiexperimente und schauten den Raupenfahrzeugen zu, die wie Glühwürmchen über die Hänge krochen vor der Abendruh. Tags darauf konnten die Schneesportler sich begeistern und unbeschwert die gepflegten Pisten meistern. Allegra, Engiadina!

Im Sommer machten wir Urlaub in Italien, an einem jasmin-umkränzten Strand in Ligurien. Wir badeten, spritzen, sän-delten, sönnelten und blickten zum Horizont, wo sich Wasser und Himmel berührten und wo wir die Unendlichkeit spürten. Auch entdeckten wir Wale und Delfine im Mittelmeer, genos-sen Aperitivi, aßen die Snackgeschirrlein im Eiltempo leer und liebten auch die italienische Küche sehr! Der Größere sang mit heller, reiner Stimme durch den voll besetzten Speisesaal sein melodiöses Tischgebet. Der Kleinere wickelte Spaghetti um den Kopf, lustvoll, indiskret!

Die junge Familie fuhr nach Genua zum berühmten Acqua-rio – kurz vor dem tödlichen Szenario: Der Brückeneinsturz – ein Bild voll Grauen, Entsetzen, Leid und Schmerz! Die Morandi-tragödie brach der Stadt das Herz. Dreiundvierzig Menschen-leben waren zu beklagen, und es gab viele vorwurfsvolle bau-technische Fragen.

Ein zweiter Absturz geschah an der italienischen Riviera – für mich ein belastendes Drama!

Mein Handy verstummte nach fünfzehn Jahren. Die Daten waren unwiderruflich verloren. Auf der Prioritätenliste war die Familie aufgeführt. Später wurde die Nummer der Tochter mei-ner verstorbenen Freundin zugefügt. Das neue iPhone bekam eine fachmännische Aktivierung. Auf einmal erklang die erste Mitteilung „pip" noch im Shop.

„Nun ist auch meine Tochter tot." Das schrieb der erschüt-terte Ehemann der entschlafenen Freundin per SMS.

Mich schauderte es.

Nach dieser tragischen Smartphone-Kurznachricht erlosch mein mediterranes Seelenlicht.

Vietnam

Auf unserem letzten Asientrip in brütender Hitzezeit – die Familie war reiseerfahren nach all den Expatjahren – empfing uns die vietnamesische Herzlichkeit trotz brutaler Kriegsvergangenheit, und man spürte ihre Lebensweisheit:

„Der Wind beugt die Gräser,
aber er bricht sie nicht."[61]

Wir ließen uns verzaubern mit Einheimischen und Urlaubern in Hội An, am Fluss Thu Bon, vom mystischen Laternenfest in der Vollmondnacht, das der Globetrotterin einst Vorbild war fürs Lichterspiel zur Hochzeit von Bruder und Schwägerin. Viele gute Wünsche glitten auf jedem Lampion im Wasserlauf davon.

Auf der Bootstour schauten wir den traditionellen Pangasius-Netzfischern zu, ein tägliches Schauspiel, immerzu. Wir erlebten Rikscha-Sightseeing, genossen das herrlich bunte Streetfoodfeeling. Doppelte Fruchttragekörbe belasteten kleine vietnamesische Frauenkörper. Die gleißende Sonnenglut brannte, und ich schützte mich mit einem schattenspendenden Reishut. Am Lotusblumenstrand erlitt ich dennoch einen Sonnenbrand während der Befragungen der mit UV-Schutzbodys bekleideten Jungen. Sie sahen eine schwangere Frau mit Rundungen. Sie wollten wissen, wie Bébés wachsen im Bauch – und wie sie auf die Welt kommen, interessierte sie auch. Sie plauderten englisch wie die Nanny, französisch wie Maman, schweizerdeutsch wie Papa, oftmals alles durcheinander. „Im Bett, we want lait, please", sagten sie vor dem Mittagsschlaf. Danach ruhten sie klimatisiert, still und brav.

Wir ließen Seidenkleider nähen über Nacht und gingen damit elegant zum Znacht – ins Restaurant Sau. Darüber wurde herzhaft gelacht. Sau heißt Schmetterlingsraupe auf Vietnamesisch. Es kamen weder Sau noch Raupe auf den Tisch. Serviert wurden mit einem Lächeln Gemüse, Reis, Rind, Geflügel, Fisch vom Markt, ganz frisch! Die Einkäufe wurden vom Fahrradboten durchs Verkehrsgewimmel gelotst, von der Köchin im Wok gegart, gedämpft, im Sojaöl frittiert, in die Tischmitte gestellt und von den Schlemmern genüsslich geteilt.

Wir bestaunten den Bienenfleiß der emsig tätigen, zierlichen Bevölkerung, stets in leichtfüßiger Bewegung. Vietnam mit viel Charme, mit würzigen Gerüchen aus typischen Straßenküchen. Ein wunderbar beseeltes Land, das unsere Sympathien fand! Möge der natürliche einheimische Rhythmus standhalten dem zunehmenden Tourismus inmitten des politischen Kommunismus. Von dieser Würde als Lebensform waren wir angetan.

Beeindruckt flogen wir heim über den Indischen Ozean.

Zurück an den Lac Léman kehrte auch die Malaysian Family, empfangen von einem heimatlichen Swiss Smiley!

„Heimat ist der Ort,
der uns nicht nur Geborgenheit,
sondern auch Aufbruch
und Rückkehr gewährt.“

Ernst Reinhardt[62]

Containerschiff und Camion transportierten die Umzugswaren mit den in sieben Jahren angehäuften Haus-, Berufs- und Freizeitinventaren.

Sesshaft

Fast zeitgleich bezogen die beiden Kinderfamilien ihr Wohneigentum in der West- und Nordwestschweiz.

Den Sohn fragte ich nach einer Geschenkidee für die asiatischen Enkel zum Arrivée. Umzugsgeschädigt, von den vielen Spielsachen traumatisiert, die im Schiffbauch unterwegs nach Europa waren, sagte er: „Kauf ihnen Badetücher – einfach solche, die dir nicht gefallen." Ich fand hässliche Frottées mit Angry-Birds-Comics in Rot, Blau, Schwarz, Weiß – und sie liebten sie heiß!

Und nun besuchten die Buben, statt die British International School mit Krawatte und Uniform, das Collège des Pâquis nach Welschlandnorm. Sie jonglierten mit ihren Sprachen, die selten den Regeln entsprachen. Auf die Frage, ob er mit dem Bus zur Schule fahre, antwortete der Ältere: „Non, by car, oder mit de Füeß."

Familienzusammenkünfte gab es auch im Ticino, wo die vier Cousins manches schon erkunden konnten: Im Castello mit Treppenrisiko, auf dem Balkon, nah bei Kirchengeläut und Carillon, im Giardino, im Villagio, im Parco, am Lago, im Batello, im Treno, in der Funiva, in der Galleria, in der Trattoria – mit Pizza, Pasta, Gelato vaniglia. Automatisch erfassten die Kinderohren die Wörter auf Italienisch.

Der Stau auf der Autobahn motivierte die Kleineren zu einem neuen Gioco: Eine lange, bunte Kolonne mit Spielfahrzeugen konnte die moderne Straßenkultur nachahmend bezeugen. Und ich freute mich, wenn die jüngeren Buben die vertrauten Kleider der älteren nachtrugen, die Zeit damit ein bisschen stehen blieb – oder nur leise zerrann wie beim Warten vor dem Berner Zytgloggeturm, bis das Figurenspiel begann.

Abends, zur Schlafenszeit, gab es Gelegenheit, die Dinge im Himmel und auf Erden kindgerecht zu bereden. Auch Pfingsten blieb ein jährliches Rätsel.

„Wer ist der Heilige Geist?"

„Er ist Gott, der uns den Weg weist." Fürs Geheimnis der Dreieinigkeit – Vater, Sohn, Heiliger Geist – gibt's keinen wissenschaftlichen Beweis wie bei den drei Zuständen – Wasser, Dampf, Eis. Pfingsten ist eine herausfordernde christliche Glaubensdimension. Für Skeptiker, Freigeister, Andersgläubige, Atheisten ist sie kaum eine Option.

Datenspur

Wir standen familienvereint vor der Weihnachtskrippe und betrachteten die neueste Figur. Wie jedes Jahr fügte ich ein geschnitztes Brienzer Kunstwerk hinzu. „Jetzt fehlt nur noch das dritte Kamel!"

Prompt kam des Oberhaupts neumodischer Befehl: „Ein Traktor für Melchior!"

„Nicht im Stall von Bethlehem! Ich bestelle ein liegendes Kamel!"

Die Humoreske war beendet. Wir waren vergnügt – und zugleich betrübt. In der näheren Umgebung hatte ein Monster ein bestialisches Verbrechen verübt. Vier Menschen wurden gnadenlos gemartert und gemordet. Eine Tat, die die Höchststrafe erfordert. Doch der Sadist bewegte sich in Freiheit. Die Ermittler suchten akribisch nach der Wahrheit, in monatelanger Dunkelheit.

Am 12. Mai 2016 erlitt ich eine Behandlung im Spital, eine kurze Venenqual. Anschließend spazierte ich zum Graben, das bestellte Kamel zu holen im Heimatladen. Ich musste mich nicht beeilen und beschloss, vorerst im Starbuckscafé zu verweilen. Am Gartentischlein nebenan saß ein sympathischer junger Mann. Ich verabschiedete mich nach geraumer Zeit, und er würdigte mich mit Höflichkeit. Gleichentags wurde im selben Café der lang gesuchte Schwerverbrecher aufgespürt und dem Gericht überführt – dank minutiöser Fahndung und digitaler Datenspur, wie man aus den Medien erfuhr.

Ob der Mann neben mir der Vierfachmörder war? Für mich war es klar. Im Wissen darum, dass auch Scheusale, gefangen in Wahn, Gier, Hass und Grauen, oftmals sanft ausschauen, schüttelte es mich. Sie rechnen raffiniert und skrupellos mit gesellschaftlichem Vertrauen. Ich spürte Hilflosigkeit angesichts der getarnten Kaltblütigkeit. Und oft scheint es, als würden Täter im psychologischen Mittelpunkt stehen, während Opfer und Hinterbliebene im Abseits untergehen.

Meine Gedanken schweiften um Jahre zurück ins Castello, wo unsere Tochter abends die Sendung „Aktenzeichen XY" über ungelöste Kriminalfälle schaute, morgens zur Bäckerei spazierte und zitternd mit frischem Brot heimpressierte. „Ich habe den Räuber gesehen, den sie suchten im Fernsehen!" Auch für sie war damals klar, dass er in diesem Laden war! Doch niemand hatte die Aussage ernst genommen. War er deshalb wohl der Polizei entronnen?

Anno dazumal

Ein Klassentreffen mit der ehemaligen Kameradschaft war stets ein spannendes Geschehen. Nur Einzelne pflegten engen Kontakt in Freundschaft oder in Ehen. Bei Zusammenkünften in der alten Gastwirtschaft kam man sich wieder näher, wurde vertrauter, fast wie früher. Für einige Stunden vergaß man die Gegenwart, wähnte sich zurückversetzt am Schulstandort oder im Museum mit den Pulten, Tintenfässern, Tafeln, Wandbildern, Karten, Büchern, Küchen und Gerüchen, die Gefühle weckten von anno dazumal, von Freud und Qual. Dafür sorgten auch Fotobücher und Erinnerungsgeschichten, von denen, je nach damaligem Blickpunkt, nicht alle dasselbe berichten. In vielfältigen Biografien wurde man konfrontiert mit erstaunlichen Daseinsformen, mit Glück und Zufriedenheit, mit Krankheit, Not und Tod. Die Schicksalspfade verliefen nicht immer gerade.

Aus der ersten AHV-Kasse finanzierte die gereifte Sekundarschulklasse die Reise nach Rust. Für meine Tochter ein wahrer Frust! „Mit uns bist du nie zum Europapark gefahren!" Die Vergnügungswelt lockte mich nicht in ihren Jugendjahren wegen des Klimbims und der verrückten Bahnen. Ein mütterliches Vorurteil – ohne Augenschein! „Und jetzt siehst du keine Gefahren?", insistierte ungläubig das erwachsene Kind, fuhr hin geschwind und leitete seine junge Familie frohgestimmt durch Menschenscharen, hinein in phänomenale Märchensphären.

Auch waren fünfzig Jahre vergangen, seit wir die letzten Lieder sangen vor dem Verlassen des Seminars, um ein selbständiges Leben anzufangen. Fürs Jubiläumsfest stieg ich ein in die Bahn nach Bern, schrieb E-Mails, SMS, WhatsApps, las Zeitung – da kam der Kondukteur in die Abteilung. Ich legte Handy und Tagblatt aufs Fenstertischchen, nahm das Abo aus dem Kartentäschchen, zeigte und versorgte es. Bald erreichte ich das Ziel des Schulausflugs. Ich verließ den Wagen des IR-Zugs. Im Bahnhofbistro wollte ich telefonieren – und fand das

Smartphone nicht! Ich kippte die Tasche auf den Tisch, durchwühlte sie hektisch. Mir schwante Unheil, und ich begann zu
sinnieren: „Wie konnte das passieren?" Ein Lapsus zum Blamie-
ren! Ich hatte die Lektüre für Weiterreisende liegenlassen und
das darunter verborgene iPhone vergessen! Ich lief von Billett-
schalter zu Information zu Fundbüro. Telefonkabinen waren
nirgendwo – vorbei die Festnetzzeit in der Öffentlichkeit! Ich
irrte umher in Rastlosigkeit, bis ein mildtätiger Bahnangestell-
ter sich erweichte und mir sein Mobil reichte.

„Jaberg", erklang die Stimme am anderen Ende. „Suchen Sie
Ihr Handy?" Er saß im Zug auf meinem Platz und las in meiner
NZZ. Das Gespräch führte dazu, dass er um siebzehn Uhr beim
Bahnhoftreffpunkt sei.

Diesen Moment sehnte ich herbei. Mit schwachen Nerven
erlebte ich das Klassenfest. Wir waren pensionierte Lehrerinnen, Ehe- oder Singlefrauen, Mütter, Großmütter, Dagebliebene
oder Weggezogene. Es entfaltete sich ein vielseitiges Ereignis,
das ich vorzeitig verließ.

Der Erlöser in der Not war pünktlich vor Ort und beglückte
mich. Den Finderlohn überreichte ich entgegen seinem Helfer-
willen. All meine Verbundenheit konnte er mit seiner Ehrlich-
keit gewinnen.

„Ich erzähle nichts von meiner Pein!", entschied ich und
kam zu meinem Liebsten heim. Doch bei seinem seltsamen
nachmittäglichen Gespräch mit meinem Mobil-Stellvertreter,
dem aufrichtigen Retter, hatte er mein Dilemma erkannt und
fand es amüsant.

70

1947 – 2017: 70 Jahre
47. Hochzeitstag 1970 – 2017
47 = 15. Primzahl – 15 Jahre Galerie

Eine bemerkenswerte Zahlenszenerie!

2 × 47 Gäste kamen zum Frühlingsfeste, setzten sich auf die
mit Hussen überzogenen Stühle an die weiß gedeckten, runden Tische im heimischen Operettensaal. Da wurde ich sen-
timental. Raum und Tafeln waren geschmückt mit Floristik
einer Schülerin, mit Malereien der Casa-d'Arte-Künstler und
mit denjenigen der vier uniform gekleideten Enkelkinder. Das
Geschehen wurde bereichert mit Musik-, Wort-, Video-Fotodar-
bietungen und gekrönt mit kulinarischen Kreationen aus allen
Lebensstationen, auch mit exotischen Früchten für die Buben
mit asiatischen Sehnsüchten. Die zwei Kleineren hüpften ums
Dessertbuffet mit verschmierten Schoggimäulchen und waren
vor Glück völlig aus dem Häuschen!

Es war eine Liebes- und Lebensfeier. Die junge Generation tanzte auf der Zukunftsbühne, und ich ordnete meine Gefühle der gegenseitigen Wertschätzung im reichen Album der Begegnung. Die Geschichte führt zur Gegenwart, und die Aussage von Sir Francis Bacon blieb im Herzen aufbewahrt:

„Nicht die Glücklichen sind dankbar.
Es sind die Dankbaren,
die glücklich sind."[63]

Das siebzigjährige Geburtstagskind war dankbar, ebenso das seit 1970 verheiratete Galeristenpaar mit braun getöntem und silberglänzendem Haar.

Seefest – Seenot

Die alljährlichen sommernächtlichen Musikproben im Boots-
haus waren stets stimmungsvolle Episoden. Auch diesmal glitt
der Ensembleklang bei Sonnenuntergang mit den Wellen zu
Schwimmern, Surfern, zu Ruder- und Segelbooten. Der Apéro
lockte, der Hackbraten brutzelte, die bunten Salate prangten,
das Brot duftete, und es funkelte der Wein im goldenen Mondenschein – ein lukullischer Genuss mit Dessertschlemmerei
zum Abschluss. Wir ertasteten die Stufen im dunklen Holz-
treppenhaus, balancierten über den wackelnden Steg ans Ufer,
bewegten uns behutsam den Autos zu und fuhren, erfüllt vom
romantischen Geschehen, heimzu.

Abends darauf blickten wir in behaglicher Zweisamkeit hinab vom Terrassenhaus zum friedlich über dem See ruhenden
Pfahlbauhaus. Mit Wohlgefühl genossen wir die Atmosphäre
der lauen Nacht mit der unendlichen Sternenpracht.

Unverhofft wurde es betriebsam am See – aufgeregt, geschäftig, verwirrend. Scheinwerfer blitzten übers Wasser, das
Holzhaus streifend, grell, blendend, irrend. Suchten sie den
Kaiman, der herumgeisterte, die einen verängstigte, die andern
belustigte und begeisterte? Das kleine Krokodil – vielleicht ein
großer Wels? – wurde von einem Fischer gesichtet. So hatten
es die Medien berichtet.

Oder war ein Unglück geschehen in unserer Freunde Haus?

Auf einmal nahte ein heftiges Gebraus. Ein Hubschrauber
überstrahlte mit Flutlicht die nächtliche Umgebung, rotierte,
schraubte, lärmte und suchte in jeder Richtung, vor allem dem
Schilfgürtel entlang. Mir wurde angst und bang.

Dann wurde es totenstill.

Die Zeit verrann. Am Morgen trafen wir unseren Nachbarn,
den Gemeindeammann. Der ertrunkene Mann sei unser Architekt. Wir waren schockiert, bestürzt, entsetzt.

Umbau im Ticino

Das neu gestaltete Appartamento im schützenswerten singenden Kunsthaus ist erreichbar über Treppen und mit Lift aus Glas – geplant von Bauherr, Architekt, Ingenieur, realisiert von vielerlei Fachleuten fürs Interieur. Eine präzise, gelungene, kostspielige männliche Zusammenarbeit, ergänzt von weiblicher Detailaufmerksamkeit.

Hoch oben im Wohnbereich, doppelstöckig und mit der Galerie flächengleich, genießt man eine einzigartige Sicht auf Gassen, Läden, Erker, Loggien, Dächer und auf den Kirchturm bis zum Himmelslicht.

Vielerlei Gaben, auch Brot, Salz und Segensworte, empfingen wir an der Vernissage in der aufgefrischten Casa d'Arte.

„Nur das Bett fehlt noch!", erklärte der Galerist bei der Besichtigung der luftigen Wohnung.

„Das Kunstwerk dafür hast du schon!", bemerkte der Gast in charmantem Ton mit Blick auf die Ehefrau.

„Ein antikes Kunstwerk!", ergänzte diese und steigerte damit ihren Wert.

Doch Kunst ist eine verjüngende Sparte. Möge sie uns weiterhin erfreuen, wenn auch reduziert in nur noch zwei Räumen, und mögen Kunstschaffende, Kunstliebende und Kunsterwerbende die Galerie auch in Zukunft beleben!

„Ich hatte eine Farm in Afrika ...",

schrieb die dänische Autorin Tania Blixen am Schluss ihrer berühmten Vita. Dereinst könnte mein Nathan der Weise mit Wehmutshumor zurückblicken auf seine Lebensreise und philosophieren bei einem Bicchiere di Vino:

„Ich hatte eine Galleria im Ticino ..."

Weiterhin beseelte die groß gewordene Familie zu Urlaubszeiten das Castello hoch über dem Lago, teilte es mit Verwandten, Bekannten, Freundinnen und Freunden. Sie alle erfüllten es, wie bisher, mit vielseitigen Freizeitfreuden.

Nur der Weihnachtsgutschein für die Angehörigen – Ferien im Castello à Discrétion – provozierte den Jüngsten zur Rebellion: „Das ist kein Geschenk, dort war es immer gratis!" Doch nun änderte sich der Service! Die erstmals engagierte Gästebetreuerin für Empfang, Wäsche, Reinigung, Verabschiedung wirkte professionell gegen Bezahlung – im Unterschied zur vormaligen kostenlosen großelterlichen Haus- und Gartenwartung. Zum Trost fand der kleine Bub unter dem Tannenbaum doch noch ein Spielzeugpäckli mit einem Lätschli!

Beschleunigung

Die Erinnerungen an die gelebte Vergangenheit stapelten sich. Die guten legten sich wie Seelenwärmer um mich. Aber auch Leid zu erfahren, gehörte dazu in all den Jahren – schmerzvolle, endgültige Abschiede, bei denen man trauert um entschwundene Liebe.

Ein wohliges Umfeld, Natur, Musik, Kunst, Fotografie, Theologie, Literatur und Schreibfreudigkeit ist mein Wunschprogramm für eine möglichst gesunde, erfüllende noch verbleibende Lebenszeit.

In der durch Rap, Techno, Hip-Hop, durch Computer, Algorithmen, Roboter, durch Informatik, Nano- und Neurotechnologie sich verändernde Big-Data-, Gender-, Kryptowährungswelt, ergänzt mit künstlicher Intelligenz, schütze ich mich vor digitalem Twittergewitter zugunsten analoger Beziehungszeit.

Seit Dezember 2016 rauscht der Intercityzug durch den Gotthardbasistunnel, nonstop. Die Reisenden blicken auf Smartphone oder Laptop. Mein Begleiter bemerkte auf einer Fahrt Richtung Süden: „Fensterlose Kälberwagen würden genügen!" Wir beschleunigen das Unterwegssein, und ich versuche zu bremsen, wachsam und achtsam.

„Hast du es eilig, gehe langsam."[64]

Eine kluge Taktik in zunehmender Hektik zur Erhaltung stabiler Lebenswerte, empfohlen von Lothar Seiwert. Er ist Zeitexperte.

Grenzenlose Konsum- und Tourismusfreiheit, ausufernde Verschwendungs- und Wegwerfgedankenlosigkeit, auch Individualismus und Egoismus hatten nach und nach die Erde überstrapaziert. Als Gegenbewegung wurde die grüne Politik aktiviert. Slow Food und andere Ernährungstrends – biologisch, vegetarisch, vegan – wurden initiiert. Besorgte Jugendliche spüren die Verletzlichkeit. Sie demonstrieren mit Transparenten,

Pamphleten und mit politischen Tattoos gegen die Gleichgültigkeit, angespornt von Greta Thunberg, der jungen Klimaikone und ihrem Netzwerk. In Zukunftspanik fordern sie: „Schluss mit der Schröpfung der globalen Schöpfung!"

Die Philosophie spricht einerseits von einer verwöhnten, verweichlichten, verängstigten, andererseits von einer verhärteten, randalierenden oder abgestumpften Generation. Viele ungefilterte Einflüsse über soziale Medien im Internet führen zu Resignation, zu Depression, zu Wut und Unfrieden oder schlimmstenfalls zu Suiziden. Das Ideal wäre eine robuste Resilienz, ein Urvertrauen in eine gefestigte, zuverlässige, aktive Existenz, erworben in frühkindlicher Geborgenheit und Sicherheit.

Ist die aus China sich ausbreitende Virenpandemie die Antwort auf die zunehmende Belastung der universalen Ökologie?

Diktatur, Kampf, Terror, Willkür und Hochmut stehen im Kontrast zu Demokratie, Frieden, Respekt, Ehrfurcht und Demut. Korrupte Regierungen, verstreut über die versehrte Welt, herrschen mit Gewalt, Tyrannei, Diskriminierung, Größenwahn und werfen mit destruktiver Macht das politische Gleichgewicht aus der Bahn. Bestechliche Schlepper führen Kriegs- und Wirtschaftsflüchtlinge über Mittelmeer und Balkan. Eine große Anzahl muslimischer Entflohener findet Heimat in der christlichen Welt. Peter Scholl-Latours Aussage ist existent:

„Ich fürchte nicht die Stärke des Islam,
sondern die Schwäche des Abendlandes!
Das Christentum hat teilweise schon abgedankt.
Es hat keine verpflichtende Sittenlehre,
keine Dogmen mehr."[65]

Die Kirchen entvölkern sich wegen Steuerpflicht, wegen Fehlverhaltens der Würdenträger, wegen Individualismus und Überfluss zugunsten eines konfessionslosen Humanismus.

Pädophilie wird angeklagt. Zölibat und verweigerte Priesterinnenweihe im Katholizismus werden hinterfragt. Gefragt ist eine Erneuerung der festgefahrenen Hierarchien und Strukturen zugunsten verständlicher Liturgien für eine lebendige, wachsame, gerechte, freie Gemeinschaft mit offenen Kirchentüren.

Corona 2020

Obwohl der prächtige Frühling uns beglückte, Gärten, Feld und Wald ausschmückte, lag eine unsichtbare Wolke über der weiten Welt: Die Coronapandemie hatte alles auf den Kopf gestellt. Die Menschheit litt an Virenphobie, an Angst vor Covid-19-Krankheiten, und fürchtete den Tod ohne Sterbebegleiten. Ein Trauma wie in einem biologischen Science Fiction-Krieg, ohne absehbaren Befreiungssieg.

Der von virologischen Sachverständigen beratene, herausgeforderte helvetische Bundesrat verordnete den Notstand mit Rückzug in den eigenen Hausstand. Dieses Innehalten ermöglichte eine Besinnung mit dem Theologen Paul Weismantel:

> *„Auf unserer geschundenen und*
> *verwundeten Erde, die wir so oft*
> *der Würde und Ehre berauben, bist Du,*
> *unser Gott, Tag und Nacht gegenwärtig.*
> *In diesen unseren begrenzten und*
> *rastlosen Erdentagen, in denen wir Dich*
> *vernachlässigen, verschweigen oder gar*
> *vergessen, bleibst Du ewig treu.*
> *Dein Himmel geht immer*
> *wieder neu über uns auf, damit wir*
> *uns von Deinem Licht erleuchten und*
> *erfreuen, erheben und beleben lassen."*[66]

Die Belebung wünschten wir vor allem den Alleinstehenden, ebenso der jungen Generation, die vor seelenlosen Tablets saß in digitaler Isolation, in Homeschooling ohne analoge schulische Animation.

Manch ein vom Lockdown überrumpeltes, vom Homeoffice eingeschränktes Unternehmen brauchte finanziellen Beistand, ebenso die Gastro-, Kultur- und Sportbetriebe im verfügten

Stillstand. Für Betroffene war die staatliche finanzielle Unterstützung ein Zukunftslicht der Zuversicht. Und immer wieder dachte ich an meine Großmutter zurück, die 1918 an der Spanischen Grippe schwer erkrankte – und ihre Genesung einer Gebetsheilerin verdankte. Wie vor einem Jahrhundert waren die Menschen froh über den Einsatz der Ärzteschaft, der Pflegenden, Werktätigen, Dienstleistenden, Hilfsbereiten. Angehörige beteten für isolierte Kranke, für einsam Sterbende, weinten um Verstorbene mit Kerzen und mit tiefer Trauer im Herzen.

Unsere goldene Hochzeit feierten wir nicht in Venedigs Weltoffenheit, wie geplant, auch nicht in Familienvertraulichkeit, sondern in häuslicher, aber privilegierter Zweisamkeit. Wir genossen heimische Kulinarik mit Produkten aus fürsorglich-freundschaftlicher Einkaufstour. Den Pensionierten verwehrte man die Shoppingkultur. Wir labten uns an feinen Leckereien – das konnte die Waage nicht verzeihen! Wir stießen an von Terrasse zu Terrasse mit den Nachbarn und wünschten frohe Ostern! Wir verzichteten auf gemeinsame Grill- und Fondueschlemmereien. Wir spielten Wortpingpong mit Eheneckereien im Sinne von Charles Dickens' poetischen Spielereien:

> *„Gibt es schließlich eine bessere Form,*
> *mit dem Leben fertigzuwerden,*
> *als mit Liebe und Humor?*
> *Der Humor nimmt die Welt hin,*
> *wie sie ist, sucht sie nicht zu verbessern*
> *und zu beklagen, sondern sie mit*
> *Weisheit zu ertragen."*[67]

Den Humor brauchte ich auch, um den erneuten Umzug der Sohnfamilie zu verkraften – vom Welschland nach Deutschland im vom Shutdown befreiten Sommer. Bei unserer Mithilfe, trotz Kummer, dachte ich beim Einräumen der Kochutensilien in die Frankfurter Küche an den berühmten Urtyp im Bauhausstil mit den klaren Linien. Damals, in den goldenen Zwanzigerjahren, waren die Frauen begeistert von den ersten Einbauexemplaren.

Alles war fix, rational, praktisch und hygienisch. Eine moderne, neue Welt nach vorausgegangener Kriegs- und Grippezeit!

Und nun, während des ergiebigen Zügelaufwands, im August 2020, grüßte der Komet Neowise auf Hessen herab, ein Lichtschweif zwischen Himmel und Erde, der uns Einblick ins Unendliche gab.

Ein weiterer Lichtblick in der wieder strengeren, herbstlichen Coronazeit war die zwar behördlich eingeschränkte Familiengemeinsamkeit für zweiundsiebzig Stunden, um Heidelberg zu erkunden. Der Aufenthalt war mit Vorschriften verbunden: Maske, Desinfektion, Abstand. Die kostümierte Stadtführerin erzählte Mittelaltergeschichten mit Pestberichten. Eine heimtückische Aggression: sowohl die damalige Bakterien- als auch die gegenwärtige Vireninvasion.

Im Laufe des Winters wurden wir von der zweiten Welle überspült und wiederum ernsthaft konfrontiert. Eine beängstigende Familiensituation entstand durch Ansteckung, Quarantäne, Isolation. Eine Vision der Hoffnung gab die Forschung mit der bald möglichen Impfung für die bereitwillige Bevölkerung, mit Zertifikatsoptionen für Reisefreiheit und für Zugang zu öffentlichen Institutionen. Möge der Glaube daran, dass das Unsichtbare nicht nur Bedrohliches, sondern auch Erlösendes bergen kann, die Menschen heilen und befreien!

Überfall – Knall auf Fall

Der russische Bär attackierte die Ukraine 2022, am 24. Februar – unfassbar! Er überfiel den Nachbarstaat mit dem Ziel, ihn in seine Obhut zu zwingen, ihn vom Westen zu befreien und mit dem kriegerischen Spiel nach dem Zerfall der Sowjetunion die Ostblockstaaten wieder zu vereinen.

Diese vaterländische Vision Wladimir Putins, des machtbesessenen Kreml-Despoten, wurde durch ideologische Propaganda dem russischen Volk lange schon suggeriert. Medienschaffende wurden indoktriniert oder bei Auflehnung inhaftiert.

Die auf die Hilfe der USA, der EU, der NATO hoffende ukrainische Verteidigungsarmee wehrte sich von Anfang an heroisch gegen die Invasion der verblendeten „Ruski", angespornt von ihrem Präsidenten Wolodimir Selenski. Ein zähflüssiger Flüchtlingsstrom bemühte sich in überfüllten Zügen und in schleichenden Autoschlangen, in sichere Gebiete zu gelangen.

Es folgten politische Debatten über Wirtschaftssanktionen gegen den Kriegstreiber Russland und für Waffenlieferungen an die Ukraine im militärischen Notstand.

Als Reaktion kamen Rohstofferpressungen aus dem Moskauer Regierungssitz. Der Imperator verharrte in unversöhnlichem Wahnwitz. Für den Atombedroher gab's in seiner Wahrnehmung nur Kampf gegen die westliche Dekadenz. Der Patriarch Kyrill ließ den narzisstischen Machthaber und seine Entourage seit Anbeginn gewähren. Das lässt sich vielleicht so erklären: Für die Orthodoxen ist Christus der Weltenherrscher, für die Katholiken der Gekreuzigte, für die Reformierten der Auferstandene und für Mutter Teresa die Liebe:

„Das Leben ist Liebe,
und die Frucht dieser Liebe
ist Frieden.
Das ist die einzige Lösung
für alle Probleme der Welt."[68]

Auch Aristoteles philosophierte:

„Wenn auf der Erde die Liebe herrschte,
wären alle Gesetze entbehrlich."[69]

Jedoch gab's für das angegriffene Land zum Erhalt der Unabhängigkeit nur Verteidigungsgewalt.

Flüchtlingsangehörige – auch in unserem Umfeld – bangten von Anfang an um Ehemänner, Söhne, Töchter, die kämpften für Freiheit und Sicherheit, für Liebe und Frieden, für Wahrheit und Gerechtigkeit.

Der bösartige Narzissmus, der Länder, Familien, Freundschaften und Arbeitsgemeinschaften zerstört, ist kaum besiegbar und nicht berechenbar.

Leben wir die Liebe im familiären Umfeld, versöhnlich und ganz persönlich!

Nachwörter

Pandemie	Ukrainekrieg
Epidemiologie	Russische Invasion
Corona	Präsident Putin
Virusvarianten	Narzisstische Machtgier
Delta	Wahn
Omikron	Propaganda
Intensivbetreuung	Fake News
Durchseuchung	Zerstörung
Vakzin	Kriegsverbrechen
Impfbefürworter	Präsident Selenski
Impfgegner	Motivation
Politik	Verteidigung
Verantwortung	Waffenlieferung
Solidarität	Kämpfende
Demonstration	Verletzte
Verschwörungstheorie	Tote
Gesellschaftsspaltung	Flüchtende
Freiheit	Humanitäre Hilfe

Klimawandel

Erderwärmung
Treibhausgase
Naturkatastrophen
Food Waste
Klimaneutralität

Kommunikation

analog
digital
sozial
global
medial

Gleichstellung

Emanzipation
Rassismus
Sexismus
Individualismus
Gender: LSBT*Q

Frieden

Liebe
Hoffnung
Versöhnung
Gerechtigkeit
Wahrheit

Möge das Buch ein trauliches Andenken sein
für meine Familie.

Manuskript

Herzlichen Dank,
Gaby Frutiger,
für die professionelle,
empathische Digitalisierung
der handschriftlichen
Aufzeichnung.

Inhaltsverzeichnis

Quellenverzeichnis

[1] Stucki, Mina: Schulreisebericht, 1922

[2] Stucki, Mina: Gedicht, 1935

[3] Albumspruch, anonym, 1948

[4] Albumspruch, anonym, ca. 1925

[5] Lindgren, Davison Anne: I'm free, 1974, Auszug

[6] Albumspruch, anonym, 1954

[7] Halm, Friedrich (1806–1871)

[8] Kennedy, John Fitzgerald (1917–1963): Berliner Rede, 1963

[9] von Schmid, Christoph (1768–1854)

[10] von Droste-Hülshoff, Annette (1797–1848)

[11] von Chamisso, Johann Adelbert (1781–1838)

[12] von Chamisso, Johann Adelbert (1781–1838)

[13] Spilling-Nöker, Christa: Jeder Augenblick zählt. Eschbach: Verlag am Eschbach, 2016

[14] Blixen, Tania: Jenseits von Afrika. London: Verlag Putnam, 1937

[15] Autor unbekannt, zugeschrieben: Heisenberg, Werner, Physiker (1901–1976)

[16] Gotthelf, Jeremias (1797–1854): Eines Schweizers Wort an den Schweizerischen Schuetzenverein, Bern 1842, S. 15

[17] Oppenheim, Meret: Zitat aus ihrer Dankesrede für den Erhalt des Kunstpreises 1974 der Stadt Basel

[18] Schwarzenbach, James: Slogan, Schwarzenbach-Initiative, 1970

[19] Bibel, Sprüche 16.9.

[20] Neumark, Georg: Wer nur den lieben Gott lässt walten, 1657

[21] Schiller, Friedrich (1759–1805): Das Lied von der Glocke, 1799, Parole Antiatomkraftdemonstrationen 1975

[22] Müller, Salome: Love, Pa. Briefe an meinen Vater. Basel:

Echtzeit Verlag, 2018

[23] Goethe, Johann Wolfgang (1749–1832): Faust – Der Tragödie erster Teil. Tübingen: Cotta. 1808, Seite 106

[24] Schiller, Friedrich (1759–1805): Ueber die ästhetische Erziehung des Menschen. (2. Teil; 10. bis 16. Brief.) In: Friedrich Schiller (Hrsg.): Die Horen, Band 1, 2. Stück. Tübingen, 1795, S. 51–94

[25] Hesse, Hermann: Zitat aus Brief (Sept. 1960) an Wilhelm Gundert. Quelle: Mein Hermann Hesse – Ein Lesebuch (Hrsg. Udo Lindenberg, 2008, Suhrkamp Verlag, S. 26)

[26] Gotthelf, Jeremias: Jacobs, des Handwerksgesellen, Wanderungen durch die Schweiz. Roman. Erstdruck: Zwickau, Verein zur Verbreitung guter und wohlfeiler Volksschriften, 1846-47

[27] Bibel, Psalm 91

[28] von Eichendorff, Joseph, Freiherr (1788–1857): Wünschelruthe. Gedicht. 1835. Erstdruck: Deutscher Musenalmanach für das Jahr 1838. Leipzig: Weidmann

[29] Autor ungewiss, zugeschrieben Konfuzius (551–479 v. Chr.)

[30] Feddersen, Jakob Friedrich (1736–1788): Breslau, 1855

[31] Shaw, Georg Bernard (1856–1950)

[32] Busch, Wilhelm (1832–1908): Zitat aus: Was beliebt ist auch erlaubt. Wilhelm Busch. Sämtliche Werke II. S. 871. Herausgegeben von Rolf Hochhuth. 12. Auflage, München, 2008

[33] Quelle unbekannt

[34] Keller, Gottfried (1819–1890): aus: Sommernacht (In: Neuere Gedichte, 1851, Jahreszeiten; entstanden nach 1845; Erstdruck 1847)

[35] Coleridge, Samuel Taylor (1772–1834): aus: Hymn to the Earth, 1799

[36] Irische Weisheit, Quelle unbekannt

[37] frei nachHoraz, römischer Dichter (65–8 v. Chr.): aus Ode An Leukonoë, 23 v. Chr.

[38] Guardini, Romano, Theologe (1885–1968): Auszug aus

Gedicht

[39] Busch, Wilhelm: Bildergeschichten. Die fromme Helene. München: Verlag Bassermann, 1872

[40] Kessel, Martin: Gegengabe. München. Verlag Luchterhand, 1960

[41] Aargauer Zeitung, Rezension, 1997

[42] Musikmagazin Pan, Rezension, 1997

[43] Wright, Elizabeth Mary: Rustic Speech and Folklore. London: Verlag Milford, 1913

[44] Altirischer Segensspruch

[45] Dürrenmatt, Friedrich (1921–1990): 21 Punkte zu den Physikern, Punkt 8 (geschrieben 1962); Werkausgabe Bd. 7 (1998, S. 91. Diogenes Verlag)

[46] de Moraes, Vinicius: Garota de Ipanema, 1962

[47] Gibran, Khalil (1883–1931): Von der Ehe. Aus: Der Prophet. Patmos Verlag der Schwabenverlag AG, Ostfildern, 2014

[48] Europäische Union: Wahlspruch 1992

[49] Marti, Kurt: Heilige Vergänglichkeit. Spätsätze. Stuttgart: Radius-Verlag, 2010

[50] Wegrandpoesie, anonym

[51] Ausländer, Rose (1901–1988)

[52] Ausländer, Rose (1901–1988)

[53] Marti, Kurt: Die gesellige Gottheit. Stuttgart: Radius-Verlag, 1993

[54] Volksmund, anonym

[55] Fontane, Theodor (1819–1898): Gedichte. Hrsg. von Joachim Krueger und Anita Golz. Berlin: Aufbau Verlag, 1995 (Große Brandenburger Ausgabe, Gedichte 1-3), S. 12

[56] Geibel, Emanuel (1815–1884): Lieder aus alter und neuer Zeit (28). Aus: Werke, Band 2. Leipzig und Wien 1918, S. 116

[57] Volksmund, anonym

[58] Hesse, Hermann: Stufen. Das Glasperlenspiel. Zürich: Verlag Fretz & Wasmuth, 1943

[59] Johnson, Chester J.: St. Paul's Chapel & Selected Shorter Poems. Lawrenceville, Virginia: Brunswick Publishing, 2006

[60] Konfuzius (551–479 v. Chr.)

[61] Asiatische Weisheit, anonym

[62] Reinhardt, Ernst (1889–1947): Neue Gedankensprünge, Friedrich Reinhardt Verlag, 2010

[63] Bacon, Francis (1561–1626)

[64] Seiwert, Lothar: Wenn du es eilig hast, gehe langsam. Frankfurt am Main: Campus-Verlag, 1998

[65] Scholl-Latour, Peter: ideaSpektrum, Nr. 51/52, 19.12.2012

[66] Weismantel, Paul: Fastenkalender 2020. Kemmern, weistexte Verlag, 2020

[67] Dickens, Charles (1812–1870): Heitere Lebensweisheiten. Leipzig. Verlag St. Benno, 2018

[68] Mutter Teresa (1910–1997)

[69] Aristoteles (384–322 v. Chr.)

EIN HERZ FÜR AUTOREN A HEART FOR AUTHORS À L'ÉCOUTE DES AUTEURS MIA KAPΔIA ΓIA ΣΥΓΓ
HJÄRTA FÖR FÖRFATTARE UN CORAZÓN POR LOS AUTORES YAZARLARIMIZA GÖNÜL VERELIM S.
UORE PER AUTORI ET HJERTE FOR FORFATTERE EEN HART VOOR SCHRIJVERS TEMOS OS AUT
ERZÖINKÉRT SERCE DLA AUTORÓW EIN HERZ FÜR AUTOREN A HEART FOR AUTHORS À L'ÉCO
RAÇÃO BCEЙ ДУШОЙ K ABTOPAM ETT HJÄRTA FÖR FÖRFATTARE Á LA ESCUCHA DE LOS AUT
UTEURS MIA KAPΔIA ΓIA ΣΥΓΓΡΑΦEIΣ UN CUORE PER AUTORI ET HJERTE FOR FORFATTERE EEN
ZARLARIMU   ÖINKÉRT SERCE DLA AUTORÓW EIN HERZ FÜ
R SCHRI   ÃO BCEЙ ДУШОЙ K ABTOPAM ETT HJÄRTA FÖ

Die Autorin

Die 1947 geborene Schweizerin
Ruth Wyss wuchs wohlbehütet mit
Eltern und Bruder auf, besuchte
Primar- und Sekundarschule und das
Lehrerinnenseminar. Nach drei Jahren
Lehrtätigkeit folgten 1970 Heirat und
Schwedenaufenthalt. Sie unterrich-
tete wieder zwei Jahre und wirkte
mit bei der Bibliotheksarbeit. 1974
und 1976 kamen Sohn und Tochter zur Welt. Die
Geschäftstätigkeit ihres Mannes ermöglichte der
Autorin Reisen um die halbe Welt. Neben ihrer Fa-
milienbetreuung erwarb sie das Blockflötendiplom
und initiierte einen „Mutter-Kind-Unterricht". Nach
erneutem Umzug war sie 1984 Gründungsmitglied
der Musikschule und des Schülerensembles. Auch
dirigierte sie drei Jahrzehnte lang ein Ensemble für
Erwachsene. Im Jahr 2002 eröffnete sie mit ihrem
Ehemann eine Kunstgalerie. Vier Enkel bereichern
das Familienleben. Die Autorin liebt es, Fototage-
bücher und Vernissagebriefe zu gestalten, zu lesen,
schreiben, kochen, zu musizieren und zu organisieren.